Michael George

Das Licht Gottes versagt nie!

Meister Saint Germain, NESARA und die Große Transformation

ch. falk-verlag

Originalausgabe

3. Auflage 2005

Umschlaggestaltung: Ch. Falk und J. Riess

Abbildung von Saint Germain auf der Rückseite mit freundlicher Genehmigung des R. Lippert-Verlages, bei dem dieses Bild als Postkarte oder Poster erhältlich ist. Tel. (07578) 22 29, Fax 93 31 94

Satz: Plejaden Publishing Service, Neetze
Druck: Druckerei Sonnenschein, Hersbruck
Printed in Germany

ISBN 3-89568-128-8

Inhalt

Widmung

Dieses Buch ist den Aufgestiegenen Meistern der Großen Weißen Bruderschaft gewidmet, Jenen geliebten und verehrten Lichtwesen, Die uns zum Vorbild Ihr Menschsein gemeistert haben; Die seit Hunderten von Jahren an den Vorbereitungen für diese große Umbruchzeit arbeiten und in Deren Händen heute ein Großteil der Verantwortung für das Gelingen der Großen Transformation liegt.

Michael George

Danksagung

Ich möchte vor allem Meister St. Germain meinen tiefsten Dank aussprechen für Sein Wirken und für Seinen machtvollen geistigen Einfluss, der mich zu diesem Buch inspiriert hat. Er hat mich bei meinen Recherchen geführt und mich stets dann mit neuen Freunden bekannt gemacht, wenn es galt, hinzuzulernen und weitere wertvolle Gesichtspunkte und Wissensaspekte einzuführen. Der Meister half mir vor allem, während der Arbeit an diesem Buch geistig zu wachsen.

Danken möchte ich meiner geliebten Seelenschwester Anita, die meine Arbeit an diesem Buch liebevoll begleitet und durch zahlreiche Hinweise bereichert hat.

Ferner gilt mein Dank einer Reihe von geistigen Freunden, deren direkte und indirekte Ratschläge mir geholfen haben, jenen Mittleren Weg einzuhalten, der durch Weisheit, Liebe, Verständnis, Vergebung und Toleranz erleuchtet wird.

Michael George

1. Meister St. Germain und die Große Transformation

Als ich im Jahre 1963 nach Flensburg zog, in die nördlichste Stadt Deutschlands, direkt an der dänischen Grenze, da ahnte ich noch nicht, dass ganz in der Nähe dieser lieblichen Fördelandschaft ein wahrhaft Großer der irdischen Spirituellen Hierarchie seine Spuren hinterlassen hatte. Kaum vierzig Kilometer südlich, bei Schleswig an der Schlei, liegt das Anwesen Louisenlund, heute Sitz einer Privatschule. Auf dem Gelände befindet sich die Ruine eines Gebäudes, das „Alchemistenturm" genannt wird. Hier, so ist in den Annalen vermerkt, betrieb der Graf von St. Germain von 1779 bis 1784 alchemistische Studien, gemeinsam mit seinem Schüler, dem Landgrafen Carl von Hessen.

Zwanzig Kilometer weiter, in Eckernförde an der Ostsee, gibt es eine weitere Spur. Hier, in der Nikolaikirche, findet sich ein Grabstein, der auf den verblichenen Grafen von St. Germain hinweist. Auf der offiziellen Website der Stadt (www.eckernförde.de) finden sich folgende Zeilen: *„Eine mysteriöse Figur in der Eckernförder Geschichte ist der Graf von St. Germain, der, gemeinsam mit dem dänischen Statthalter, Landgraf Carl von Hessen, im Alchemistenturm von Louisenlund experimentierte. Er stellte goldähnliches Metall her und arbeitete an der Entwicklung von Farben, die jedoch die angestrebte Haltbarkeit nicht erreichten. Für diese Produktion kaufte der Landgraf die aufgelassenen Otteschen Fabriken und stellte sie dem Grafen zur Verfügung. Auch das Rezept eines Gesundheitstees, den er herstellte, ist überliefert. Der Graf von St. Germain starb am 27. Februar 1784 in Eckernförde und wurde im Grab Nr. 1 in der St. Nicolai-Kirche beigesetzt."*

Das Ableben des Grafen kann man mit gutem Grund bezweifeln. Denn aus einer Fülle von Dokumenten, die Zeitzeugen hinterlassen haben, ergibt sich, dass der Graf in Eckernförde ein Scheingrab einrichten ließ und tatsächlich höchst gesund weiter lebte. Man sagt Ihm nach, im Jahre 1696 als Sohn des ungarischen Fürsten Franz II. Rakoczy in Siebenbürgen zur Welt gekommen zu sein. Doch Zeitzeugen beschreiben Ihn bereits im Jahre 1710 als reifen Mann im Alter von etwa 45 Jahren. Insgesamt hatte Er über rund 110 Jahre ununterbrochen ins europäische Zeitgeschehen eingegriffen. Im Jahre 1820, so bezeugte Seine französische Vertraute Madame Adhémar, zeigte Er sich das letzte Mal öffentlich. Auf Seinen Reisen und Missionen kreuz und quer durch Europa verbarg Er sich hinter einer unüberschaubaren Fülle von Namen, und nur wenige wussten, dass hinter all den Masken stets der unwandelbare Graf von St. Germain wirkte.

Hier ein unvollständiger Überblick über die Namen, die der Graf verwendete: Rakoczy, Abbé Galiani, Abbé Guasco, Gua de Malva, Friderico Gualdo, Gugomos, d'Adhémar, Aymar, Belmar, Tzarogy, de Solar, Lefort, Sankt Patern, Rivarol, Parcieux, Père Hoop, Dutens. Als Baron Chef de Bien trat Er auf den Freimaurerkongressen in Wilhelmsbad 1782 und in Paris 1785 auf. In Leipzig und Mailand kannte man Ihn als Welldone, in Venedig als Conte Bellamare und Friderico Gualdo, in Pisa als Chevalier Schöning. *„Ihre Titel"*, so schrieb Montesquieu in einem Brief vom 28. September 1753 an den Grafen, *„nehmen derart zu, dass ich sie nicht mehr behalten kann: Graf von Claviéres, Domherr von Dornik, Ritter eines Kaiserlichen Kreuzes, Mitglied der Académie des Inscriptions, derjenigen von London, von Berlin und so vielen anderen bis zu derjenigen von Bordeaux. Sie verdienen wohl all diese Ehre und noch recht viele andere dazu."*

Zu den Schülern, Freunden und Vertrauten des Grafen gehörten Ludwig XV. und Ludwig XVI. in Frankreich, Friedrich II. in Preußen, Katharina II. in Russland, Maria Theresia in Österreich,

Georg III. in England, die französischen Philosophen Voltaire, Diderot, d'Alembert, Rousseau und viele andere. St. Germain war maßgeblich beteiligt an der Ausbildung des „Mädchens aus dem Volke" Jeanne Lenormand-Poisson, bis diese junge Dame jene Bildung, jene Sprachfertigkeit und jenes Selbstvertrauen erlangt hatte, dass sie als Madame Pompadour am Hofe Ludwigs XV. als progressive First Lady wirken konnte – aus dem Hintergrund stets wohlberaten vom Grafen von St. Germain.

Der Graf spielte meisterhaft Klavier auf dem Instrument der Geheimdiplomatie und wirkte als friedensstiftender Doppelagent sowohl für Frankreich wie für Preußen. L.A. Langeveld schreibt in seinem Buch „Der Graf von St. Germain": *„So hatten beide Könige ihre geheimen Diplomaten, deren Aufgabe es war, den Frieden vorzubereiten. St. Germain ließ sich für diese Mystifikation bereit finden, sprach heute für Ludwig, morgen für Friedrich, und schließlich gelang es ihm, sie einander zu nähern. Sie sind ihm auf lebenslang dankbar geblieben, ebenso wie die anderen Kriegführenden."*

Der Freigeist Voltaire bestätigte diese einzigartige Rolle des Grafen. Er schrieb am 5. April 1760 an Friedrich II.: *„Man sagt, dass das Geheimnis des Friedens nur von einem gewissen Herrn von Saint-Germain gekannt werde, welcher ehemals mit den Vätern des Konzils soupiert habe. Er ist ein Mann, welcher gar nicht stirbt und alles weiß."* Unter den Namen Odart und Dodart bereitete der Graf den Sturz des unfähigen und reaktionären Zaren Peter III. vor und half 1762 der Freidenkerin Katharina II. auf den Thron. Später wirkte er als Dr. Samuel Rogerson in St. Petersburg als Leibarzt und Geheimdiplomat für die neue russische Zarin.

Der Graf nahm starken Einfluss auf die Rosenkreuzer und die Freimaurer und verband hier Seine spirituelle Grundhaltung mit revolutionär-republikanischem Gedankengut. *„Schon früher"*, so L.A. Langeveld, *„ist auf die energische Leitung von St. Germain in der Société des Rose-Croix (Gemeinschaft der Rosenkreuzer)* *hingewiesen worden, welche sich als Ziel stellte, die Mächte der Finsternis zu bekämpfen. Fürstenerziehung war dabei ein Haupterfordernis. Davon hat er Katharina II., Friedrich II., Ernst-Ludwig von Sachsen-Gotha und andere Fürsten überzeugt."*

Man sah den Grafen selten in der Öffentlichkeit essen, und so mancher mag sich gefragt haben, wovon der Graf sich denn ernähre. Antwort gibt Godfré Ray King in seinem Buch „Magische Gegenwart", in dem mehrfach Mahlzeiten beschrieben werden, zu denen der Meister eingeladen hatte. *„Darf ich für jeden sein Essen bestellen? Meine Küche ist euch nicht sichtbar, doch für mich ist sie greifbar und wirklich."* Augenblicklich stand vor jedem Gast ein Kristallbecher, gefüllt mit einem perlenden, goldfarbenen Getränk: *„Als wir diesen wunderbaren Nektar tranken, fühlte jeder die beschwingende Kraft dieses Lebens-Elixiers durch den Körper strömen. Darauf erschien etwas wie ein Brot aus Pflanzenstoff mit einem Stück Honigkuchen. Es folgte ein Fruchtsalat, so schien es uns wenigstens. St. Germain erklärte, er sei von hohem Nährwert. Zum Nachtisch aßen wir eine Art Eisrahm, erfrischend kühlend, doch nicht eiskalt, mit einer Art Engel-Kuchen, herrlich über alle Maßen. Zuletzt erschienen Kristallbecher gefüllt mit sahniger Flüssigkeit, und als wir sie tranken, fuhr eine Kraft durch unsere Körper wie lebendes Licht. Nach jedem Gang verschwanden einfach alle benutzten Tischgeräte."*

Diverse Zeitzeugen beschreiben den Grafen in den Jahren zwischen 1710 und 1820 als einen „alterslosen" Mann zwischen 45 und 50 Jahren. Er beherrschte alle europäischen Sprachen fließend und galt stets als brillanter und höflicher Gentleman, der die gesellschaftlichen Veranstaltungen bei Hofe, beim Adel, unter Schriftstellern, Wissenschaftlern und Künstlern durch seine überragende Gelehrsamkeit und seine unbezwingbare Strahlkraft spielend beherrschte.

Graf Karl Cobenzl schrieb am 8. April 1763 aus Brüssel in einem Brief an den Kanzler Graf Wenzel Anton Kaunitz in Wien: *„Vor etwa drei Monaten passierte hier der wunderlichste*

Mann, welchen ich je in meinem Leben getroffen habe. Er hat Begabung für alle Künste und Wissenschaften, ist Dichter, Musiker, Literator, Arzt, Physiker, Chemiker, Mechaniker und Kenner von Gemälden. Er hat eine universelle Bildung, welche selten ist, spricht alle Sprachen sehr gut, italienisch, französisch und englisch am besten, bereiste die ganze Welt.“

Der Aufgestiegene Meister Djwal Khul teilte Anfang der Zwanziger Jahre des vergangenen Jahrhunderts durch Alice Bailey mit: *„Der Meister, der sich vorzüglich mit der zukünftigen Entwicklung der menschlichen Angelegenheiten in Europa und mit dem geistigen Aufschwung in Amerika und Australien befasst, ist der Meister Rakoczy. Noch bekannter war Er in früheren Daseinsformen als Graf von St. Germain. In der Loge“* (gemeint ist die Spirituelle Hierarchie) *„wird er gemeinhin ‚der Graf‘ genannt. In Amerika und Europa wirkt Er faktisch als der oberste Leiter der Ausführungsorgane der Pläne und des Exekutiv-Ausschusses der Loge“* (Initiation – Menschliche und solare Einweihung).

Es sind eine ganze Reihe früherer Inkarnationen des Grafen von St. Germain bekannt. Vor etwa 70.000 Jahren bekleidete Er das Amt des Königs einer spirituellen Kultur im Gebiet der heutigen Sahara. Zu Zeiten von Atlantis – vor mehr als 12.500 Jahren – diente Er als Hohepriester in einem Tempel des Lichts und der Reinheit, der schon damals Erzengel Zadkiel unterstand. Als Gilgamesh, sumerischer Zentralkönig der 1. Dynastie von Uruk (2 896 bis 2 770 v. Chr.), war Er der Held eines der größten Epen der sumerischen Kultur. In Seiner Inkarnation als Achtos I. (2 139 bis 2 063 v. Chr.) führte Er das zusammengebrochene altägyptische Reich aus dem Trauma der „Ersten Zwischenzeit“. Als Euklid (365 bis 275 v. Chr.) machte Er sich einen Namen als größter Mathematiker des klassischen Hellas. Er war der alttestamentarische Prophet Samuel, und als Josef von Arimathia sorgte Er für einen schützenden Hintergrund für Jesus und Mutter Maria. Er lebte um 300 als der Heilige Alban im englischen Herfordshire, und als Lehrer von Proclus (410 bis 485) gründete Er in Athen eine Platon-Akademie und lehrte dort Philosophie, Astronomie, Mathematik und Grammatik.

Als Merlin wirkte Er Ende des 5. Jahrhunderts als Erzieher und Ratgeber von König Artus, hinter dem sich kein anderer verbarg als der spätere Meister El Morya. In Seiner Inkarnation als Roger Bacon (1214 bis 1294) befasste Er sich mit Physik, Chemie und Mathematik und begründete um das Jahr 1250 unter dem Namen Christian Rosenkreutz den Orden der Rosenkreuzer. Als Christoph Columbus (1451 bis 1506) „entdeckte" Er im Auftrage des spanischen Königshauses Amerika. Und Er war es, der in Seiner Inkarnation als Francis Bacon (1561 bis 1626) unter dem Pseudonym Shakespeare unsterbliche Dramen in unübertrefflich geschliffener Sprache verfasste.

Meister St. Germain ist ein hochgradiger Aufgestiegener Meister. Als Mitglied der göttlichen Spirituellen Hierarchie unseres Planeten ist St. Germain Chohan oder Regent auf dem Siebenten Strahl. Der Siebente Strahl ist bekannt als der Violette Strahl – der Strahl der Reinigung und der Transformation. Lady Amethyst, die Zwillingsflamme des Erzengels Zadkiel, erläutert in dem Buch „Die umwandelnde Kraft der violetten Strahlung": *„Das violette Feuer vermag den Geist zu klären, den Lahmen gehend, den Blinden sehend zu machen und gibt die Möglichkeit, die unzähligen Miss-Schöpfungen der Menschen auf diesem Planeten in Vollkommenheit zu wandeln, falls jemand dieses Feuer in Tätigkeit ruft."*

Der Violette Strahl wirkt in unserer jetzigen Zeit als Hauptstrahl. Das heißt, die göttliche Qualität der Transformation und der Reinigung, transportiert über den Siebenten Strahl, spielt in der Epoche, in die wir soeben eintreten, die Hauptrolle.

Neben Meister St. Germain arbeiten Erzengel und weitere Meister an der Lenkung des Violetten Strahls in die Menschheit. Erzengel Zadkiel und Seine Zwillingsflamme Amethyst sind Regenten jenes uralten atlantischen Tempels der Umwandlung, der jetzt im Ätherreich über der Insel Kuba liegt. Lady Amethyst betont die besondere Bedeutung des Violetten Strahls in unserer Zeit: *„Diese Gelegenheit, geliebte Freunde, ist einmalig in der Geschichte dieses Erdenplaneten. Noch nie ist das Wissen über die reinigenden Kräfte des violetten Feuers einem so großen Schülerkreis zugänglich gewesen. Es waren immer nur wenige, die in den Lichtstätten und Retreats der Meister dieses Wissen empfingen“* (Die umwandelnde Kraft der violetten Strahlung).

Zu weiteren Lenkern des Violetten Strahls gehören Meister Kamakura, Lady Kwan Yin und der Große Elohim Arkturus. Meister Kamakura residiert als Hierarch des Tempels der Umwandlung und Weisheit im Ätherreich über dem Fudschijama, Lady Kwan Yin ist Regentin des Tempels der Gnade und Barmherzigkeit im Ätherreich über Peking, und der Elohim Arkturus wirkt als Hierarch eines zentralen europäischen Lichttempels in den Ätherregionen über Berlin.

St. Germain erläuterte im Herbst 1930 Seinem Schüler Godfré Ray King, was einen Aufgestiegenen Meister ausmacht: *„Der Aufgestiegene Meister ist ein Einzelwesen (Individuum), das durch seine selbstbewusste Anstrengung in sich selber genügend Liebe und Kraft erzeugt hat, um die Ketten aller menschlichen Begrenzungen zu sprengen. Daher steht er frei da und verdient es, dass ihm die Benutzung von Kräften, die weit über die Bereiche menschlicher Erfahrung hinausgreifen, anvertraut wird. Er fühlt selber das EINS-Sein der allgegenwärtigen Gottheit, des ‚LEBENS'. So gehorchen alle Kräfte und Dinge willig seinem Befehl, weil er wesenseigenen Bewusstseins und freien Willens ist, das durch die Handlung des ‚Lichtes' im eigenen Innern alles beherrscht“* (King, Enthüllte Geheimnisse).

Der Meister hat der Menschheit ein besonders kostbares Geschenk in Gestalt der dreiunddreißig „ICH BIN“-Reden überreicht. Diese Reden übergab Meister St. Germain in den Herbstmonaten des Jahres 1932 Seinem Schüler Godfré Ray King. Mir liegen diese Reden in einem Privatmanuskript vor, das nicht im Buchhandel erhältlich ist. Eine inzwischen vergriffene Auflage gab es beim St. Germain-Starczewski-Verlag. Die Texte können neuerdings im Internet unter www.violette-flamme.de heruntergeladen werden. Jeder ernsthaft Strebende, der diese Schriften gründlich durcharbeitet und sie als Leitfaden für seine spirituelle Entwicklung annimmt, wird eher über kurz als über lang seine eigene innewohnende göttliche ICH BIN-Präsenz machtvoll spüren und beginnen, sein persönliches Selbst nachhaltig zu transformieren. In diesem Sinne können die „ICH BIN"-Reden als einer der wichtigsten Schlüssel für die Transformation des Bewusstseins eines jeden Menschen gelten.

Godfré Ray King, der Übermittler der „ICH BIN"-Reden, hieß mit bürgerlichem Namen Guy Ballard, wurde 1878 geboren und verließ diese Welt im Jahre 1939. Er begegnete dem Meister erstmals im Herbst des Jahres 1930, als sein Beruf als Bergbauingenieur ihn in die Gegend des Mount Shasta und des Royal Teton in den Rocky Mountains führte. Diese Begegnungen mit Meister St. Germain schildert King in seinen Büchern „Enthüllte Geheimnisse" und „Magische Gegenwart". Mit seiner Ehefrau Edna gründete King die amerikanische I AM-Bewegung mit Hauptsitz in Chikago.

Der Schöpfer stimmt den Weckruf an

Es liegt auf der Hand, dass Meister St. Germain als Chohan auf dem Violetten Strahl eine ganz besonders hohe Verantwortung in dem gigantischen und umfassenden Transformationsprozess trägt, der unsere Mutter Erde und alle auf ihr inkarnierten Wesen erfasst hat. Mutter Erde transformiert ihr Bewusstsein ebenso wie alle auf und in ihr lebenden göttlichen Wesen. *„Es gibt ein großes Kosmisches Rad des Fortschreitens"*, so Godfré Ray King in seinem Buch „Magische Gegenwart", *„das unsere ganze Erde umfasst. Es regiert die Ausweitung des Lichtes im ganzen System, zu dem unser Planet gehört. Erreicht dieses Rad einen gewissen Punkt – und dieser* *ist näher, als die Menschen vermuten –, dann werden sich gewisse Kraftstrahlen auf die Erde richten. Dann wird der Widerstand gegen das Höhere Gute, der durch winzige selbstsüchtige Persönlichkeiten und dahindämmernde Gemüter heute noch aufgebracht wird, nichts weiter sein als Spreu in einem starken Winde."*

Dieser Zeitpunkt, von dem King spricht, ist heute herangerückt. Meister St. Germain *„wird die Richtlinien geben für den Aufbau einer Göttlichen Ordnung in der Welt. Ihm, der Seine hohen Kräfte aus den lichten Welten bezieht und der Eins geworden ist mit der universalen Göttlichen Kraft, Ihm könnt ihr folgen. Er hat das wahre Wissen. Was Er anordnen wird, geschieht zum Besten jedes Menschen"* (Meister Saint Germain, Schulung für Lichtarbeiter).

An diesem größten und bedeutendsten Wandlungsprozess, den die Erde und ihre Bewohner je erlebt haben, ist eine schier unglaubliche Zahl hoher göttlicher Mitarbeiter beteiligt. Eine riesige göttliche Allianz ist angetreten, um den Menschen zu helfen, die Brücke in ein neues und lichteres Zeitalter zu überqueren – ein Zeitalter, in dem der Mensch zu vollem Bewusstsein erwachen und dem Schöpfergott so nahe sein wird wie nie zuvor.

Zu dieser Allianz gehören höchste Wesen aus der unmittelbaren Umgebung unseres Schöpfergottes wie Lord Surea mit den sechs Ihn umgebenden Seraphim sowie Lord Metatron, Dem die Aufsicht über diese Sechste Schöpfung obliegt; die Große Blaue Loge der Schöpfung mit ihrem Leiter Aescapulus, die ihren Sitz auf dem vierten Planeten von Sirius B inne hat; die solare Spirituelle Hierarchie mit dem Solaren Logos an der Spitze; die irdische Spirituelle Hierarchie mit dem Herrn der Erde Gautama, dem Repräsentanten des Kosmischen Heiligen Geistes Aeolus, dem Buddha der Erde Divino (Maitreya), dem Repräsentanten des Kosmischen Christus Sananda (Jesus), dem Weltlehrer Kuthumi, dem Maha Chohan Paul, Meister Morya, Meister Konfuzius, Lady Rowena, Serapis Bey, Hilarion, Lady Nada, St. Germain, Lady Portia, Djwal Khul und vielen anderen Aufgestiegenen Meistern; zahlreiche Erzengel und Elohim sowie die Mitarbeiter der heiligen Ashrams und die Millionen hoch entwickelter Schüler und Aspiranten, die als „normale" Menschen überall auf der Erde leben; die riesigen Verbände der Galaktischen Föderation des Lichts, die seit einigen Jahren in unserem Sonnensystem stationiert sind; die White Knights oder Weißen Ritter, die rund um die Welt – vor allem aber in den USA – in den Machtapparaten sitzen und unmittelbar auf der physischen Ebene den „großen Umbruch" vorbereiten.

Der Transformationsprozess dringt bereits machtvoll in die physische Ebene durch, und die göttliche „Speerspitze" ist auf Nordamerika gerichtet. Von dort aus wird die Große Umwandlung sich wie ein Domino-Effekt über die ganze Erde ausbreiten. *„Amerika ist der ‚Gral', der ‚Kelch' für diese Erde, der das Licht des Kosmischen Christus trägt, das die Erde erleuchten und in Göttliche Ordnung bringen wird durch die Kraft der ‚Mächtigen ICH BIN-Gegenwart'"*. Das offenbarte Meister St. Germain bereits im Jahre 1931.

„Amerika bedeutet viel mehr, als die meisten seiner Bewohner zu träumen wagen, denn dieses Land ist der Herz-Mittelpunkt des geistigen Fortschritts auf diesem Planeten. In Amerika hat der Kosmische Christus, die ‚Mächtige ICH BIN-Gegenwart', den festen Heimatboden und wird von hier aus in den Herzen der Menschen erwachen. Dieses große Allmächtige Licht wird sich verstärken und ausbreiten, bis nicht eine Spur von Selbstsucht oder politischen Ränkespiels mehr übrigbleibt oder auch nur daran erinnert werden wird" (King, Magische Gegenwart).

Von diesem Vorhaben wissen die Kräfte der Finsternis, und deshalb haben sie im Verlaufe des vergangenen Jahrhunderts versucht, die USA fest unter ihre Kontrolle zu bekommen. Doch die „Illuminaten" und die hinter ihnen stehenden Reptoiden, von denen wir später noch mehr erfahren werden, besitzen bestenfalls die Chance, ihre Entmachtung zu verzögern, keinesfalls aber, sie zu verhindern. Denn, um ein Wort von Meister St. Germain zu zitieren:

„Das Licht Gottes versagt nie!“

Meister St. Germain sorgt dafür, dass mit der Ausrufung und Inkraftsetzung des NESARA-Gesetzespakets Kräfte freigesetzt werden, die die Dunkelmächte aus ihren Machtpositionen hinwegfegen und den Menschen jenen Wohlstand bringen, auf dessen Basis sie – frei von materiellen Sorgen – an der Transformation ihres eigenen Bewusstseins arbeiten und damit zur Ausbreitung des Göttlichen Lichts beitragen können.

In einer Botschaft der Sirius-Gruppe, die der Großen Blauen Loge der Schöpfung nahe steht sowie dem Kommandorat der Flotte der Galaktischen Föderation angehört, heißt es: *„Wie ihr wisst, befindet ihr euch inmitten verschiedener Anpassungen, die die Bühne bereiten für einen breiten Zustrom neuer Energien. Diese neuen Energien sind begleitet von einer großen Steigerung der Anzahl an Legionen, die jetzt aus den A-E-O-N-Reichen herbeiströmen. Diese Geschehnisse sichern euch die Tatsache, dass eure künftige neue Realität nicht mehr sehr weit von euch ist“* (www.paoweb.org). A-E-O-N ist ein Kurzwort für die höchste göttliche „Administration“ oder das Herz Gottes. Hierüber berichte ich später mehr.

Bereits vor mehreren Jahrzehnten kündigte Meister Djwal Khul für unsere Jahre die „Wiederkunft Christi“ an. Damals betonte er, dass dies nicht unbedingt ein „persönliches“ Erscheinen Christi sein müsse. Vielmehr sei damit zu rechnen, dass viele inkarnierte Wesen im „Geiste Christi“ wirken würden. Diese Zeit ist jetzt angebrochen, und zwar unwiderruflich. Und wir können davon ausgehen, dass Christus tatsächlich „persönlich“ in einem physischen Körper in unserer Welt agiert.

Dies wurde in jüngerer Zeit von Meister Jesus Selbst bestätigt: *„Gewiss, mein Bruder, der Christus, wird ein fleischliches Gewand anlegen, und Millionen von euch werden ihn wiedererkennen“* (Meurois-Givaudan, Vom Geist der Sonne). Christus ist Der, Der durch Jesus ab dessen 30. Lebensjahr wirkte und sprach, und Sein Name lautet Maitreya. Lord Maitreya, heute der Buddha der Erde, lebt bereits seit Jahrzehnten wieder unter den Menschen.

Dies teilt Benjamin Creme in seinem Werk „Maitreya – Christus und die Meister der Weisheit“ mit – sogar mit präziser Datumsangabe: „Am 19. Juli 1977 traf dieser Große Eine, Maitreya, der Christus, der Herr der Liebe, in Seinem Zentrum, dem ‚Ort Seiner Zentrierung‘, wie es genannt wird, in einem bestimmten Land der modernen Welt ein.“

Der US-Diplomat Wayne S. Peterson gibt in seinem Buch „Hinter den Kulissen wird die Welt verändert“ weitere Informationen: „Maitreya lässt sich“ (im Juli 1977) „in der pakistanisch-indischen Gemeinde von London nieder, wo Er bald zum Fürsprecher der Unterprivilegierten wird und sich modernen, das heißt politischen, wirtschaftlichen und sozialen Problemen widmet“. Am 11. Juni 1988 erschien Meister Maitreya auf einer Gebetsversammlung in Nairobi, wo Er vor Tausenden von Menschen auf Suaheli sprach. Viele wurden von schweren Krankheiten geheilt, Er wurde von Vertretern der örtlichen Presse fotografiert, und schließlich verschwand Er „im Nichts“.

Wie Peterson mitteilt, hielt Meister Maitreya Ende der achtziger und Anfang der neunziger Jahre des vergangenen Jahrhunderts zahlreiche Treffen mit hochrangigen Politikern ab, darunter Michail Gorbatschow. Peterson selbst zählt zu einem Kreis, der gewisse Projekte in Angriff nehmen wird, sobald der „Tag der Erklärung“ herangerückt ist, an dem Meister Maitreya Sich an die Weltöffentlichkeit wenden wird.

Wir können damit rechnen, dass eine ganze Reihe weiterer spiritueller Meister in diesen Jahren „unter den Menschen wandeln“ werden. Vor etwa 80 Jahren sagte Meister Djwal Khul durch Alice Bailey voraus: *„Es darf mit Bestimmtheit versichert werden, dass noch vor dem Kommen Christi Vorkehrungen getroffen werden, die darauf hinzielen, dass an den Spitzen aller großen Organisationen entweder Meister oder Eingeweihte stehen.“* (Bailey, Initiation – Menschliche und solare Einweihung).

Sicher ist: Auch Meister St. Germain weilt bereits unter uns. Er unterhält – neben anderen – ein Büro in Washington DC, freilich unter einem unauffälligen Namen. Er ist bereits auf Sitzungen des UN-Sicherheitsrates aufgetreten, konferiert mit Weißen Rittern in amerikanischen Ministerien, mit einflussreichen Politikern in Europa und auf anderen Kontinenten und stimmt sich beständig mit der Spirituellen Hierarchie ab. Unter Seiner Leitung werden – nach Ausrufung des NESARA-Gesetzespakets – weltweit weitreichende Veränderungen auf den Gebieten der Währung, der Finanzen, der Wirtschaft und der internationalen Politik sichtbar und spürbar werden.

Und wir können ebenfalls sicher sein, dass auch Meister Jesus wieder im inkarnierten Zustand auf Erden wirkt – als „Lichtgestalt aus Damaskus", wie Anne und Daniel Meurois-Givaudan in ihrem Buch „Vom Geist der Sonne" berichten: *„Er ist wieder unter uns, noch nicht als der Christus als physische Realität, sondern als der Meister Jesus, der ihm seinen Körper gab."* Meister Jesus, der in unserer Zeit das Amt des Kosmischen Christus innehat, trägt als Admiral Sananda die Gesamtverantwortung für den Übergang unseres Planeten Erde in die 5. Dimension und wirkt vor allem in den USA an der Seite von Meister St. Germain an der Realisierung des NESARA-Projekts.

Was bedeutet die Transformation für die Menschheit?

Worin besteht nun die Große Transformation, die die Erde und alle göttlichen Wesen auf ihrer Oberfläche und in ihrem Inneren umwandeln wird? Zunächst einmal: Alle Entwicklung im göttlichen Universum vollzieht sich in Zyklen. Gegenwärtig endet das vielzitierte Kali-Yuga, das dunkle Zeitalter. Dieses dunkle Zeitalter brach mit dem Untergang von Atlantis vor einem halben Platonischen Jahr an – vor rund 12.500 Jahren. In dieser Periode hatten die Kräfte der Finsternis einen nicht unerheblichen Entfaltungsspielraum. Die Folge für die auf Erden inkarnierten göttlichen Wesen: Sie sammelten Erfahrungen darin, unter extrem erschwerten Bedingungen ihre Verbindung zum Göttlichen Licht entweder zu bewahren – oder sich auf die Seite der Dunkelheit ziehen zu lassen.

In einem gewissen Sinne war das ein schwerer „Härtetest“ für alle göttlichen Wesen. Diejenigen unter ihnen, die sich nicht haben beirren lassen, entwickelten ein äußerst feines Gespür für die „Verkleidungen“, in denen Luzifer ihnen entgegen trat, und sie blieben standhaft in ihrer Verbundenheit zum Schöpfergott. Andere hingegen erlagen den Verlockungen der materiellen Welt – dem Haupteinflussbereich Luzifers – und ließen sich auf die „andere Seite“ hinüber ziehen, auf die Seite der geistigen Finsternis.

Während des dunklen Zeitalters hatten diese Kräfte genügend Zeit und Spielraum, um auf Erden ein Machtsystem aufzubauen, das raffiniert, fein gesponnen und flexibel auf alle Veränderungen der Geschichte zu reagieren vermochte. Die im Hintergrund wirkenden reptoiden Geschöpfe – auf die wir in einem späteren Kapitel zurückkommen – bauten eine geheime Gegenmacht auf, die eigene Bruderschaften, Orden und Logen umfasst. Diese straff organisierten Geheimbünde wirkten an den Höfen der Könige, in den Adelsgeschlechtern, in den Priesterkasten aller Religionen, später auch in den Kreisen der akademisch Gebildeten, in der modernen Politikerklasse, in der Militärhierarchie, im Finanz- und Wirtschaftswesen, in den Handwerksverbänden und Gewerkschaften sowie in zahllosen öffentlichen Verbänden und Organisationen. Diese geheime Macht bauten die Agenten der Finsternis bis in unsere Tage aus. Die Bemühungen der unseligen US-Bush-Regierung, in diesen Jahren global eine „Neue Weltordnung“ einzuführen, sagt einiges darüber aus, dass wir mitten in einem großen Entscheidungskampf stehen. Denn freiwillig räumen die Kräfte der Finsternis ihre Machtpositionen nicht.

Das dunkle Zeitalter, das diesen Kräften so viel Spielraum erlaubte, endet in diesen Jahren. Das Jahr 2012 ist jenes Stichjahr, das unwiderruflich das Ende des Kali-Yuga markiert. Das Jahr 2012 ist ein Datum, das sich aus dem Maya-Kalender ergibt. Die

Kalenderzählung der Maya ist identisch mit der Zählung des Galaktischen Kalenders. Diesen Kalender brachte der göttliche Tahuti den Maya. Tahuti ist identisch mit Hermes Trismegistos, dem „dreifach Größten", der in Ägypten auch als Thoth bekannt war.

Selbst der Schöpfergott dieses Universums muss sich an die Zyklen halten. Auch Er war gehalten, auf Seine Stunde zu warten. Im Jahre 2012 schlagen gleichsam viele kosmische „Uhren" die Zwölf. Doch hat der Schöpfergott schon Ende der achtziger Jahre des vergangenen Jahrhunderts den Übergang eingeleitet. Dieser Übergang wird vollzogen durch eine Schwingungserhöhung, die letztlich die gesamte physische Ebene des Kosmos erfasst. Das heißt, dass über die intensivierte Einstrahlung höchsten Lichts die „Trägerwellen" der entsprechenden Realitäts- und Bewusstseinsebenen in der Frequenz angehoben werden.

Dazu kommt ein höchst seltenes Ereignis – ein Ereignis, das lediglich einmal in rund 26.000 Jahren eintreten kann. In der Schrift „Grundlegende Instruktionen – Über die Lehren der Meister der Weisheit" heißt es: *„Unser Sonnen-System rückt bei seinem Umlauf um die große Zentral-Sonne, der in einer riesigen Ellipse vor sich geht, näher an ihre mächtige Strahlung heran, was eine allgemeine Erhöhung oder Beschleunigung der Schwingung zur Folge hat."* Diese hier gemeinte Zentralsonne heißt Alcyone und liegt im Zentrum des Plejaden-Systems.

Viele Menschen beschlich im Verlaufe der vergangenen Jahre immer wieder das Gefühl, als verlaufe die Zeit rascher als in den früheren Jahrzehnten – ein Gefühl, das übrigens auch zunehmend junge Menschen erfasst. Es ist weniger der Eindruck, „keine Zeit" mehr zu haben, sondern eher, als verlaufe alles, was man täglich unternimmt, in einem rascheren Tempo. Und dieses Gefühl trügt nicht. Verglichen mit – sagen wir – der Zeit um 1960 ist unser Tag in den Jahren nach der Jahrtausendwende um ein Drittel kürzer. *„Euer Tag"*, so heißt es in der Sirius-Botschaft vom 5. Februar 2002, *„ist jetzt 16 Stunden lang, nur eure 24-Stunden-Uhr ist nicht entsprechend angepasst"*.

Was bedeuten die Schwingungserhöhung und die verstärkte Einstrahlung geistigen Lichts für die Erde? Die Dimensionen und Ebenen, in denen sich Bewusstsein auf der physischen Ebene manifestiert, erleben bis zum Jahre 2012 eine Frequenzerhöhung um eine ganze Oktave. Das Bewusstsein eines Durchschnittsmenschen befindet sich in der 3. Dimension. Das ist die Dimension der menschlichen Realität mit allen ihren bekannten Einschränkungen. Hier herrscht vor allem das menschliche Ego, und alles wird von einem Menschen gewöhnlich aus der beschränkten Perspektive des „persönlichen Selbst" betrachtet. Hier gilt das Prinzip der „subjektiven Vorliebe".

Die 4. Dimension ist die Dimension des „Göttlichen Wir". Ein Mensch, der in dieser Bewusstseinsdimension lebt, betrachtet alle göttlichen Wesen als Einheit, sieht hinter der Vielfalt der äußeren Welt das göttliche „Alles-was-ist", erkennt das menschliche Getriebe als vorübergehende Bühne des Lernens, fühlt sich eingebettet in das göttliche Schöpfungsspiel, lebt in der ständigen Verbundenheit mit seiner göttlichen ICH BIN-Präsenz. Die 5. Dimension gar repräsentiert die Dimension des Christus-Bewusstseins – eines sehr hohen geistigen Schwingungszustandes, dessen heiligste Qualität annähernd mit bedingungsloser Göttlicher Liebe bezeichnet werden kann, die von hoher Weisheit durchwirkt ist. Wahrlich ein Zustand, dem die meisten Menschen heute noch so fern sind wie der Mond von der Erde.

Wird nun das Bewusstsein der 3. Dimension durch die Schwingungsanhebung allmählich auf jene Höhe gebracht, die vorher die 4. Dimension einnahm, so ändert sich während dieses Prozesses ein Mensch durchaus nicht automatisch. Die Frequenzanhebung wird einen Ego-betonten Menschen vielmehr in sehr starke innere Konflikte stürzen. Denn das Göttliche in ihm folgt der Anhebung „wie von selbst", doch das menschliche Ego neigt dazu, an seinen hergebrachten Überzeugungen und Glaubenssätzen starr festzuhalten. Erzengel Zadkiel sagt: *„Die reinigende Kraft des Violetten Feuers, die in starkem Maße das Erdenleben* *durchflutet, wird viele Menschen in Unruhe versetzen. Seid auch ihr euch klar darüber, denn sie hat eine antreibende Kraft und wirbelt die Unvollkommenheiten, den trüben Bodensatz der Menschheit, nach oben"* (Die umwandelnde Kraft der violetten Strahlung).

Menschen, die dazu neigen, an alten Glaubenssätzen und starren Mustern festzuhalten, werden zunächst in schwere psychosomatische Konflikte stürzen und die Praxen von Ärzten und Psychoanalytikern belagern. Diese freilich werden diesen Konflikten nicht beikommen können – jedenfalls dann nicht, wenn sie selbst an ihren hergebrachten Behandlungsmodellen festhalten. Denn hier können nur solche Therapien helfen, in denen die Anwendung der umwandelnden und höherschwingenden Kräfte des Violetten Strahls im Mittelpunkt steht.

Es geht um die Verbindung mit dem Göttlichen Selbst

Eine Hauptaufgabe für alle Menschen wird in den kommenden Jahren im „Loslassen" liegen. Der Mensch muss Hass, Neid, Geiz, Überheblichkeit, Rachsucht und alle weiteren niederen Bestrebungen, die gemeinhin als Untugenden bezeichnet werden, hinter sich lassen, sich radikal von ihnen befreien und einen Gemütszustand anstreben, den man als „heitere Gelassenheit" bezeichnen könnte.

„Mein Sohn", sagte im Jahre 1930 Meister St. Germain zu Seinem Schüler Godfré Ray King, *„du kannst kaum erfassen, wie dringend notwendig die Harmonie im äußeren Selbst ist, falls die Fülle der inneren Vollkommenheit und Kraft im äußeren Leben Ausdruck finden soll. Ein Gefühl des Friedens, der Liebe und Heiterkeit muss im persönlichen Selbst jederzeit aufrechterhalten werden. Wenn dies gelingt, kann die ‚Mächtige Gott-Gegenwart im Innern' jeden Augenblick und ohne Beschränkung handeln"* (King, Enthüllte Geheimnisse). Gottlob liegt es in der Logik solcher Entwicklungen, dass die Fortgeschrittenen dazu neigen, den Zurückhängenden zu

helfen. Und das Angebot von Schulungsmöglichkeiten wird in den kommenden Jahren sehr stark ansteigen.

Je früher man mit Übungen zum Loslassen, zum Höherschwingen und zur Verbindung mit dem inneren Gott-Selbst beginnt, umso freudvoller erlebt man die weitere Entwicklung. Und die Zeit drängt. Die Schwingungserhöhung setzte zur Zeit der Großen Konvergenz im Jahre 1987 ein, mit zunächst langsam ansteigender Kurve. Ab dem Jahre 2003 aber weist die Kurve der Anhebung steil nach oben, bis sie ihren vorläufigen Höhepunkt um das Jahr 2012 erreichen wird. Und all jene, die sich mehr und mehr ihres Gott-Selbst gewahr werden, dürfen auf die Hilfe der Aufgestiegenen Meister hoffen.

Es gibt allerdings nur einen Weg, *„durch den ein innig ernster und entschlossener Sucher die Verbindung mit seinem Meister finden kann"*, so belehrte im Jahre 1930 Meister St. Germain Seinen Schüler Godfré Ray King. *„Er lautet: Schaffen voller Liebe und Selbstbemeisterung der Persönlichkeit. In keinem Falle wird ein Aufgestiegener Meister sich dazu hergeben, die menschlichen Bedürfnisse eines Suchers"* (wie etwa bloße Neugier oder die Suche nach einem „handgreiflichen Beweis" der Existenz eines Meisters) *„zu befriedigen. Ihr ganzes Bemühen richtet sich darauf, das Gott-Selbst im Innern des Schülers zu entfalten, damit dessen Kraft soweit freigesetzt wird, dass sie die Grenzen des menschlichen Selbst sprengen kann"* (King, Enthüllte Geheimnisse).

Was aber geschieht mit jenen Wesen, die den Kräften der Finsternis zuzurechnen sind oder ihnen anhängen? Das wird vom Grad ihrer „Verdorbenheit" und von ihrem Willen zur Umkehr abhängen. Aus glaubwürdigen Quellen verlautet, dass jedem einzelnen dieser Wesen eine Entscheidung abverlangt wird: „Willst du in der Finsternis verharren, oder willst du dich dem Licht zuwenden?" Entscheiden sie sich, in der geistigen Finsternis und in der Verneinung des Göttlichen Willens zu bleiben, so werden sie „aus der Schöpfung genommen" und müssen irgendwo im Universum ganz von vorn beginnen.

Auf einem Aufstiegsseminar Anfang der neunziger Jahre des vergangenen Jahrhunderts in Santa Cruz teilte Meister Ashtar durch das Channel-Medium Eric Klein mit: *„Mit jenen, die in Menschengestalt hier sind, in Tat und Wahrheit aber die Dunklen Herren und diese anderen Arten der Emanation sind, wird summarisch verfahren. Einige werden der Zentralsonne zur Umstrukturierung übergeben.“* Diese *„dunklen Herren“*, die Ashtar als *„gefallene Engel“* bezeichnet, *„werden die Gelegenheit erhalten, sich zu verändern. Diejenigen, die das nicht wollen, werden sehr wahrscheinlich desintegriert und umstrukturiert werden. Eine Seele kann also sterben“* (Die Sananda-Connection).

„Die Stunde hat nun geschlagen“, so ein Aufgestiegener Meister, vermutlich El Morya, im Jahre 1931 in Darjeeling zu Godfré Ray King, *„da das Große Kosmische Gesetz, das dieses Weltensystem regiert, in unserer ganzen Planetengruppe eine gewaltige Ausweitung des ‚Lichtes der Mächtigen ICH BIN-Gegenwart' freisetzt. Wer die Kraft dieses Lichtes nicht aufnehmen lernt, wird durch sie aufgezehrt“* (King, Magische Gegenwart).

Entscheiden sich diese Menschen, zurückzukehren ins göttliche Licht, so werden sie willkommen sein und durch ihre Taten beweisen müssen, ob sie es ernst meinen. Sie werden möglicherweise der Schwingungsanhebung folgen können, wenn sie die notwendigen Übungen zur Verbindung mit ihrem Göttlichen Selbst konsequent exerzieren und dabei sachkundige Hilfe von fortgeschrittenen göttlichen Wesen erhalten. Hängen sie in den kommenden Jahren allerdings zu weit zurück, so werden sie den Sprung ins volle Bewusstsein nicht schaffen können.

Sie werden dann auf andere Planeten im Kosmos verlegt, auf denen Verhältnisse herrschen, die ihrem Entwicklungsstand und -tempo entsprechen. *„Alles, was sich in naher Zukunft dieser Neugestaltung der Ordnung, der Harmonie und des Friedens nicht einfügt“*, so sprach im Jahre 1930 Meister St. Germain zu Seinem Schüler Godfré Ray King, *„wird notwendigerweise in irgendeine andere Schulklasse des Weltalls versetzt werden, um sich dort das* *eigene Verständnis dieses Gesetzes zu erarbeiten in anderer Art, als die Gestaltung des künftigen Lebens auf unserer Erde es gestatten könnte"* (King, Enthüllte Geheimnisse).

Doch für viele, wenn nicht für die meisten menschlichen Wesen gibt es günstige Prognosen. Ein hoher Spiritueller Meister von der Venus sagte am 31. Dezember 1930 auf einem Treffen im Royal Teton südlich des Yellowstone-Parks in den Rocky Mountains voraus:

„Viele, die durch ihr bisheriges Tun ganz verhärtet schienen, werden aufwachen, fast über Nacht, und die Nähe der ‚Großen Gegenwart Gottes' in ihren Herzen spüren. Viele, die demütig und anspruchslos stets fest zu der ‚Inneren Gegenwart' hielten, werden plötzlich vorbrechen zu ihrem eigenen Staunen wie zu dem der anderen – Höchstes Licht wird sich durch sie gestalten. All dies wird durch die Kraft der Gottes-Liebe geschehen, und die Menschen werden wahrhaft zu erkennen beginnen, dass es nichts Irrsinnigeres gibt, als wenn ein Teil der Schöpfung Gottes mit einem anderen Teile im Kampfe liegt. Das Verlangen, statt seiner selbst andere zu segnen, wird fast unwillkürlich in die Herzen der Menschen eindringen und ein ‚Licht' ausstrahlen, das den Rest des ‚Pfades zur Vollkommenheit' hell erleuchten wird" (King, Enthüllte Geheimnisse).

Die Schleier des vernebelten Bewusstseins fallen

All jenen göttlichen Wesen, die auf der Schwingungsanhebung wie auf einer Brandungswelle zu „surfen" verstehen, bietet sich die einzigartige Chance, in einem einzigen Leben ein Lernpensum zu absolvieren, für das sie in früheren Zeiten zehn, zwanzig oder gar hundert Inkarnationen brauchten. Manche Menschen haben bereits in den vergangenen Jahren Erweiterungen ihrer Sinne erfahren. Sie wurden hellsichtig, hellhörig oder hellfühlend. „Öffnungen" dieser Art erfolgen gleichsam automatisch, ohne dass es besonderer Übung bedarf, und diese Erweiterung der menschlichen Wahrnehmungsfähigkeit wird in den kommenden Jahren im Massenmaßstab zunehmen.

Die Erweiterung der menschlichen Fähigkeiten wurde bereits vor über siebzig Jahren vorausgesagt. In seinem Buch „Enthüllte Geheimnisse" beschreibt Godfré Ray King die Verwendung von *„Licht- und Klangstrahlen, die Zeit und Raum auslöschen"* und über die Menschen miteinander kommunizieren können wie über ein Videotelefon. Der Aufgestiegene Meister Eriel erläuterte King: *„Es ist der ganzen Menschheit vorbestimmt, dass sie diese Kräfte in naher Zukunft ebenso natürlich benutzen wird wie heute den Fernsprecher. Dies ist eine der erstaunlichsten Tätigkeiten, die der Einzelne beherrschen lernen kann."*

Allerdings wird in diesen Jahren nicht jeder Mensch, der die ersten Anzeichen erweiterter Sinne an sich erfährt, zwangsläufig von Jubel erfasst werden. Hat er sich noch nicht genügend von alten Mustern befreit, so kann er seine frisch erworbene Hellsichtigkeit durchaus als Last erfahren, wenigstens vorübergehend. Ist ein solcher Mensch zum Beispiel immer wieder von Ängsten geplagt, so wird er – öfter als ihm lieb ist – wie ein Magnet Schauungen anziehen, in denen er „künftige" Krankheiten oder Unfälle im Kreise seiner Familie sieht. Dies wird er als belastend empfinden, neuerlich von Angst überschwemmt werden und seine Hellsichtigkeit zu verdrängen suchen.

Hat es aber ein Menschenwesen geschafft, sich weitgehend von Ängsten und alten Glaubenssätzen zu befreien und sich von der Liebe des Inneren Gottes tragen zu lassen, so wird es die Erweiterung seiner Wahrnehmungsfähigkeit freudig annehmen können. Dieses Wesen wird keine Angst empfinden, wenn es im Garten einer Gruppe Devas begegnet, die es zuvor nicht wahrzunehmen vermochte. Es wird vielmehr mit ihnen zusammenarbeiten, ihre Empfehlungen annehmen, die Gartenerträge beträchtlich steigern und von den Devas viel lernen können.

Vor uns werden sich die Schleier der gewohnten begrenzten Wahrnehmung in einem Maße lichten, das so manchem recht utopisch in den Ohren klingen mag. Erzengel Zadkiel sagt voraus: *„In dieser Zeitepoche, in der die Engel, die Menschen, das Elementarleben, die göttlichen und die kosmischen Wesen alle miteinander wandeln und sprechen werden, ohne dass ein Schleier zwischen ihnen besteht, werdet ihr immer mehr erkennen, dass der Schleier der Maya, der hauptsächlich aus grauen und schwärzlichen Farbtönen besteht, aufgelöst wird. Die Färbung dieses Schleiers wird zuerst zu einem hellen Bläulich-Violett. Wenn sich diese Farbe klärt, entfaltet sie sich zu einer lieblichen, hellen Schattierung von Violett. Durch diese hindurch werden zuerst die Umrisse und dann die Gestalten der göttlichen Wesen wahrnehmbar sein"* (Die umwandelnde Kraft der violetten Strahlung).

Im Laufe der vergangenen Jahre gab es eine Fülle von gechannelten Durchsagen, Bekundungen, Prophezeiungen und Empfehlungen. Selbst wenn ein Großteil davon mit Vorsicht zu genießen sein mag, weil durchaus nicht jedes Channel-Medium im spirituellen Sinne zuverlässig ist, so lässt sich doch ein ganz eindeutiger Generalnenner herausfiltern:

Wir werden bis zum Jahre 2012 zu vollem Bewusstsein gelangen.
Wir werden wissen, wer wir sind.
Wir werden wissen, woher wir kommen.
Wir werden wissen, wohin wir gehen werden.
Wir werden wissen, wer unsere Zwillingsflamme ist.
Wir werden wissen, zu welcher Seelengruppe wir gehören.
Und wir werden wissen, welche individuelle und welche Gemeinschaftsaufgabe wir zu erfüllen haben.

Die Schleier über unserem bisher so begrenzten Bewusstsein werden sich lichten, und wir werden erstmals seit langen, langen Zeiten wieder bewusste Gestalter der irdischen Geschichte im Einklang mit dem Plan und dem Willen des Schöpfers.

An uns erwachten Erdenmenschen wird es liegen, ob Gottes großes Vorhaben in vollem Umfange Wirklichkeit werden kann

– nämlich Himmel und Erde auf noch nie da gewesene Weise miteinander zu verbinden. Lord Aescapulus, der Leiter des Hohen Rates der Neun im Sirius-B-System, richtete am 25. Februar 2003 folgende epochalen Worte an die Menschheit:

„Über fast 13 Jahrtausende existiertet ihr in Finsternis. Nun endlich ist der magische Augenblick für eure Rückkehr ins vollständige Bewusstsein gekommen. Wir salutieren euch gütig für eure äußerste Geduld und euren unvergleichlichen Fleiß, euch an einer höchst anstrengenden Zeitperiode zu beteiligen. Euer großer Lohn sind die riesigen Reservoire an Wissen, die ihr in diesem Reich der Finsternis angesammelt habt. Diese Reserven an Informationsmaterial enthalten unsägliche Weisheit, die ihr mit höchster Sicherheit für eure nächste Mission verwenden werdet: die Vereinigung von Licht und Dunkel. Eure Weisheit wird, zusammen mit der des Himmels, die Proklamation dieser Sechsten Schöpfung krönen, mit der der gesamte Himmel und alles Physische an eure äußerst wunderschönen Gestade gekommen sind.

Euer Werk wird die Entfaltung des nächsten Schritts in der physischen Schöpfung möglich machen. Es wird Zehntausende von Galaxien in einem außergewöhnlichen Bund zusammenschließen, was sich über das gesamte Physische ausbreiten wird wie ein unaufhaltbares Lauffeuer. Haltet euch vor Augen, dass da eine beispiellose politische, ökonomische und spirituelle Revolution unterwegs ist. Schließlich wird es lediglich der spirituelle Wandel sein, der lange in Erinnerung bleibt; der Rest ist Treibgut. Der Wille des Schöpfers wird hell über eurer Welt strahlen! Diese neue Ära wird die Schlussphasen dieser göttlichen sechsten Schöpfung stärken, so dass sie einer siebenten Schöpfung zur Geburt verhelfen kann. Diese neue Schöpfung ist euer Kind!“

Mit der Großen Transformation, die die Sechste in die Siebente Schöpfung überleitet, macht unser Schöpfergott der Menschheit ein Angebot von noch nie da gewesener Erhabenheit und Größe. Denn alle Menschen erhalten die einzigartige Chance, mit himmlischer Assistenz zu vollem Bewusstsein zu erwachen und sich in einer Innigkeit mit dem eigenen Gott-Selbst und zugleich mit dem Schöpfergott zu verbinden, die ihnen in „normalen" Zeiten unerreichbar geblieben wäre. Das wichtigste Mantra der künftigen Zeit lautet deshalb :

ICH BIN die Mächtige Gegenwart Gottes!

2. Gottes Universum und die geistige Evolution

Unser Universum ist unvorstellbar groß. Unsere Erde ist Teil dieses Sonnensystems, und dies ist eines von rund 300 Milliarden Sonnensystemen unserer Heimatgalaxis. Das gesamte Universum wiederum umfasst unermesslich viele Galaxien. *„In der Tat finden sich allein Tausende gleichartiger Galaxien in einem nur 50 Millionen Lichtjahre von der ‚Milchstraßen-Galaxis' entfernten Weltraum. Und ebenso gibt es gut über 100 Milliarden gleichartige Spiral-Galaxien im gegenwärtigen Universum"* (Sirius-Botschaft vom 5. Januar 2002).

Kein Mensch kann die Ausdehnung des Kosmos ermessen, geschweige denn sein Alter. Die 15 Milliarden Jahre, die dem Kosmos von den irdischen Wissenschaftlern zugebilligt werden, sind bestenfalls ein Lidschlag im Gesamtalter von Gottes Schöpfung. Denn selbst unsere Mutter Erde ist, wie wir später noch im einzelnen erfahren werden, bereits fünfzig Milliarden Jahre alt.

Das Universum – ein heiliges Werk des Schöpfers

Dieser Kosmos ist die Schöpfung des All-Einen, und der Schöpfergott Seinerseits ist Alles-Was-Ist. Er ist die Allmächtige Gott-Flamme, das Eine Mächtige ICH BIN, Das einst das Urlicht in die Dunkelheit sandte und Sein Mächtiges Wort ertönen ließ: „Es werde Licht!" Und das Licht ging aus von Ihm und bildete Alles-Was-Ist, wachsend und geformt nach jenem Urbild, das vor aller Schöpfung war und kraft des Göttlichen Planes durch Seine Schöpferische Intelligenz ins Leben trat und unzählige Dimensionen und Realitäten bildete.

Gott ist die Eine Schöpferische Ur-Zentralsonne, aus der sich der gesamte Kosmos entfaltete. Nichts ist „naturwüchsig" entstanden, sozusagen im blinden Selbstlauf, und es gab keinen einmaligen „Urknall". Alle Entwicklung, alle Evolution, alle Entfaltung folgen jenem Göttlichen Plan, den der Schöpfer vor allem Anfang entwarf, und alle kosmischen Naturerscheinungen wie Sterngeburten oder Supernovae sind nichts als äußerer Ausdruck gewaltiger geistiger Umwandlungs-, Entfaltungs- und Aufstiegsprozesse. Und so wie der „Tod" des physischen Körpers nichts weiter darstellt als die Ablösung des geistigen Wesens von der physischen Ebene, so bedeutet der „Tod" eines Sterns in Wahrheit seinen Aufstieg in höhere Seinsebenen, die mit irdischen Teleskopen nicht mehr erreicht werden können.

Unser Schöpfer ist Der Eine Ewige Vater-Mutter-Gott, die Höchste Schöpferkraft und das Höchste Licht. Sein Eines Umfassendes ICH BIN manifestiert sich in drei Großen Aspekten oder Wesenheiten, von Denen nur Zwei hervortreten: Lord Surea und Lord Kuwea. Dieser ist verantwortlich für die Leitung und Lenkung der Primären Schöpferischen Energien, die unaufhörlich fließen und dem Göttlichen Plan zur Manifestation verhelfen. Gemeinsam mit Seinem Hohen Göttlichen Bruder Lord Surea wacht Er über die plangerechte Entfaltung der Schöpfung. Lord Surea Seinerseits obliegt die Leitung jener Myriaden von „himmlischen Abstammungslinien", Administrationen und Räten, die als Exekutivorgane des Schöpfers den Göttlichen Plan durchführen. Diese Räte sind im „Rat von Oryon" zusammengefasst, der nicht mit dem Sternsystem des Orion verwechselt werden sollte (siehe www.paoweb.org).

Lord Surea hat um Sich ein Heiliges Herz gebildet, dem die sechs Höchsten Seraphim angehören: Lord Ananea, Höchster Botschafter jener Heiligen Himmlischen Orden, die das Göttliche Mitgefühl repräsentieren; Lord Azureal, Repräsentant jener Heiligen Schöpfungsenergien, die die physische Welt des Kosmos bilden; Lord Betea, Höchster Botschafter jener Heiligen

Himmlischen Orden, die die Göttliche Weisheit Lord Sureas in der gesamten Schöpfung ausgießen; Lord Cephetas, der jene Himmlischen Orden leitet, die den Göttlichen Plan verkünden; Lord Ezechiel, Botschafter der Schöpferischen Segnungen Gottes; Lord Immanuel, Spender des Blauen Lichtes, das die Kontinuität der Göttlichen Schöpfung sichert.

Dieser engste Bereich um den Hohen Sitz Gottes wird von der Großen Blauen Loge der Schöpfung A-E-O-N genannt.

Von Lord Immanuel empfängt die Große Blaue Loge im Sirius-System jenes Blaue Licht, das die Kontinuität der Schöpfung aufrechterhält, und leitet dieses Göttliche Licht an die Myriaden von Orden, die ihren Teil am Schöpfungsplan innehaben und im gesamten Kosmos vertreten sind. Diese Hohe Göttliche Loge wird geleitet vom Rat der Neun, dem Lord Aescapulus vorsteht.

Bisher sind fünf große Schöpfungsepochen gemäß dem Göttlichen Plan abgeschlossen. Jede dieser Schöpfungsepochen – jeweils viele Milliarden Jahre lang – hatte ihre eigenen, vom Schöpfer genau definierten Ziele und war angelegt auf die Herausbildung ganz bestimmter Qualitäten. Gegenwärtig befinden wir uns in der Schlussphase der Sechsten Schöpfung, die von Erzengel Metatron geleitet wird, Einem der führenden Elohim. Diese Sechste Schöpfung zeichnet sich durch die Besonderheit aus, dass den Kräften der Dunkelheit ein gewisser Spielraum gegeben wurde, was für die Kräfte des Lichts eine besonders große Herausforderung darstellte. Der Schöpfer erlaubte einem Erzengel, Luzifer genannt, sich zum Führer jener Kräfte aufzuschwingen, die der ansonsten „passiven" Dunkelheit die Fähigkeit zum aktiven Widerstand gegen das Göttliche Licht verlieh.

Doch hatte der Schöpfer alle Vorkehrungen getroffen, Seinen Plan für die Sechste Schöpfung in jedem Falle zur Ausreifung gelangen zu lassen. Obgleich es den Geschöpfen Luzifers gelang, über Dutzende Millionen von Jahren unsere Galaxis mit dunklen, lieblosen und kaltherzigen Zivilisationen zu bevölkern und die galaktischen Reiche des Lichts zu terrorisieren, hatten sie, aufs Ganze gesehen, nicht die geringste Chance, dem Vormarsch der Kräfte des Lichts auf Dauer Paroli zu bieten. Gegen Ende dieser Sechsten Schöpfung wandten sich immer mehr Kräfte aus dem Lager der Anchara-Allianz (hierzu später mehr) dem Licht zu und entzogen Luzifer auf diese Weise Zug um Zug das Fundament seiner Macht.

Auch hier gilt wieder der Satz des Meisters St. Germain, den Sein Schüler Godfré Ray King in seinem Buch „Magische Gegenwart" überliefert: *Das Licht Gottes versagt nie!*

Die Sechste Schöpfung, deren vergangene 12.500 Jahre insbesondere die auf Erden inkarnierten göttlichen Wesen vor schwere Bewährungsproben gestellt hat, läuft seit 50 Milliarden Jahren und endet am 21. Dezember 2012. Bis dahin muss die irdische Menschheit ihr gesamtes Abschlusspensum geschafft haben. Danach beginnt die Siebente Schöpfung – die viertletzte von insgesamt zehn Schöpfungszyklen, die der Schöpfer in Seiner Weisheit geplant hat.

Die Epoche physischer Schöpfung, in der wir uns befinden, wurde vom Höchsten Geist in Gang gesetzt, *„um zu zeigen, wie das Licht die Dunkelheit verwandeln und damit ein noch größeres Licht erschaffen könne, das aus höchster Liebe besteht"*, so die Sirianer Washta, Aumtron und Sirai in dem Buch „Der Photonenring". *„Diese Liebe wird eure Galaxie transformieren und zur Höchsten Schöpferkraft und ihren Hauptabgesandten, den Herren der Zeit, aufsteigen."* Die Herren der Zeit („Time Lords") wurden mit dieser physischen Schöpfung erschaffen und sind gleichsam ihre „Schäfer". Sie existieren *„in einer unendlichen Anzahl von Dimensionen und haben die Aufgabe, die physische Schöpfung nach dem göttlichen rechten Handeln zu regeln und zu überwachen"*.

Die Herren der Zeit haben eine doppelte Aufgabe. *„Ursprünglich hatten sie die acht Dimensionen der physischen Schöpfung zu erschaffen, und zweitens halfen sie den Spirituellen Hierarchien, den spirituellen Energieaustausch zwischen jeder der Dimensionen zu regulieren."* Zudem oblag es den Herren der Zeit, unsere Galaxis der Dritten Dimension in die materielle Realität zu rufen. Sie operieren mit einer Energie, deren tiefstes Verständnis noch nicht einmal die Sirianische Kultur erlangt hat, die seit immerhin fast 4,5 Millionen Jahren in vollem Bewusstsein lebt. *„Die Zeit“*, so die Sirianischen Botschafter, *„hat im göttlichen Plan viele Bedeutungen und viele Auswirkungen. Sie ist der Prozess, durch den das Licht der Schöpfung im physischen Universum verankert wird. Die Zeit ist auch der Mechanismus, der alle Gesetze und Methoden der Schöpfung möglich macht. Die Zeit ist alles, und doch ist sie nichts. Von der Zeit wird gesagt, dass sie sich ihre eigene Ebene sucht, wie in eurer Welt das Wasser.“*

Aus den höchsten Dimensionen der Göttlichen Schöpferkraft fließen die geistigen Ströme einerseits zu den Herren der Spirituellen Schöpfung, die über den Energieaustausch von Licht und Liebe in allen Aspekten der Schöpfung wachen, sowie zu den Herren der Zeit, die ihrerseits die physische Schöpfung kontrollieren. Die physische Schöpfung umfasst insgesamt acht Dimensionen, wobei die oberste achte Dimension gleichsam die Quelldimension darstellt, aus der die sieben niederen Dimensionen sich in absteigender Linie entfalten. Die unteren drei Dimensionen der physischen Schöpfung bilden jene Bühne der Realität, die den Erdenmenschen erfahrungsgemäß geläufig ist.

Meister Djwal Khul betont, dass es keine unbelebte Materie gibt und dass alle Materie eine gewisse „Intelligenz“ besitzt. Im Werk Jakob Lorbers ist von „allgemeiner Raumlebensintelligenz“ die Rede, und damit ist im wesentlichen das selbe gemeint. Nehmen wir ein Wasserstoffatom (H), so repräsentiert das Elektron die „empfindungsfähige Hülle“, die über ein gewisses Lernvermögen verfügt. Ein Wasserstoffatom geht im Laufe seiner langen Existenz die verschiedenartigsten Verbindungen ein, die im elektronischen „Gedächtnis“ des Atoms einen bestimmten Eindruck hinterlassen. Es gibt damit „erfahrene“ und weniger „erfahrene“ Wasserstoffatome. Und das bedeutet, dass kein H-Atom dem anderen gleicht.

Was für das Kleinste gilt, trifft auch für das Größte zu: *„Jede Galaxis ist eine lebendige Wesenheit. Galaxien haben Teile, oder ‚Organe' (ihre verschiedenen Realitäten), denen gewisse Aufgaben zugewiesen wurden. Diese Aufgaben dienen ihrer Erhaltung und Beständigkeit. Bestimmte Teile eurer Galaxis haben eine besondere Rolle: Sie müssen in der Lage sein, während anstehender Veränderungen als Katalysator zu dienen"* (Sirius-Botschaft vom 25. Januar 2000).

Was diese galaktischen Wesenheiten angeht, so gibt es vermutlich keinen dieser „Ankerplätze" der Schöpfung, die nicht ihrerseits mit empfindungsfähigen Wesen belebt sind. Zwar ist gewiss nur ein Bruchteil der gesamten Schöpfung auf der physisch-materiellen Ebene angesiedelt, jedoch sind die höheren Ebenen auf jedem Himmelskörper von Myriaden lernender Wesen bevölkert.

Ob die irdische „Wissenschaft" hiervon je Notiz nehmen oder Kenntnis erhalten wird, hängt gänzlich vom Bewusstsein derer ab, die Wissenschaft betreiben. Für die heute noch geltende „Wissenschaft" ist jedenfalls die Frage des „Lebens" jenseits der physischen Ebene und damit jenseits des materiellen Erfahrungshorizonts ein Buch mit sieben Siegeln. Die esoterische Literatur hingegen ist voll von Berichten über Lebensformen, die jenseits der physischen Ebene angesiedelt sind.

Allein unser Sonnensystem ist angefüllt mit Lebensformen der verschiedensten Art, und zwar auf jedem Planeten und sogar auf der Sonne. Hier wirkt der Solare Logos an der Spitze einer Hierarchie lernender, fühlender und evolvierender Wesen, die allerdings auf höheren Existenzebenen als dem physischen Plan leben. Auf allen Planeten gibt es jenseits der physischen Ebene große göttliche Universitäten, deren angebotener Lernstoff der Förderung unterschiedlichster Qualitäten dient. Auf den feinstofflichen Ebenen der Erde und jenen der anderen Planeten findet ein reges Kommen und Gehen statt, denn den göttlichen Wesen wohnt das beständige Streben nach Vervollkommnung inne, und was sie auf der Venus nicht lernen können, das lernen sie auf der Erde, dem Jupiter, dem Saturn oder auf Planeten in anderen Sonnensystemen.

Wir sind mehr als unser physischer Körper – viel mehr

Dem Leben und Lernen auf dem physischen Plan allerdings kommt eine ganz besondere Bedeutung zu. Denn die physische Ebene ist die schwerste, trägste und zäheste Ebene. Zwar stellt der physische Körper des Menschen ein wahres Wunderwerk der Schöpfung dar, doch allein im Vergleich zum ätherischen Körper mutet der physische Körper an wie ein schwerfälliger Taucheranzug, der so manchem Wesen auf Erden nicht selten große Probleme bereitet.

Wer Erfahrung im „luziden Träumen" („Klarträumen") besitzt, der weiß, wie leicht es auf höheren Ebenen wie dem astralen Plan ist, sich durch bloßes Wollen jede gewünschte Szenerie, jede gewünschte Situation umstandslos zu erschaffen. Ich selbst habe dies in zahlreichen bewusst gesteuerten „Lehrträumen" erfahren. Hier fliegt man, wenn man will, hier kann man unter Wasser atmen, hier kann man sich mit „Siebenmeilenstiefeln" fortbewegen und neben einem Überlandbus im Reisetempo herlaufen oder gar durch einen bloßen Willensakt Riesenentfernungen in „Nullzeit" überwinden.

Und dennoch ist die Lebenserfahrung in einem physischen menschlichen Körper durch keine Erfahrung auf den höheren Ebenen zu ersetzen. Denn auf der physischen Ebene besitzt der Mensch kein „permanentes Bewusstsein". Das Göttliche Selbst muss in einen winzigen, soeben zur Welt gebrachten Säuglingskörper inkarnieren, und das nach „unten ausgestülpte" persönliche Selbst besitzt keinen Zugang zu seinem feinstofflichen „Gedächtnis" und ist dazu verurteilt, mit dem Sammeln von Erfahrungen buchstäblich von vorn zu beginnen, ganz so wie ein unbeschriebenes Blatt. Und so kommt es gänzlich auf den Gesamterfahrungsschatz und das „Inkarnationsgeschick" des eingeschlüpften göttlichen Wesens an, ob und wie viel Wissen und Erfahrung es während oder nach der physischen und emotionalen Reifungsphase „durch das Gehirn hindurch" nach „unten" ins Bewusstsein des persönlichen Selbst des Menschen zu bringen vermag.

Was hat es nun aber mit jenem Göttlichen Selbst auf sich, das jedem Menschen innewohnt – jener geheimnisvollen Göttlichen ICH BIN-Gegenwart, ohne die ein Mensch nichts anderes wäre als ein fleischgewordener Computer? Gott birgt in Seinem Herzen das Große Lebensbewusstsein des Kosmos, die Große Zentral-Sonne, und aus diesem Heiligen Zentrum heraus erschafft Er aus Seiner Höchsten Geist-Flamme die individualisierten Göttlichen Flammen, die wir auch Göttliche Geistfunken oder individuelle Göttliche Geister nennen können. Diese Göttlichen Flammen erschafft Er stets als Zwillinge – als Doppelflamme. Meister St. Germain hat diesen magischen Schöpfungsakt der Söhne und Töchter Gottes in unsterblichen Worten beschrieben:

„Die Allmächtige Gott-Flamme, die in sich selber atmet (lebt), wirft zwei Strahlen in das Große Heer Reinen Elektronen-Lichtes. Dieser intelligente Licht-Stoff wird das Kleid dieser Strahlen der ‚Mächtigen ICH BIN-Gegenwart'. Jeder Strahl trägt alle Eigenschaften der Gottheit in sich; keine Unvollkommenheit kann ihn je berühren oder beeindrucken. Die individualisierte Flamme schickt einen Brennpunkt in den Strahl, einen Funken, der einen Herz-Mittelpunkt bildet, in dem sich der elektronische Licht-Stoff sammelt, der nun den Elektronen-Leib schafft. Um diese Mitte schickt die Flamme Strahlen geringerer Stärke, die eine Aura oder ein Vorfeld bilden.

Dieses Kraftfeld wird bisweilen als ‚Kausal-Körper' (Ursachen-Körper) bezeichnet. In ihm werden die Ergebnisse aller aufbauenden Anstrengungen während und zwischen allen Verkörperungen aufgezeichnet. Aller Elektronen-Stoff, der durch das persönliche Selbst während seiner physischen Erfahrung aufbauend benutzt wurde, wird auch hier aufbewahrt. Durch ihn kann die ‚Gott-Flamme' eine größere Fülle ihrer eigenen Lebens-Wellen in den Raum aussenden. Während der Wanderung der Persönlichkeit durch die physische Erfahrung wird der ‚Ursachen-Körper' eine stetig sich ausweitende Sonne, ein sich selbst erhaltender Quell unbegrenzter Ideen von Liebe, Weisheit und Kraft, die als Liebesstrahlen auf immer in das übrige Weltall ausströmen."

Und an anderer Stelle sagt der Meister:

„Will die ‚Mächtige ICH BIN-Gegenwart' zu einem einzelnen individualisierten Brennpunkt bewusster Herrschaft werden und das Schöpferische Wort ‚ICH BIN' aussprechen können, so besteht die erste individuelle Tat in der Bildung einer Flamme. So beginnst du, der individualisierte Brennpunkt der ‚Mächtigen ICH BIN-Gegenwart', deine dynamische Lebensgestaltung. Diese Tätigkeit nennen wir Selbst-Bewusstsein. Sie bedeutet, dass das Einzelwesen sich seines Ursprungs und der Vollkommenheit des Lebens, die es ausdrückt, bewusst wird. Nur das seiner selbst-bewusste Individuum hat alle Eigenschaften und die schöpferische Kraft der ‚Mächtigen ICH BIN-Gegenwart'. Es allein kann wissen, wer und was es ist und die Fülle der schöpferischen Kraft Gottes ausdrücken, wo immer es dies will durch die Verwendung des Wortes ‚ICH BIN'."

Das Gott-Selbst, das Mächtige ICH BIN, wohnt im Elektronenleib jedes Gotteskindes, *„verweilt vier bis sechzehn oder mehr Meter über dem physischen Leib und kennt nur eine Tätigkeit: Vollkommenheit zu schaffen, zu entfalten und ständig auszugießen"*, so Meister St. Germain. *„Dieser Elektronenleib lebt in seinem eigenen Reiche und vollbringt Arbeit auf kosmischen Ebenen."*

Der Elektronen-Leib jeder individualisierten Gottesflamme *„ist der Sohn und die Sonne Gottes"*, sagt Meister St. Germain. *„Er ist ein blendendes, flammendes Licht von solcher Stärke, dass das menschliche Auge es nur für den Bruchteil einer Sekunde zu ertragen vermag. Durch Verehrung der Gott-Flamme und Läuterung ihres Werkzeuges, des persönlichen Selbst, wird die äußere Tätigkeit des*

Verstandes und des physischen Körpers in ihrer Schwingung erhöht, so dass sie den Elektronen-Leib deutlich sehen können mitten im Flammenlicht des ihn umgebenden Kraftfeldes.“

In vielen esoterischen Schriften wird der Schutzengel als eigenes Wesen bezeichnet, das dem Menschen zusätzlich beigegeben ist. Tatsächlich aber, so Meister St. Germain, ist das in den Elektronen-Leib gekleidete Gott-Selbst dieser Schutzengel. *„Auf gewissen Stufen religiöser Auslegung wurde von diesem Elektronen-Leib oft als vom Schutzengel gesprochen. Das ist er auch und mehr noch, wenn wir ihn wahrhaft verstehen und begreifen. Auf ihn sollte das persönliche Selbst blicken als auf die Quelle alles Guten, wie ein Kind zu seiner Mutter aufblickt.“*

„Alles, was die Gott-Flamme birgt, fließt in den Elektronen-Leib, wo die gewaltige Kraft und Stärke (Intensität) des Lichtes der ‚Mächtigen ICH BIN-Gegenwart' etwas tiefer gestimmt wird, damit es in der Schwingungsoktave der physischen Welt wirken kann. Aus dem Herz-Mittelpunkt des Elektronen-Leibes fließt ein Strom von Lebensgeist oder Flüssigem Licht durch die Zirbeldrüse in den physischen Körper und füllt die Nervenbahnen. Dieses ‚Flüssige Weiße Feuer' fließt durch die Nerven wie Blut durch die Adern. Es bringt das Herz zum Schlagen, bewegt die Muskeln des Körpers und befähigt uns zu sehen, die Hand zu heben usw. Es ist auch das lebendige Licht in den Hirnzellen.“

Und da nun jeder Göttlichen Flamme eine Zwillingsflamme angehört, zählt es für ein inkarniertes Menschenwesen zu den beglückendsten Erfahrungen, seiner Zwillingsflamme zu begegnen, die gelegentlich auch Dualseele genannt wird. Es ist zwar möglich, dass die Inkarnationserfahrungen ein Zwillingspaar auseinander treiben und die Entwicklung nicht synchron verläuft. Später aber, auf den kosmischen Ebenen, müssen beide Flammen ihren Aufstieg synchronisieren.

Meister St. Germain: *„Keine Individualisierung Gottes kann auf kosmischen Ebenen in der Fülle der ‚Mächtigen ICH BIN-Gegenwart' schöpferisch arbeiten, ehe ihr Zwillingsstrahl nicht ebenfalls* *erhöht ist. Irdische Wahl hat damit nichts zu tun. Jeder Strahl muss durch bewusstes Verständnis und Gebrauch des ‚Hohen Befehls' alle menschliche Schöpfung, mit der er sich selber umgeben hat, läutern, vervollkommnen und erleuchten. Dann wird er Aufgestiegener Meister und besitzt auf ewig die bewusste ‚Herrschaft' über die Erde und alles, was da lebt"* (King, Magische Gegenwart).

Was Meister St. Germain hier in wenigen Sätzen umreißt, wird von Meister Djwal Khul in Seinem durch Alice Bailey veröffentlichten Werk „Über kosmisches Feuer" im Detail beschrieben. Die „Gottes-Flamme" wird in der buddhistischen Lehre oft als „Juwel im Lotus" besungen. Dieses wahrlich göttliche Juwel, von Meister Djwal Khul auch als „Monade" bezeichnet, ist eingebettet in seinen höchsten Seelenkörper, den atmischen Körper. Der nächst niedere Körper, von geringerer Frequenz und höherer Dichte, wird Buddhi-Körper genannt.

„Darunter" befindet sich, wiederum niedriger schwingend und dichter, der Kausalkörper, dem der höhere Mentalkörper folgt. Dieser besitzt nach Meister Djwal Khul nur die drei höheren Unterebenen. Die mittlere vierte Ebene bildet einen geheimnisvollen Übergang – eine Art Membran. Es folgen dann nach Frequenz und Dichte der untere Mentalkörper mit drei niederen Unterebenen, der Astral- oder Emotionalkörper sowie der Vital- oder Ätherkörper, der gleichsam die „Matrize" für den uns am besten bekannten physischen Körper darstellt und mit diesem eine untrennbare Einheit bildet.

Vom atmischen bis hinunter zum oberen Mentalkörper erstreckt sich jene feinstoffliche Körperausstattung, die das Gott-Selbst ab Eintritt in seinen Inkarnationszyklus bis zum Aufstieg ständig behält. Die niederen Körper hingegen bildet das göttliche Wesen bei jeder Inkarnation neu, mit Ausnahme der jeweiligen „permanenten Atome".

Denn jeder Körper eines göttlichen Wesens besitzt nach Meister Djwal Khul ein geheimnisvolles Zentrum, das sogenannte „permanente Atom". In diesem permanenten Atom werden alle

Erfahrungen der jeweiligen Ebene gespeichert. So sind zwar die niederen Körper von Inkarnation zu Inkarnation verschieden, doch die permanenten Atome bleiben die selben. So kommt es, dass traumatische emotionale Erschütterungen aus einem früheren Leben, die in einer Rückführung behandelt werden, überhaupt zum Vorschein kommen können. Denn sie sind im permanenten Atom des Astralkörpers gespeichert. Und ebenso kann es geschehen, dass manche Menschen in gewissen Trancezuständen fließend eine fremde Sprache sprechen, obwohl sie sie in diesem Leben nie gelernt haben. Diese verborgene Kenntnis ist im permanenten Atom des oberen Mentalkörpers gespeichert.

Alle diese permanenten Atome bilden in ihrer Gesamtheit die sogenannte „Fadenseele", denn alle permanenten Atome sind durch die „Silberschnur" miteinander verbunden. Doch da die permanenten Atome wie auch die zugehörigen Körper verschiedene, wohldefinierte Schwingungszustände besitzen, ist der „Zugriff" vom Göttlichen Selbst abwärts zum Menschen nicht eben leicht. Es ist für den Göttlichen Geist, als blicke er hinab in trübes Wasser, und es erfordert für ihn viel Übung – sprich: Inkarnationserfahrung – , sein Bewusstsein nach unten auszudehnen oder gar Willens- und Wissensimpulse nach „unten" durchzugeben.

Die physische Ebene – eine Hochschule des Lernens

Deshalb bleiben viele göttliche Wesen immer wieder im Nebel der physischen Ebene stecken. Sie schaffen es nicht, zu ihrem persönlichen Selbst durchzudringen. Dieses wird durch die – aus höherer Sicht – illusionäre Welt der festen Materie in seinem Bewusstsein gefangen und permanent durch die von außen kommenden Sinnesreize von der Wahrnehmung der feinen Impulse abgelenkt, die das innewohnende Göttliche Selbst nach „unten" sendet.

Der Mensch ist eine hoch entwickelte biologische Einheit, ausgestattet mit komplexen Programmen und genetisch angelegten Eigenheiten, und der Mensch kann tatsächlich ohne nennenswerte Einwirkung des innewohnenden göttlichen Wesens durchs Leben gehen. Ich habe nicht wenige Menschen kennen gelernt, die aus „nichts" als „Bio-Stoff" zu bestehen scheinen und sich gegen alles „Höhere" standhaft abzuschotten und zu wehren vermögen. Menschen dieser Art sind das „Kanonenfutter" und die leicht manipulierbaren Schachfiguren der finsteren Kräfte.

Das ist allerdings nicht der Sinn des Lebens, wie ihn der Schöpfergott vorgesehen hat. Vielmehr ist die *Verbindung* des Göttlichen Selbst zu seinem menschlichen persönlichen Selbst die Hauptaufgabe. Erst wenn es das Gott-Selbst schafft, das Gehirnbewusstsein seines persönlichen Selbst nach „oben" zu heben, so ist der erste Schritt getan. Beginnt dann das persönliche Selbst zu „antworten" und seinerseits ein Streben nach „oben" zu entwickeln, so ist das der zweite – und wichtigere – Schritt.

„Entscheidend ist, dass ihr anfangt, in euch zu gehen und wirklich lernt, eurem Herzen zu trauen. Ihr müsst eure äußeren Emotionen und eure äußere ‚Persönlichkeit' überprüfen; sie sind es, die verändert werden müssen. Das ist keine leichte Aufgabe und erfordert eine Menge Disziplin. Es ist ein Prozess, der fordert, dass ihr tief nach innen geht – weit jenseits äußerer Logik und Emotion. Auf diese Weise werdet ihr eure inneren Führer entdecken und den Weg zu eurem Wahren Selbst erlernen: Eure mächtige Ich-Bin-Präsenz. In diesem Lichte werdet ihr eure Mission dieses Lebens entdecken, und wie ihr sie vollenden sollt. Und ihr werdet Energien etablieren, die jenen, die euch helfen sollen, erlauben, in Erscheinung zu treten und ihren Auftrag mit euch zu vollenden." (Sirius-Botschaft vom 4. September 2001).

Beginnt das menschliche Selbst dem Göttlichen Selbst zu antworten, so kann die eigentliche Arbeit für das innewohnende Gott-Selbst beginnen, nämlich das menschliche Selbst für die göttlichen Lebensäußerungen und die Erfüllung der „höheren" Aufgaben zu trainieren. Göttliche Wesen, die dies in einem inkarnierten Leben zu meistern vermögen, haben damit einen Riesenschritt getan. Denn sie haben es geschafft, dass das Bewusstsein des persönlichen Selbst seinerseits anerkennt, dass „es" mehr ist als sein physischer Körper – nämlich die „niedere Instanz" einer mächtigen Göttlichen ICH BIN-Präsenz.

Und damit ist etwas sehr Bedeutungsvolles geschehen: Das persönliche Selbst durchbricht seine mitgebrachte Beschränkung und öffnet sich nach „oben" zu seinem Göttlichen Selbst. Damit transzendiert sich das menschliche Ego – der erste Schritt zu seiner Auflösung. Denn wenn das Ego nicht „stirbt", kann es keine volle Kontrolle des Göttlichen Selbst über den menschlichen Körper geben.

„Diese ‚Mächtige ICH BIN-Gegenwart' des menschlichen Wesens", so sprach Meister St. Germain im Herbst 1931 zu Seinem Schüler Godfré Ray King, *„kennt und schafft niemals den Irrgarten von Verwirrung, Chaos und Zerstörung, den das äußere Denken und die Welt der Menschen darstellt, so wenig wie die Sonne die Wolken erzeugt. Es ist das Geburts- und Vorrecht jedes Einzelwesens, die Fülle dieser Herrlichen Inneren Gegenwart und Kraft auszudrücken. Wenn jedoch das persönliche Selbst die Kraft der ‚Gegenwart' nicht selber durch den höheren Verstand zur Tätigkeit ruft in jedem Geschehen und zu jeder Zeit, dann bleibt alle äußere Erfahrung nur der ständig sich ändernde Abladeplatz der Gedanken und Gefühle anderer menschlicher Wesen der Umgebung."*

Und Er fügte hinzu: *„Nur im äußeren Tun der menschlichen Persönlichkeit, die nur einen Bruchteil einer jeden ganzen Individualität ausmacht, kann Unvollkommenheit geschaffen und erlebt werden. Die einsichtige und auswählende Intelligenz kann nur durch die Höhere Vernunft handeln. Im Erdenkörper kann die Höhere Vernunft des Einzelwesens (die individualisierte Intelligenz) die Missklänge menschlicher Schöpfungen überschauen und die Zustände, die die Persönlichkeit umgeben und durch die sie schreitet, beobachten,* *ohne sie jedoch in ihr Bewusstsein oder in ihre Welt aufzunehmen. Sie sieht, was erforderlich ist, um in der physischen Erfahrung Vollkommenheit zu erzeugen, und sie kann in den Elektronen-Leib greifen, in die eigene Gegenwart der ‚Mächtigen ICH BIN-Gegenwart', um daraus an sich zu ziehen, was im äußeren Geschehen Vollkommenheit schafft"* (King, Magische Gegenwart).

Hat ein Mensch einen gewissen Grad der Verbindung von Göttlichem und persönlichem Selbst und damit eine gewisse Leuchtkraft seiner Strahlung erreicht, so wird unweigerlich die Spirituelle Hierarchie auf ihn aufmerksam, und ein Aufgestiegener Meister nimmt Sich seiner an, indem Er Sein Licht auf den Aspiranten richtet. *„Kommt einem Schüler eine solche Strahlung zu"*, sagte vor über siebzig Jahren Meister St. Germain zu Seinem Schüler Godfré Ray King, *„so nehmen seine eigenen inneren Körper (Emotional-, Mental- und Kausalkörper) des Meisters Leuchtende Essenz auf, und das ‚Licht' in ihnen glüht auf und wächst wie ein Funke, der zur Flamme entfacht wird."* Diese „Leuchtende Essenz", von der der Meister spricht, *„trägt die höchste Kraft des Weltalls in sich, denn sie löst allen Missklang auf und stellt in allen Gestaltungen das vollkommene Gleichgewicht wieder her"* (King, Enthüllte Geheimnisse).

Meister Djwal Khul beschreibt in dem Buch „Initiation – Menschliche und solare Einweihung" jenen Weg zum Licht, den jeder spirituell Strebende zu gehen hat. *„Bei der ersten Einweihung, jener der Geburt des Christus (in uns), ist das Herz gewöhnlich das belebte Zentrum, um den astralen Körper wirksamer zu beherrschen und der Menschheit höhere Dienste zu leisten."* Zwischen dieser ersten und der zweiten Einweihung können viele Inkarnationen liegen, *„ehe die Herrschaft über den Astral-Leib erreicht und ehe der Eingeweihte für den nächsten Schritt bereitet ist."*

Die zweite Einweihung bringt *„die Krisis in der Beherrschung des Astral-Körpers. In derselben Weise wie in der ersten Einweihung die Beherrschung des dichten physischen Körpers erwiesen wurde,* *wird hier die Beherrschung des astralen Körpers dargetan. Das astrale Element ist unter Aufsicht, der Gefühlskörper wird rein und durchsichtig, und die niedere Natur stirbt zusehends ab. Nach dem gewöhnlichen Verlauf (der aber nicht als Regel feststeht) wird bei der zweiten Einweihung das Kehlzentrum belebt.*" Die ersten beiden Einweihungen übernahm noch vor fünfzig Jahren Christus – auch Lord Maitreya genannt –, heute werden diese Einweihungen vermutlich von Seinem Nachfolger Konfuzius vorgenommen. Ab der dritten Einweihung wirkte bis zu Seiner Ablösung durch Lord Gautama als Einweihender Sanat Kumara Selbst, der Göttliche Logos unseres Planeten.

Die dritte Einweihung wird gelegentlich „Transfiguration" oder „Verklärung" genannt. Hier werden die psychischen Fähigkeiten durch Belebung der Kopfzentren angeregt, und der Initiierte wird *„mit Licht von oben überflutet"*. Das Ziel ist die *„Erweckung der geistigen Intiution"*. *„Wenn dies erreicht ist, wenn also der physische Körper rein, der Astral-Leib fest und standhaft ist, und wenn der mentale Körper beherrscht wird, dann kann der Eingeweihte ohne Gefahr seine psychischen Fähigkeiten im Dienste an der Menschheit handhaben und weise anwenden.*" Erst nach dieser dritten Einweihung ist das persönliche Selbst endgültig unter der Herrschaft des innewohnenden Gott-Selbst, in dem dies sein *„göttliches Leben in zunehmendem Maße in die vorbereiteten und gereinigten Kanäle ergießt.*"

In der Zeit vor der vierten Einweihung *„wird die Vorbereitungsarbeit intensiviert; es muss mit fast unglaublicher Eile ein ungeheurer Wissensstoff angehäuft werden.*" Die vierte Einweihung wird auch „Kreuzigung" genannt, und das Leben des Einzuweihenden *„ist gewöhnlich eine Kette von großen Opfern und Leiden. Es ist das Leben dessen, der den großen Verzicht geleistet hat. Selbst sein äußeres Leben ist mühselig, hart und voller Schmerz.*"

Wenn der Initiand schließlich die fünfte Einweihung durchschritten hat, so hat er das Menschsein völlig gemeistert und damit hinter sich gelassen. Er zählt nun zu den Aufgestiegenen

Meistern. Meister St. Germain: *„Wird der Schüler mit unnachgiebiger Entschlossenheit seine ‚Mächtige ICH BIN-Gegenwart' anerkennen, akzeptieren, sie ständig anrufen und aufrichtig nach ihr greifen, sie lieben und dankbar sein für ihr wundervolles Leben, das er jeden Augenblick benutzt im Wachen wie im Schlafen, so wird er sein äußeres Bewusstsein veranlassen, sich so weit zu erhöhen, dass er aus erster Quelle zu jeder Frage, zu jedem ihn bedrängenden Problem die Antwort selber schauen, erkennen und erleben wird.*

Die größte und wichtigste Tätigkeit des Lebens ist, das Leben zu lieben, zu verehren und ihm dankbar zu sein; denn es schenkt uns alles. Bleibt unser äußeres Bewusstsein in steter Verehrung auf die ‚Mächtige ICH BIN-Gegenwart' gerichtet, anerkennt es also nichts als die Vollkommenheit des Lebens, so wird es erhöht, und alle menschlichen Gewohnheiten und Missbildungen verschwinden. Dann sind wir nur noch Ausdruck des ‚Lichtes'. Das ist der Bewusstseinszustand der Aufgestiegenen Meister.“

„Das oberste Gebot der Ewigkeit lautet: ‚Seid vollkommen, gleichwie euer VATER im Himmel vollkommen ist'.“

Steigt ein Menschenwesen auf, so verlässt es seinen physischen Körper nicht. Dieser wird vielmehr derartig intensiv vom Elektronen-Licht des innewohnenden Gott-Selbst durchwirkt und durchstrahlt, dass seine Schwingungsfrequenz extrem erhöht und jener des „Elektronen-Leibes“ angeglichen wird, und zwar auf Dauer. So erklärt es sich, dass so gut wie alle Aufgestiegenen Meister gewöhnlich in jenem Körper wandeln, den sie zur Zeit ihres Aufstiegs trugen.

Gordfré Ray King schildert in seinem Buch „Magische Gegenwart“ diesen einzigartigen Vorgang der Lichtwerdung des physischen Körpers: *„Zuerst konnte ich kaum Davids Gestalt erkennen, so sehr hatte das Licht sich verstärkt. Doch gleich wurde das Licht klarer, als wenn ich selber bis zu einem gewissen Grade mit erhoben wäre. Ich sah zu meiner großen Überraschung, dass Davids Haare ihr früheres dunkles Braun wieder bekommen hatten; die Runzeln seines Gesichtes glätteten sich, seine Haut strahlte rosig vor vollkommener*

Gesundheit, und sein Bart verschwand. Ich konnte nicht länger folgen, denn das Licht war so stark, dass ich nichts anderes mehr bemerkte. Das flammendste Licht stand über seinem Körper und umhüllte uns alle mit blendendem Schein. Die Umrisse des Körpers verschwanden gänzlich, und unwillkürlich schloss ich meine Augen wieder.“

Meister St. Germain erläuterte Seinen Schülern diesen beispiellosen Vorgang: *„Davids Leib ist nun in seine elektronische Vollendung erhoben, und der Mächtige Meister, mein Bruder, hat ihn ins Reich des Lichtes mitgenommen, für das er nun durch die Vervollkommnung seines ewigen Licht-Leibes bereit geworden ist. Später wird er in dieser erhobenen Form zurückkehren, um den Menschen unter göttlicher Leitung zu dienen.“*

3. Der heilige Planet Shan und seine Hüter

Wenn wir im Geiste auf unsere Milchstraße schauen, so erblicken wir eine riesige Wirbelstruktur: eine Spiralgalaxis mit einem Durchmesser von rund hunderttausend Lichtjahren. Das bedeutet, dass ein Lichtstrahl hunderttausend Jahre braucht, um den Weg vom „östlichen" zum „westlichen" Rand unserer Welteninsel zurückzulegen. Ungefähr dreißigtausend Lichtjahre vom Zentrum der Galaxis entfernt kreist unser Sonnensystem – eines von rund 300 Milliarden Sternsystemen, aus denen unsere Galaxis besteht.

Um unsere zentrale Sonne kreisen – Nibiru eingeschlossen – zehn Planeten. Von der Sonne aus gesehen, kreist die Erde in der dritten Umlaufbahn, etwa 150 Millionen Kilometer oder gut acht Lichtminuten vom Zentralgestirn entfernt. In unserer gegenwärtigen Epoche ist die Erde der einzige Planet in diesem Sonnensystem, auf dessen Oberfläche Leben in physischer Form existiert. Wer einmal ein Satellitenfoto der Erde betrachtet hat, dem ist sicher das Herz aufgegangen angesichts der Schönheit unseres blauen Planeten mit seinen großen Ozeanen, seinen vielfältig gegliederten Landmassen und seinen erstaunlichen Wolkenformationen.

Die Erde – Mutter der Galaxis

Aus einer Perspektive „oberhalb" unserer Galaxis nimmt unser Sonnensystem einen wahrlich verschwindend kleinen Platz ein, und unser Planet gar erscheint beim Blick auf unser Sonnensystem selbst unter günstigen Bedingungen bestenfalls als winziger blauer Punkt. Dennoch erweist sich bei genauerer Betrachtung, dass die geringe Größe unseres Planeten im umgekehrten Verhältnis zu seiner spirituellen Bedeutung steht. Die Erde spielt in unserer Galaxis wahrlich eine einzigartige Rolle.

Denn im Zentrum von Mutter Erde befindet sich nach Angaben der Großen Blauen Loge der Schöpfung eine *„massive Singularität"*, *„jener lebendige ‚Kern' von Mutter Erde, innerhalb dessen diese unglaubliche massive ‚Einzigartigkeit' (Singularität) existiert, die auf die Göttliche Resonanz des Schöpfers eingestimmt ist"* (Sirius-Botschaft vom 8. Oktober 2002).

Und aus dieser Singularität ging vor rund 50 Milliarden Jahren die gesamte Galaxis hervor! In diesen urfernen Zeiten *„nahm die Erde Form als physischer Planet an"*, wie es in der Sirius-Botschaft vom 13. Mai 2003 heißt.

„Etwa 10 Milliarden Jahre später dann rückten die galaktischen Elohim sie in ihre jetzige Position, um diese Galaxis in ein Gleichgewicht zu bringen und ihr die Spiralform zu geben ... Dann, vor etwa zwanzig Milliarden Jahren, trat die Sonne in Erscheinung und bildete ein proto-solares System aus. Die Erde gesellte sich hinzu, und durch dieses Zusammenwirken stabilisierte sie das Sonnensystem. Euer Sonnensystem hat seitdem viele Belastungen durchstehen müssen, einschließlich einiger ‚Welten-Kollisionen' und einer ständig wechselnden Verteilung der vielen Monde dieses Sonnensystems. Als dann vor vielen Jahrzehnmilliarden die ersten Lichtwesen in eure Galaxis kamen, waren sie sich der Wichtigkeit von Mutter Erde bereits bewusst."

Bereits vor 50 Milliarden Jahren, als unsere Galaxis sich bildete, schuf der göttliche „Rat der Neun" *„eine Heimat für das ‚Blaue Licht der Blauen Loge'"* – das Sirius-Sternsystem. *„Sirius ist von Natur aus multi-dimensional. Diese Position hat es Sirius ermöglicht, als natürliche Brücke zwischen eurer Galaxis und der geistigen Welt (Spirit) zu fungieren."* Die auf dem vierten Planeten von Sirius B ansässige Große Blaue Loge der Schöpfung wacht seit diesen Zeiten über den Planeten Erde.

Zugleich ist diese göttliche Loge zuständig für die Überwachung der Galaktischen Föderation. Durch ein großes Haupt-Sternentor innerhalb des Sirius-Systems verströmt die Große Blaue Loge der Schöpfung ihr *„wundersames Licht durch diese gesamte Galaxis"*, wie es in der Botschaft vom 16. Mai 2000 heißt. *„Die Sirius-Sternen-Nation ist ein stolzes Mitglied der Galaktischen Föderation. Und der ‚Regionale Bündnis-Rat' für euren Sektor der Galaxis nennt sich zu deren Ehre der ‚Sirianische Regionale Rat'."*

Was die Herausbildung der Galaktischen Föderation des Lichts anbelangt, so erfahren wir von unseren sirianischen Mentoren dies: *„Vor langer Zeit bildeten die Smaragd-Orden der Spirituellen Hierarchie dieser Galaxis einen großen spirituellen Rat des Lichts. Zu dieser heiligen Einheit gesellten sich die großartigen Wesen des Lichts, die heilige Kolonien in den Sternengruppen schufen, die ihr als Konstellationen wie Lyra, Krebs und Zwillinge kennt. Diese großartigen Wesen gründeten schließlich eine ‚Liga des Lichts', deren gegenwärtige Nachkommen die Mitglieder der Galaktischen Föderation des Lichts sind"*. Die Galaktische Föderation wurde vor rund 4.5 Millionen Jahren gegründet.

Doch die Geschichte der irdischen Zivilisation ist wesentlich älter. Bereits vor 35 Millionen Jahren *„entschlossen sich die Herren der Zeit und die Spirituelle Hierarchie eures Sonnensystems, eine ätherische Lebensform zu erschaffen, eine Spezies, die eine Schutzfunktion für die Erde und das ganze Sonnensystem haben sollte. Diese engelhafte Lebensform sollte ein Zwischenglied darstellen bis zur Evolution eines empfindungsfähigen Primaten, der auf der Erde die Hüterfunktion ausüben würde"* – so Virginia Essene und Sheldon Nidle in ihrem Buch „Nachricht vom Sirius – Der Photonenring".

Eine alliierte Invasion von Dinoiden aus dem Bellatrix-System in der Orion-Konstellation und von Reptoiden aus dem Sagittarius-System zerstörte vor 26 Millionen Jahren diese erste irdische Zivilisation, und die Invasoren ließen sich auf unserem Planeten nieder. Sie kooperierten allerdings friedlich mit einer erdgewachsenen Gattung von Prä-Cetacäen – Landvorfahren der späteren Wale und Delphine, die vor etwa 18 Millionen Jahren als Ackerbauern auftraten. Vor etwa zehn Millionen Jahren begann die Repto-Dino-Allianz aus dem Orion-System ihre Kolonisatoren auf der Erde zu drängen, die Kultur der Prä-Cetacäen zu vernichten.

Diese aber kamen dem Vernichtungsangriff zuvor und zündeten im Einvernehmen mit der Spirituellen Hierarchie und Mutter Erde vor rund acht Millionen Jahren eine Reihe von Fusionsreaktoren. Die Reptoiden und Dinoiden wurden weitgehend ausgerottet, doch ein kleiner Teil konnte sich auf den Planeten Maldek retten, von dem wir in diesem Kapitel mehr erfahren werden. Die Landflächen der Erde waren auf lange Zeit nicht mehr bewohnbar, und so wichen rund dreißig Millionen Prä-Cetacäen mit Raumschiffen in die Systeme Pegasus und Cetus aus, wo sie noch heute ihrer Rückkehr entgegensehen.

Weitere dreißig Millionen dieses Volkes gingen in die Ozeane und entwickelten sich aufgrund ihres vollen Bewusstseins innerhalb von vier Millionen Jahren zu jenen Meeressäugern, deren Nachfahren uns als Wale und Delphine bekannt sind. Sie sind es, die seit diesen Zeiten die Rolle der Hüter der Erde und ihrer Lebenssysteme innehaben. Doch es fehlte noch an Landhütern.

In der Lyra-Konstellation kreist das Sternsystem der Vega, und hier entstanden vor über sieben Millionen Jahren die ersten menschlichen Zivilisationen aus einer Spezies von ehemaligen Wasserprimaten. Ihre Ursprünge entwickelten sich *„aus den sogenannten galaktischen und interdimensionalen Spirituellen Hierarchien"*, wie Virginia Essene und Sheldon Nidle ausführen. *„Diese spirituellen Herren der Zeit und des Raumes erschufen ... eine Reihe einzigartiger physischer Präsenzen, und zwar deshalb, weil Planeten, Sterne und andere Energieformen einen zusätzlichen physischen Hüter brauchten, der ihnen half, das weiße Licht der Schöpfung überall im Universum zu verankern"*.

Die ehemaligen Wasserprimaten aus dem Vega-System lieferten jenen genetischen Pool, aus dem sich dann eine menschliche Spezies vom erwünschten Typus des galaktischen Hüters entwickelte. Und so kam es, dass die Galaktische Föderation vor etwa zwei Millionen Jahren eine große Gruppe dieser Wesen zur Erde sandte und damit die hyborneische oder hyperboreische Kultur auf Erden „pflanzte". Denn unser Planet brauchte auch Landhüter.

Es handelte sich bei den Hyborneern um eine Zivilisation halbätherischer Wesen, die den „vier sozialen Grundgesetzen" folgte wie alle vollbewussten menschlichen Kulturen der Galaktischen Föderation (hierauf kommen wir im 8. Kapitel zurück). Diese Kultur überdauerte etwa eine Million Jahre, bis sie von der Anchara-Allianz dinoider und reptoider Dunkelmächte aus dem Orion-System zerstört wurde. Die Allianz *„der Dinosaurier und Reptilien verwüstete euer Sonnensystem und den Planeten Erde vor etwa einer Million Jahren"*, wie im Buch „Der Photonenring" von den Sirianern Washta, Sirai, Teletron und Mikah berichtet wird.

Dieser interplanetarische Krieg, der zur Vernichtung der hyborneischen Kultur führte, hatte dramatische Folgen für das gesamte Sonnensystem. Im Verlaufe dieses Krieges zerstörten die Anchara-Schiffe die physischen Lebensbedingungen auf den Oberflächen von Venus und Mars sowie die beiden Monde, die einst die Erde umkreisten. Die Schiffe der Galaktischen Föderation ihrerseits zerschmetterten den Planeten Maldek, auf dem der Hauptsitz der Anchara-Allianz lag.

Maldek wird in den altsumerischen Überlieferungen Tiamat genannt, und seine Reste bilden heute den Asteroidengürtel, der in einer Umlaufbahn zwischen Mars und Jupiter die Sonne umkreist. Vor seiner Zerstörung war Maldek *„eine erdähnliche Welt von nahezu 29.000 Meilen (= 46.690 Kilometer) Durchmesser, die während über einer Million Jahren als Hauptquartier der Verbündeten des dunklen Anchara-Reiches diente. Streitkräfte der Galaktischen Föderation haben diesen Planeten später zerstört, um* *euer Sonnensystem zu rekolonisieren"* (Sirius-Botschaft vom 15. August 2000).

Wie die beiden Mars-Monde Phobos und Daimos („Furcht und Schrecken") ist auch unser von Maldek entliehener Mond nicht naturwüchsig entstanden, sondern ein technisches Artefakt. Die Sirius-Gruppe teilt uns mit, *„dass euer Mond in Wirklichkeit eine große künstliche Welt ist, die ursprünglich als Schutz für den Planeten geschaffen wurde, den ihr ‚Maldek' nennt."* Abgesehen von seiner Nutzung als militärische Basis für Kriegsoperationen gegen ein Land der Erde hat der Mond *„eine Reihe wichtiger Funktionen. Einmal kann er eure globalen Wettermuster wie auch die elektrischen und magnetischen Energiegitter eures Planeten beeinflussen. Zum andern hat er Einfluss auf die tektonischen Platten eurer Erde wie auch auf den Grad des Aufquellens des geschmolzenen Erdmantel-Materials. Kurz gesagt, ist er eine Vorrichtung, die eure Umwelt leicht manipulieren kann. Drittens kann der Mond die Menge an lebensspendenden Energien regulieren, die von der Sonne zur Erde kommen"* (Sirius-Botschaft vom 15. August 2000).

In einem neuen Anlauf vor neunhunderttausend Jahren gründete die Sirius-Kultur das spirituell orientierte Reich Lemuria im Pazifik. Ebenso wie in der hyborneischen Kultur galten auch in Lemuria die vier sozialen Grundgesetze. *„Hier wurde von Anfang an ein starkes Bindeglied zwischen Mutter Erde und dem Stern Sirius hergestellt ... ‚Mutter Sirius' – wie viele eurer Kulturen uns genannt haben – blieb immer wachsam über diese Welt"* (Sirius-Botschaft vom 16. Mai 2000). Hybornea und Lemuria, so heißt es in „Der Photonenring", *„stellten den ersten Versuch der Galaktischen Föderation dar, eine galaktische menschliche Zivilisation in euer Sonnensystem zu bringen."*

Die Kolonisten der lemurischen Kultur stammten aus verschiedenen Sternsystemen. Sie alle waren vollbewusst, doch ihre Vorstellungen von der Beschaffenheit einer galaktischen menschlichen Kultur gingen weit auseinander. So bildete sich das lemurische Stammreich auf den einst über Wasser liegenden

Schwellenarmen der basaltenen Gebirgszüge im Pazifik, und ein anderer Kulturschwerpunkt entwickelte sich später im Atlantik – ebenfalls auf den einst über Wasser liegenden basaltenen Massiven. Das waren die Anfänge von Atlantis vor knapp 500.000 Jahren.

Die Begründer von Atlantis setzten sich zusammen aus Mitgliedern *„unabhängiger Vorpostenkommandos, die die gesellschaftlichen Prinzipien über das volle Bewusstsein und auch das Konzept positiver Hüterschaft nicht ganz akzeptierten"*, wie es in „Der Photonenring" heißt. *„Diese Renegaten waren in vieler Hinsicht fast ein Aspekt der dunklen Kraft, die die menschliche Zivilisation zu bekämpfen versuchte. Diese Abtrünnigen glaubten an eine hierarchische Gesellschaft und nahmen das Recht für sich in Anspruch, Menschen für ihre eigenen Zwecke zu verändern."* So kam es, dass die atlantische Kultur sich immer weiter von den spirituellen Prinzipien der galaktischen Gesellschaften entfernte.

Fast gleichzeitig mit Atlantis, vor etwa 487.000 Jahren, landeten die ersten Anunnaki auf der Erde und bildeten im südlichen Zweistromland eine Kolonie um die erste Stadt Eridu. Die Anunnaki, Mensch-Reptil-Hybriden, gehörten bereits damals zur dunklen Allianz von Anchara und galten schon seit längerer Zeit als Bewohner dieses Sonnensystems. Denn ihr Planet Nibiru – ein erbeuteter Kampfplanet der Galaktischen Föderation – kreiste bereits seit einer halben Million Jahren in einer langgestreckten Ellipse um die Sonne. Die Anwesenheit der hochtechnisierten Anunnaki auf Erden verschob die Gewichte weiter zuungunsten der göttlichen Hüterzivilisation Lemuria.

Und so kam es, wie es von der Anchara-Allianz gewohnheitsmäßig getan wurde: Die Führer von Atlantis, mittlerweile gänzlich ins luziferische Lager gewechselt, versetzten mit Hilfe von Traktorstrahlen den verschont gebliebenen Mond des zerschmetterten Planeten Maldek in eine Umlaufbahn um die Erde und führten von diesem neuen Trabanten aus einen mörderischen Vernichtungsschlag gegen das Hüterreich Lemuria. Das geschah vor 25.000 Jahren.

Die Reste der lemurischen Kultur gingen gleichzeitig mit dem geistig-ethisch abgewirtschafteten atlantischen Reich vor rund 12.500 Jahren während einer globalen Katastrophe zugrunde. Diese Katastrophe hatte ihre Ursache im Einschlag eines großen Asteroiden in das Gebiet des Atlantik. Das Szenario dieser Katastrophe habe ich in meinem Buch „Die Himmlischen und ihre Kinder" ausführlich beschrieben und dokumentiert.

Damals begann das Kali-Yuga, das Dunkle Zeitalter. Die Anunnaki, zu dieser Zeit bereits seit rund 475.000 Jahren ansässig im Zweistromland, später auch in Afrika und auf dem indischen Subkontinent, hatten jetzt „freie Fahrt" für die Errichtung ihrer manipulativen Weltherrschaft. Es sollte ein halbes Platonisches Jahr lang dauern – bis zum Jahre 2012 unseres Kalenders –, ehe das Kali-Yuga und die Herrschaft der Kräfte der Finsternis ein Ende nehmen und ein neues Goldenes Zeitalter und mit ihm die Siebente Schöpfung heraufdämmern konnte.

Das heilige Wesen Shan – eine kosmische Hochschule

In den Kreisen der Galaktischen Föderation wird die Erde Shan genannt. *„Mutter Erde ist, wie einige unter euch wissen, eine lebendige, atmende Wesenheit"*, wie es in der Sirius-Botschaft vom 13. Mai 2003 heißt. Der Geist der Wesenheit Erde trägt den Namen Virgo, und Sie arbeitet unmittelbar mit Ihrer Zwillingsflamme Pelleur zusammen. Virgo ist Jene, die wir Mutter Erde nennen, Sie ist uralt, und Ihre große Weisheit wird nur noch von Ihrer Geduld übertroffen, die Sie angesichts der Verbrechen an den Tag legt, die die Menschheit an ihr verübt. Virgo und Pelleur halfen, den Planeten zu erschaffen, und *„ … zu jener Zeit war die Substanz der Erde kristallin – rein und schimmernd"*, wie Virgo uns berichtet (Die Elemente).

Auch Mutter Erde macht, wie wir Menschen, einen gewaltigen Transformationsprozess durch. Die Hilfe der Menschen bei diesem Vorgang ist bislang noch geringfügig, denn bis auf wenige weit Fortgeschrittene tappt der größte Teil der Menschheit noch im Dunkel seiner gewohnten Realität. Die meisten Menschen betrachten Mutter Erde noch nicht als heiliges Wesen, auf dem zu leben eine Auszeichnung darstellt, sondern als bloßen Tummelplatz für die Wechselfälle des Lebens – gleichsam als dienstbare Kulisse, die sich den Ansprüchen des Menschen zu fügen hat.

„Für die meisten von euch", so heißt es in der Sirius-Botschaft vom 12. September 2000, *„war Leben auf diesem Planet ein großer Karma-Kreislauf, angefüllt mit vielen Einschränkungen. Dieser Vorgang ist in eurer Literatur dokumentiert: ihr kennt ihn als Re-Inkarnation. Jene unter euch, die zur wahren ‚Sternen-Saat' gehören, haben weitgehend nicht an diesem Prozess teilgenommen. Ihr seid vielmehr in dieses fremdartige Reich gekommen, um ihm bei seinem gewaltigen Übergang zu helfen. Diese Mischung aus Sternensaaten und ‚erdbasierten Seelen' hat den Prozess so interessant gemacht. Durch sie ist es möglich, die Myriaden von Wahrnehmungsarten zerbrechen zu lassen, die eure Leben so lange geformt haben. An deren Stelle kann eine neue Wahrnehmung geboren werden. An dieser Stelle des Prozesses ändert der Himmel nun die karmischen Zyklen, die eure globale Gesellschaft gestalten."*

Der gegenwärtige Transformationsprozess wird in den kommenden Jahren immer mehr Menschen helfen, die besondere Beziehung zu verstehen, die zwischen Mutter Erde und der auf ihr inkarnierten Menschheit besteht. Es ist wahrlich eine Auszeichnung, ja ein Privileg, auf diesem Planeten inkarnieren zu dürfen: *„Ihr kamt nach vielen Tests und einer Reihe zufriedenstellender ‚Eintritts-Qualifikationen' in diese besondere Realität. Diese Eintrittspforte wird nicht allein von eurer lokalen Spirituellen Hierarchie, sondern auch von eurer lokalen himmlischen Administration verwaltet. Hierher zu kommen war allein schon eine beträchtliche Reise. Nun begegnet diese Odyssee ihren letzten Herausforderungen in Gestalt der kollektiven Glaubenssätze, die die Bewohner dieser Realität euch aufgebürdet haben. Aber noch einmal: ihr beweist, dass* *ihr ‚das Zeug' habt, das ihr braucht, um erfolgreich zu sein. Wir sind recht stolz auf jeden von euch … Macht euch klar, dass ihr eine der stärksten und wichtigsten Gruppen physischer Engel darstellt"* (Sirius-Botschaft vom 12. September 2000).

„Ihr alle seid Einwanderer von anderen Welten dieser unermesslichen Galaxis", so heißt es in der Botschaft vom 26. November 2002. *„Dieser Himmelskörper aus Land, Luft und Wasser, der eure Heimat ist, ist Bestandteil eines lebendigen Wesens: ‚Mutter Erde'. Ihr wurdet hier als ihre Gäste eingeladen. Das Konzept, ihr wäret Wesenheiten, die sich ‚ursprünglich' hier auf dieser Welt – auf natürlichem oder künstlichem Wege –, zu Empfindungsfähigkeit entwickelten, ist großer Unsinn. Im Gegenteil: ihr seid Wesen mit vollständiger Empfindungsfähigkeit, die in begrenztes Bewusstsein fielen, als sie hier während der letzten paar Jahrtausende vor der Zerstörung von Atlantis lebten."*

In einem gewissen Sinne wird die Erde als „Vorzeigeplanet" betrachtet, dessen Oberflächenzivilisation einer besonders harten evolutionären Prüfung unterzogen wird. So musste sich jede hier inkarnierte Seele nicht nur besonderen Qualifikationstests stellen, sondern jedes hier hereinkommende Wesen musste auch einem Vertrag zustimmen, den die Spirituelle Hierarchie ausgearbeitet hatte. Es ging um die Anerkennung der beiden folgenden Prinzipien: *„Erstens stimmten sie zu, der Spirituellen Hierarchie die Entscheidung zu überlassen, wann eine göttliche Intervention – zur Wiederherstellung des vollen Bewusstseins – erforderlich sein und wie sie geschehen würde. Zweitens stimmten sie zu – nach der göttlichen Intervention –, als echte Hüter der Erde zu wirken, wenn es die Spirituelle Hierarchie so beschlösse"* (Der Photonenring).

Das irdische Realitätsszenario, dessen Teil wir sind, gehört zu den komplexesten im gesamten physischen Universum. Und jenen göttlichen Wesen auf Erden, die es auf sich genommen haben, in den dunklen Zeiten des Kali-Yuga immer wieder zu inkarnieren, wird jetzt bewusst gemacht, dass sie Ziel einer beispiellosen Umwandlung sind, in der es um nicht weniger geht als um die Wiedervereinigung von Himmel und physischer Welt.

Einst wurde Lord Metatron die Leitung des gesamten Prozesses der Sechsten Schöpfung übergeben. Damals bat Lord Metatron *„den ‚Rat der Neun' und die acht großen Seraphim, die den Kern der Kommando-Strukturen Lord Sureas bilden, um Assistenz"*, heißt es in der Sirius-Botschaft vom 2. September 2000. *„Diese Lichtwesen reagierten darauf, indem sie zahllose Szenarien erschufen, die sich im gesamten physischen Bereich finden. Der Preis war eure Realität – die komplexeste und schwierigste in der gesamten physischen Schöpfung. Dieser Ort sollte die letzte Herausforderung sowohl für die Kräfte des Lichts als auch die der Finsternis sein. Um dem Licht zu helfen, richtete Lord Metatron eine besondere Fügung ein, die eine göttliche Intervention vorsah, wann immer der göttliche Plan das verfügte ... Gegenwärtig taucht ihr aus einem dieser großen finsteren Zeitabschnitte auf. Seht es im gegenwärtigen Fall als die letzte Herausforderung, bei der dem Licht beschieden ist, zu gewinnen. Dieser Sieg ist nicht so sehr physischer als vielmehr geistiger, spiritueller Art."*

Eine bestimmte sehr große Anzahl göttlicher Lichtwesen erklärte sich vor langer Zeit bereit, sich auf eine Inkarnationsperiode mit begrenztem Bewusstsein einzulassen – ein unerlässlicher Tribut an das Kali-Yuga. Sie behielten ihre Lichtkörper, während sie in die physischen Körper schlüpften. So hatten sie sowohl Verbindung zu den geistigen wie zu den physischen Reichen. Diese doppelte Zugehörigkeit wird von den hohen himmlischen Wesen, die beobachtend und lenkend „im Hintergrund" stehen, als größte Begabung und zugleich als größte Herausforderung jener „physischen Engel" betrachtet, die im inkarnierten Zustand in ihrer Gesamtheit „Menschheit" genannt werden. Diese doppelte Zugehörigkeit unterscheidet die Menschheit von den meisten anderen Evolutionsströmen in unserer Galaxis.

„Das Gesetz der Liebe, das Gesetz des Weltalls und das Gesetz des Einzelwesens erlauben dem Aufgestiegenen Meister nicht, etwas

gegen den freien Willens des Einzelwesens zu unternehmen", sagte vor gut siebzig Jahren Meister St. Germain zu seinem Schüler Godfré Ray King, *„ausgenommen in den Zeiten Kosmischen Wirkens, da ein Kosmischer Ablauf den Willen des Einzelwesens außer Kraft setzt. In solchen Entwicklungsabschnitten dürfen die Aufgestiegenen Meister mehr Hilfe gewähren als sonst. In eine solche Zeitstufe ist die Erde heute wieder eingetreten. Die größte ‚Lichtfülle', die der Erde je bekannt wurde, wird nun für längere Zeit den Menschen zuströmen, um sie zu läutern und um die Ordnung und Liebe, die zur künftigen Erhaltung unseres Planeten und des Weltensystems, zu dem wir gehören, unerlässlich sind, wieder herzustellen"* (Enthüllte Geheimnisse).

Die Entwicklung der Menschheit nähert sich in diesen Jahren dem „kritischen Punkt", und dieser Punkt gleicht einer Weggabelung. Der eine Weg führt in einer Abwärtsspirale in einen erneuten dunklen Kreislauf. Diese Tendenz wird durch die Kräfte der Finsternis mit Energie versorgt. Der andere Weg führt aufwärts ins Licht und wird durch die erleuchteten Teile der Menschheit repräsentiert und angestrebt. *„In dieser gegenwärtigen Zeit ist jedoch für den Himmel nur noch eine Weggabelung akzeptabel. Diese Abzweigung ist die Wegrichtung, die euch zu eurer glorreichen Erleuchtung führt. Um sicherzustellen, dass diese Wahl getroffen wurde, sind wir von A-E-O-N in dieses Land (Erde) gekommen und haben eine göttliche Intervention in die gegenwärtige Evolution eurer Gesellschaft ausdrücklich autorisiert. Diese Intervention wurde auf wunderbare Weise unterstützt durch die vielen machtvollen Dekrete, die Lord Surea uns gegeben hat"*. So heißt es in der Sirius-Botschaft vom 25. April 2000.

Diese göttliche Intervention besitzt zwei Hauptaspekte. Der erste Aspekt ist rein spiritueller Natur. Auf geistigem Wege sind in den vergangenen Jahren die RNS-DNS-Strukturen der Menschen mit dem Ziel modifiziert worden, den physischen Körper mit dem Lichtkörper zu integrieren (hierauf kommen wir im weiteren Verlauf zurück). Die Schwingungserhöhung, von der in einem früheren Kapitel bereits die Rede war, hilft dabei, das „physische" Bewusstsein zu erweitern und seinen Schwingungslevel zu erhöhen, damit es „Anschluss" an die höheren Bewusstseinsebenen des Göttlichen Selbst erhält. Denn es geht darum, mindestens die vierte Bewusstseinsdimension des „Göttlichen Wir", besser noch die fünfte Dimension des Christus-Bewusstseins zu erreichen.

Der zweite Hauptaspekt der göttlichen Intervention betrifft die gewaltige Konzentration von Schiffen der Galaktischen Föderation des Lichts in unserem Sonnensystem, die in drei Ringen um die Erde stationiert sind. Die galaktische Flotte ist auf Geheiß Gottes gekommen, und ihre Aufgabe besteht vor allem darin, die Menschheit bei der Transformation ihres Bewusstseins zu unterstützen. Mit ihrer überlegenen Technologie stellt sie sicher, dass Einmischungen von außen unterbunden werden und dass die bereits auf dem Rückzug befindlichen Kräfte der Finsternis auf Erden keine wie auch immer gearteten technologischen Mittel anwenden können, um den göttlichen Plan zu durchkreuzen.

Im Irak-Krieg im Frühjahr 2003 sorgte die Sternenflotte dafür, dass die US-Aggressoren die atomare Schwelle nicht überschreiten konnten. Sie hat darüber hinaus sämtliche „utopischen" Technologien, die die Dunkelkräfte von den Reptoiden und den Großen Grauen erhalten haben, außer Betrieb gesetzt.

„Wir sind hier", so erklären im Buch „Der Photonenring" die Sirianischen Konzilsmitglieder Washta, Mikah und Teletron, *„um einen neuen menschlichen Geist hervorbringen zu helfen und die gesamte Menschenrasse wieder in ihre vorgesehene wahre Rolle als Hütergattung zu lancieren. In diesem erhöhten Bewusstsein werden die Erdenmenschen dann ihre Beziehung mit anderen galaktischen Menschen überall in der Galaxie wieder aufnehmen."*

Der Transformationsprozess, den die Menschheit gegenwärtig durchmacht, ist von höchster Bedeutung für die gesamte physische Schöpfung. *„Der Himmel betrachtet das Physische als bedeutungsvolle Leistung des Schöpfers. Aus ihr kann viel Weisheit* *geschöpft werden. Diese Weisheit besitzt die Eigenschaft, den Himmel über seine großartige Mission zu belehren. Bedenkt dies: Mutter/Vater Gott hat eine eigentliche* ***Illusion*** *zum Lehrer für die Spirituelle Schöpfung gemacht! Dies ist der Grund, weshalb der Himmel so intensiv über das Physische wacht und weshalb unsere verschiedenen Orden euch an diesen Platz geschickt haben. Diese einzigartige Symmetrie zwischen Illusion und Geist ist wesentlich für das Verständnis dieses Aspekts göttlicher Schöpfung. Das Physische hat seine Ziele und hat sich sinnentsprechend in zwei Ebenen geteilt: Licht und Dunkel. Jede davon wurde eingerichtet, um Situationen bereitzuhalten, die euch, liebe Kinder, bei eurer großen Mission behilflich sind"* (Sirius-Botschaft vom 12. September 2000).

Über lange Zeit wurde die Menschheit vom illusionären Wesen der physischen Welt getäuscht, und sie hat sich darin verloren und verstrickt und immer wieder aufs neue Karma aufgehäuft. *„Ihr alle kamt in eine Wirklichkeit, in der das oberste zu unterst verkehrt wurde. Ihr betrachtet die physische Illusion als ‚real' und unterschätzt die wahrhaft existierende Natur des Geistes. Und nun gestattet ihr euch, die Ableugnung dieser Dinge, die eure kollektiven Wahrnehmungsweisen euch lange präsentiert haben, zu überarbeiten."*

Durch all die Zeiten hindurch, in der das Bewusstsein der Menschheit von der Dunkelheit des Kali-Yuga und einem komplexen System einengender Glaubenssätze umfangen war, stand kein göttliches Wesen je allein. Im Gegenteil, jedem Einzelnen sind mehrere hohe Ratgeber zugeteilt: *„Jeder von euch besitzt einen Hauptführer aus eurem himmlischen Orden, der euch auf eurer Reise begleitet. Eure unmittelbaren Ratgeber und eure lokale himmlische Administration helfen diesem Wesen dabei. Gemeinsam bilden sie ein Team, dessen Hauptaugenmerk IHR darstellt. Zusätzlich habt ihr Hilfe von eurer Seele, eurer mächtigen ‚Ich-Bin-Präsenz'"* (Botschaft vom 12. September 2000).

Jedes göttliche Wesen ist zudem Teil einer großen kollektiven Einheit, und diese besteht aus einer Vielzahl von Seelengruppen. *„Die meisten von euch gehören zu einer Seelengruppierung von etwa*

8 bis 12 Seelen", heißt es in der Sirius-Botschaft vom 12. August 2000. Nicht wenige spirituell orientierte Menschen befassen sich deshalb in diesen Jahren intuitiv mit dieser Frage: Welcher Gruppe gehöre ich an? Wie kann ich sie finden?

Im Laufe der kommenden Jahre werden sich viele Wesen als Teil einer zusammengehörigen Gruppe wiedererkennen. Das wird das zwangsläufige Ergebnis der Kombination aus Schwingungserhöhung, Bewusstseinserweiterung und himmlischer Hilfe sein. *„Unser Ziel ist, jede Seelengruppe dafür bereit zu machen, dass sie in ihren ursprünglichen Zustand zurückgeführt werden kann. Ihr werdet euch daran jedoch nicht völlig erinnern, solange ihr nicht euer vollständiges Bewusstsein wiedererlangt habt."*

Die Spirituelle Hierarchie – Führer zum Licht

Neben den bereits genannten himmlischen Administrationen hat auch die Spirituelle Hierarchie unserer Erde unermüdlich daran gearbeitet, immer wieder göttliche Impulse in das Bewusstsein der Menschheit zu lenken, und sie sandte uns ein ums andere Mal große göttliche Lehrer wie Krishna vor 5.000, Buddha vor 2.500 oder Jesus vor 2.000 Jahren. Jesus und Christus waren übrigens zu jener Zeit zwei verschiedene Wesenheiten.

Es war Meister Christus, auch bekannt als Lord Maitreya, in Seiner Eigenschaft als Weltlehrer, Der den Eingeweihten Jeshua ab dessen 30. Lebensjahr „durchstrahlte", um jene großen Botschaften an die Menschheit zu geben, die nur im Johannes-Evangelium leidlich unverfälscht wiedergegeben werden. Jeshua Seinerseits stieg bald nach Seiner weltbekannten Mission vor 2.000 Jahren in die Reihen der Spirituellen Meister auf. Bis zum Jahre 1956 diente Er als Regent auf dem 6. Strahl und wechselte dann in ein höheres Amt, auf das wir gleich kommen werden.

Zur Spirituellen Hierarchie unseres Planeten gehören die Mitglieder der Meisterloge, die in der physischen Welt einen ihrer

Sitze im Himalaya-Hochland nahe der tibetischen Stadt Shigatse hat. Ein weiterer Sitz liegt im Gebiet des Mount Shasta in den Rocky Mountains im Westen Nordamerikas, nördlich von Kalifornien. Ebenfalls in den Rocky Mountains liegt der Sitz der Bruderschaft des Königlichen Teton. Große ätherische Lichtstädte, in denen viele Spirituelle Meister residieren, liegen über der Wüste von Arizona, über der Sahara, über der Wüste Gobi sowie über Brasilien. Im 9. Kapitel gebe ich einen Überblick über weitere 25 Lichttempel, die von Meistern, Elohim, Erzengeln und Großen Devas geleitet werden.

Die Gemeinschaft der Aufgestiegenen Meister, geistig oberhalb aller religiösen Konzepte angesiedelt, gilt als die Loge der Älteren Brüder der Menschheit, die seit undenklichen Zeiten bestrebt ist, das Licht höherer Erkenntnis in den Menschen anzufachen und den spirituell Fortgeschrittenen zu helfen, ihre letzten Schritte bis zum Aufstieg zu meistern.

„Die Großen Aufgestiegenen Meister der Liebe, des Lichtes und der Vollkommenheit, die seit Anbeginn die Ausweitung des Lichtes in der Menschheit dieses Planeten geleitet haben", so erläuterte im Jahre 1930 Meister St. Germain einem Seiner Schüler, *„sind keine Erdichtung eines überhitzten Gemütes. Sie sind wirkliche, sichtbare, greifbare, herrliche, lebendige, atmende Wesen von solcher Liebe, Weisheit und Kraft, dass der menschliche Geist solche Größe zuerst nicht zu erfassen vermag. Sie wirken überall im Weltall in völliger Freiheit und mit unbegrenzter Kraft, und natürlicherweise vollbringen sie all das, was der Durchschnittsmensch als übernatürlich betrachtet ... Die Kräfte, über die sie verfügen und die sie benutzen, sind so gewaltig, dass die Einbildungskraft der Menschen der äußeren Welt sich nur kümmerliche Bilder davon vorzustellen vermag. Sie sind die Behüter und Erzieher des Menschengeschlechtes"* (Godfré Ray King, Enthüllte Geheimnisse).

An der Spitze der irdischen Spirituellen Hierarchie stand bis vor wenigen Jahrzehnten *„der planetarische Logos unseres Erdsystems, einer der sieben Geister vor dem Thron, als Sanat Kumara,* *der Alte der Tage, der Herr der Welt"*. Vor etwa achtzehn Millionen Jahren, so teilte Meister Djwal Khul etwa in der Mitte der Vierziger Jahre des vergangenen Jahrhunderts mit, stieg *„Sanat Kumara ... auf unseren dicht gewordenen Planeten herab und ist bei uns geblieben seit jener Zeit"*. Die Erde brauchte Schutz vor dem Ansturm der dunklen Kräfte, und Sanat Kumara, *„der Herr der Venus"*, wie Meister St. Germain in der „Schulung für Lichtarbeiter" ausführt, hatte Sich in diesen Zeiten erboten, *„als zeitweiliger Lenker und Beschützer auf unsere Erde zu kommen, um uns Seine Strahlung vollkommener Liebe zu schenken. Er bat, Sein Opfer anzunehmen, bis der Erde eigenes Licht stark genug sei, sie dem Universum zu erhalten"*.

Sanat Kumara wurde von Meister Djwal Khul bezeichnet als *„der größte aller Avatare oder Kommenden, denn Er ist die unmittelbare Widerspiegelung der großen Entität, deren Leben und Atem und Wirken durch die ganze Evolution unseres Planeten geht; in Seine Aura oder Seine magnetische Einfluss-Sphäre ist alles eingehüllt. In Ihm leben, weben und sind wir..."* (Alice Bailey, Initiation – menschliche und solare Einweihung).

Sanat Kumara residierte 18 Millionen Jahre in Shamballa, der „Weißen Insel" über der Wüste Gobi – jedoch nicht auf der physischen Ebene, sondern in einem höherfrequenten feinstofflichen Bereich. Ihm zur Seite standen die Drei Kumaras oder „Buddhas der Aktivität". Etwa in der Mitte des vergangenen Jahrhunderts gab es dann eine Reihe großer Postenwechsel an der Spitze der Spirituellen Hierarchie. Lord Gautama, ehemals bekannt als Buddha, wirkt seitdem als Herr der Welt. Er hat Sanat Kumara abgelöst, und dieser ist zur Venus zurückgekehrt.

Lord Divino – einst bekannt als Maitreya – wirkt jetzt als Stellvertreter des Gautama; Er hütet das Zepter der Macht der Erde und wirkt im Amt des Buddha für unseren Planeten. Das bis dahin von Lord Maitreya betreute Doppelamt des Kosmischen Christus und des Weltlehrers ist auf zwei Große Lichtgestalten aufgeteilt worden: Meister Jesus oder Sananda übernahm das Amt des Kosmischen Christus, und Meister Kuthumi hat das Amt des Weltlehrers übernommen. Meister Aeolus, einst im Amt des Maha Chohan, ist jetzt Repräsentant des Kosmischen Heiligen Geistes; d.h. Er wirkt als Mittler der kosmischen Strahlkräfte zwischen solarer und irdischer Hierarchie. Meister Paul der Venezianer übernahm das Amt des Maha Chohan von Meister Aeolus.

Unterhalb der höchsten spirituellen Leitung auf Erden stehen die sieben Abteilungen der Aufgestiegenen Meister. Diese Abteilungen entsprechen den sieben Kosmischen Strahlen. Hier eine kurze Übersicht über die Strahlen und ihre Chohans oder Lenker:

1. Strahl: Meister Morya
2. Strahl: Meister Konfuzius
3. Strahl: Lady Rowena
4. Strahl: Meister Serapis Bey
5. Strahl: Meister Hilarion
6. Strahl: Lady Nada
7. Strahl: Meister St. Germain

Der Begriff „Strahl“ umschreibt bestimmte göttliche Qualitäten, die in menschlicher Sprache meist nur unzulänglich ausgedrückt werden können. Am besten stellen wir uns eine „himmlische Lichtorgel“ im Herzzentrum Gottes vor, die in ganz bestimmten Rhythmen und Zyklen einen Strahl bestimmter Farbe und Qualität hervortreten und im Kosmos wirksam werden lässt. Die Strahlen werden beim „Abstieg“ in die kleineren kosmischen Einheiten und die niederen Dimensionen herab transformiert und damit sozusagen auf „Trinkstärke“ herabgesetzt.

Auf unseren Standort bezogen, werden die Strahlen zunächst vom Logos unserer Galaxis gesammelt und von dort zum Logos des Sirius-Systems geleitet. Dieser wiederum sendet die Strahlen zum Logos unserer Sonne, der sie Seinerseits an Gautama, den Logos unserer Erde, schickt. Der Machachohan verteilt schließlich die Energien an die Regenten oder Chohans der Sieben Strahlen.

Tritt ein bestimmter Strahl hervor und spielt für eine gewisse Epoche die Hauptrolle, so heißt das nicht, dass alle anderen Strahlen einfach verschwinden. Im Gegenteil: Wenn die Qualität eines bestimmten Strahls die Führung übernimmt, dann besitzt die assistierende Rolle der anderen Strahlen große Bedeutung, denn es kommt stets auf die rechte Mischung an. Der Erste, Zweite und Dritte Strahl gelten als Hauptstrahlen. Der Dritte Strahl wiederum „fächert" sich in den Vierten, Fünften, Sechsten und Siebenten Strahl. Die Wissenschaft von den Strahlen, ihren Qualitäten und Entsprechungen ist äußerst komplex, und Meister Djwal Khul gilt in der Spirituellen Hierarchie als besonderer Fachmann auf diesem Gebiet.

Zusätzlich zu den Sieben Strahlen gibt es noch fünf weitere, die seit der Harmonischen Konvergenz im Jahre 1987 aktiviert worden sind. Dies ist notwendig geworden, weil nur das gemeinsame Wirken aller zwölf Kosmischen Strahlen den sogenannten Lichtkörperprozess in allen inkarnierten Wesen in Gang setzen kann. Claire Avalon bemerkt hierzu: *„Nur durch die vollkommene Integration der Aspekte aller zwölf Strahlen wird es den Menschen möglich sein, den Aufstieg aus der Dritten Dimension zu vollziehen"* (Wesen und Wirken der Weißen Bruderschaft). Auf die Herausbildung des Lichtkörpers komme ich noch zurück.

Das Verständnis der Strahlen ist nicht eben einfach, denn ihre Farben und Qualitäten besitzen eine esoterische oder verborgene und eine exoterische oder sichtbare Seite. Dies drückt sich darin aus, dass man in verschiedenen zeitgenössischen Abhandlungen über die Meister und „ihre" Strahlen sowohl verschiedene Lenker wie auch verschiedene zugehörige Qualitäten und Farben findet.

Bei Claire Avalon (Wesen und Wirken der Weißen Bruderschaft) finden wir aktuelle Zuordnungen, die sich mit der Darstellung auf der Website www.bruecke-zur-freiheit.de decken. Beide Quellen verfügen zweifellos über gute Kontakte zur Spirituellen Hierarchie, und wir können ihnen vertrauen. Hier die Übersicht:

Strahl	Meister	Farbe
1. Strahl	El Morya	Königsblau
2. Strahl	Konfuzius	Goldgelb
3. Strahl	Lady Rowena	Rosa
4. Strahl	Serapis Bey	Kristallweiß
5. Strahl	Hilarion	Grün
6. Strahl	Lady Nada	Purpur-Gold
7. Strahl	St. Germain	Königspurpur-Violett

Kehren wir nach unserem Exkurs in die Lehre der Heiligen Strahlen zurück zu den Meistern der Spirituellen Hierarchie. Als Ältester gilt Meister Jupiter aus der Abteilung des Ersten Strahls. Meister Jupiter gilt als spiritueller Regent von Indien und lebt im Nilgherrygebirge im Süden des Subkontinents. Dieser Meister arbeitet fast ausschließlich im Hintergrund und nimmt gewöhnlich keine Schüler an. Zu seinen Jüngern zählen Meister und hochgradige Eingeweihte.

Der sicherlich bekannteste Meister in der irdischen Spirituellen Hierarchie ist Meister Jesus, auch Sananda genannt. Er wirkte zunächst als Chohan auf dem Sechsten Strahl, dem Strahl der Hingabe. Seit etwa einem halben Jahrhundert hat Er, als Nachfolger von Lord Maitreya, das Amt des Kosmischen Christus inne. Unter dem Namen Jeshua oder Joshua ist Er bereits im Alten Testament aktenkundig geworden. Meister Djwal Khul schreibt über Ihn: *„Zuerst als Josua, Sohn des Nun, dann in der Wiederkunft als Jesua zur Zeit des Esra, wo Er, wie im Buche des Zacharias berichtet wird, die Dritte Einweihung empfing. Aus den Evangelien ist Er durch Seine zwei großen Opfer bekannt; jenes, als Er Seinen Körper an Christus zum Gebrauch lieh, und das andere, als Er die große Verzichtleistung auf Sich nahm – das Kennzeichen der Vierten Einweihung. Als Apollonius von Tyana empfing Er die Fünfte Einweihung und wurde ein Meister der Weisheit.“*

Meister Djwal Khul nennt Ihn *„das Kraftzentrum aller Energien, die durch die verschiedenen christlichen Kirchen fließen“*, und Er lebt im Körper eines Syrers als „Lichtgestalt von Damaskus“: *„Er Selbst ist mehr von martialischer Gestalt, von strenger Disziplin, ein Mann von eiserner Regel und Willenskraft. Er ist groß und hager, mit etwas länglichem, schmalem Gesicht, schwarzem Haar, blass und hat durchdringende blaue Augen.“* Wie bereits erwähnt, obliegt Meister Sananda die Oberaufsicht über den irdischen Transformationsprozess, und er arbeitet engstens mit Meister St. Germain zusammen.

Meister Kuthumi hat heute das Amt des Weltlehrers inne. Er stammt aus Kaschmir. *„Er ist von edler, großer Gestalt“*, so beschreibt Ihn Meister Djwal Khul, *„wenngleich zarter als Meister M. Er ist von Gesichtsfarbe heller, mit goldbraunem Bart, das Haar hat die gleiche Farbe, und in den wunderbaren tiefblauen Augen liegen Liebe und Weisheit aller Zeitalter ... Es ist Seine Hauptaufgabe, die Manifestierung der Liebe, die latent in den Herzen der Menschen lebt, auf Erden zu fördern, sie anzufachen und den Völkern den Begriff von der großen grundlegenden Tatsache der Brüderschaft aller Menschen ins Bewusstsein zu bringen.“*

Der Weltlehrer inkarnierte von 1503 bis 1450 v. Chr. in Ägypten als Pharao Thutmose III., und besonderen Ruhm erlangte Er als Pythagoras (582 bis 498 v. Chr.), der das alte Mathematik-Wissen Ägyptens nach Hellas und Italien brachte. Als Balthasar, einer der drei heiligen Könige, überbrachte Er vor zweitausend Jahren dem neugeborenen Jesus Sein Geschenk, und von 1182 bis 1226 wirkte Er als Heiliger Franz von Assisi in Italien. Als indischer Regent Sha Jahan (1592 bis 1666) ließ Er im Jahre 1631 das Taj Mahal in Agra erbauen. Nach Seiner Inkarnation als Kut Humi Lal Singh stieg Er im Jahre 1889 auf in den Rang eines Spirituellen Meisters.

Das Amt des Chohans auf dem Ersten Strahl hat Meister Morya inne. Er wird auch El Morya genannt. Dieser machtvolle Meister auf dem Ersten Strahl lebt – wie etliche andere Meister – in Shigatse im tibetischen Hochland. *„Den Einwohnern dieses entlegenen Örtchens“*, so schreibt Meister Djwal Khul in „Initiation – Menschliche und Solare Einweihung“, *„ist Er wohlbekannt. Von*

Gestalt groß und imponierend, von dunkler Haar- und Bartfarbe, und mit Seinen dunklen Augen würde man Ihn für streng halten, wenn nicht eben in Seinen Augen ein ganz besonderer Ausdruck läge ... Der Meister M. steht einer großen Korporation von Schülern vor. Er wirkt in Verbindung sowohl mit vielen esoterischen und okkulten Organisationen als auch durch Politiker und Staatsmänner der Welt.“

Meister Morya inkarnierte im Jahre 2123 v. Chr. als Ibrim, Sohn des Tirhu, in Sumer und erlangte als Abram, Stammvater der zwölf Stämme Israels, unsterblichen Ruhm. Als Melchior, einer der drei heiligen Könige, kam Er vor zweitausend Jahren zur Geburt Jesu. Im fünften Jahrhundert nach der Zeitenwende inkarnierte Er als der legendäre Artus, dessen Erzieher und Berater Merlin war, hinter dem sich wiederum der spätere Meister St. Germain verbarg. Als Thomas Beckett (1117 bis 1170) lehnte er sich gegen Heinrich II., als Thomas Morus (1478 bis 1534) gegen Heinrich VIII. auf – beide Male aus Gewissensgründen. Von 1556 bis 1605 lebte Er als indischer Großmogul Akbar, von 1779 bis 1852 als der irischstämmige englische Dichter Thomas Moore. Seine letzte Inkarnation vor Seinem Aufstieg im Jahre 1898 erlebte Er als indischer Rajput-Prinz El Morya Khan.

Meister Morya besitzt einen eigenen Lichttempel auf der physischen Ebene. Dieser steht im indischen Darjeeling in einer Teeplantage. Auf diesen und weitere in diesem Abschnitt erwähnten Lichttempel komme ich im 9. Kapitel im Rahmen eines Gesamtüberblicks ausführlich zurück.

Meister Konfuzius wirkt als Regent des Zweiten Strahls. An Seinem Namen erkennen wir, dass Er Derjenige war, Der vor rund 2.500 Jahren als Weisheitslehrer in China auftrat. Er unterhält einen Lichttempel auf der physischen Ebene im Teton-Gebirge in den Wyoming-Rocky-Mountains. Hier, südlich des Yellowstone-Parks, dient der „Königliche Teton“ u.a. als Archiv der Bruderschaft der Aufgestiegenen Meister, in dem u.a. die Geschichtsurkunden aller Kulturen aufbewahrt werden, die jemals auf dem Planeten Erde existiert haben.

Die Meisterin Lady Rowena wirkt als Chohan auf dem Dritten Strahl der Liebe. Vor rund 13.000 Jahren diente Sie als Priesterin auf Atlantis in einem Tempel der Freiheit und der Liebe. In mindestens drei Inkarnationen nahm Sie – nach menschlichen Maßstäben – sehr schwere Schicksale auf Sich: Als Jeanne d'Arc (1412 bis 1431), bekannt als Jungfrau von Orleans, wurde Sie auf dem Scheiterhaufen verbrannt. In Ihren Leben als katholische Königin von Schottland Maria Stuart (1542 bis 1587) sowie als Königin von Frankreich Marie Antoinette (1755 bis 1793) und Ehefrau von König Ludwig XVI. wurde Sie enthauptet. In Ihrer Inkarnation als Bernadette Sourbirous (1844 bis 1879) wurde Ihr als Heilige Bernadette von Lourdes große Verehrung entgegengebracht. Im Jahre 1879 stieg Sie auf. Seelenanteile und Seeleneigenschaften von Lady Rowena wirkten in der Kommunistin Rosa Luxemburg, die von einem Fanatiker erschossen wurde, in der verfolgten Jüdin Anne Frank, in der Schauspielerin und Fürstin von Monaco Grace Kelly, die bei einem nie geklärten Autounfall ums Leben kam, sowie in der englischen Prinzessin Diana, die einem Anschlag der Illuminaten zum Opfer fiel.

Lady Rowena unterhält einen Lichttempel auf der ätherischen Ebene im südfranzösischen Rhonetal beim Chateau de Liberté.

Als Chohan auf dem Vierten Strahl arbeitet Meister Serapis Bey, der auch kurz „der Ägypter" genannt wird. *„Die großen Kunstrichtungen der Welt"*, so Meister Djwal Khul, *„die Entwicklung in Musik, Malerei, Dramatik empfangen von Ihm Kraft und Antrieb."* Vor mehr als 12.500 Jahren diente Er als atlantischer Hohepriester, als Amenhotep III. (1417 bis 1379 v. Chr.) wirkte Er als ägyptischer Pharao, und um das Jahr 480 v. Chr. bekleidete Er als Leonidas das Amt des Königs von Sparta. Schließlich gehörte Er zu der Gruppe von Baumeistern, die den Parthenon-Tempel von Pallas Athene auf der Akropolis erbauten. Serapis Bey stieg um das Jahr 400 v. Chr. in die Loge der Spirituellen Meister auf.

Im ägyptischen Luxor befindet sich, auf der ätherischen Ebene, Sein Lichttempel.

Meister Hilarion, den Menschen bekannt durch seine Schrift „Das Licht auf dem Pfad", ist Chohan auf dem Fünften Strahl. Meister Hilarion lebt im Körper eines Kreters und verbringt nach Meister Djwal Khul die meiste Zeit in Ägypten. Er arbeitet mit *„denen, die ihre Intuition entwickeln. Er kontrolliert und transmutiert die großen Bewegungen, deren Ziel dahin geht, den Schleier vom ‚Unsichtbaren' abzustreifen ... Er steht auch mit bestimmten Devas der Astral-Ebene in Verbindung, um mit ihrer Hilfe den Wahrheitssuchern jene subjektive Welt zu zeigen, die hinter dem Grobmateriellen liegt.*" Meister Hilarion inkarnierte als Paulus von Tarsus, und Er war Jener, Der sich vor zweitausend Jahren vom Saulus zum Paulus, dem Apostel, wandelte. Seine letzte Inkarnation verbrachte Er als Heiliger Hilarion (ca. 300 bis 371) als Einsiedler und Heiler aus Palästina auf der Insel Kreta. Er stieg im Jahre 371 auf.

Sein Lichttempel befindet sich auf der ätherischen Ebene über Kreta.

Als Nachfolgerin von Meister Sananda wirkt die Meisterin Lady Nada seit dem Jahre 1956 auf dem Sechsten Strahl der Hingabe in der Spirituellen Hierarchie. Sie diente vor fast 13.000 Jahren als Tempeltänzerin in Atlantis und inkarnierte u.a. als Scholastika (480 bis 542), Schwester des Heiligen Benedikt, sowie als Clara von Assisi (1193 bis 1253). Seelenanteile von Lady Nada wirkten in Hildegard von Bingen (1098 bis 1179) und in Teresa von Avila (1515 bis 1582). Ihre berühmteste Inkarnation verbrachte Sie vor 2.000 Jahren als Maria Magdalena an der Seite von Jesus. Ihre besondere Bescheidenheit drückt sich in Ihrem Namen aus; denn Nada bedeutet „nichts".

Der Lichttempel der Lady Nada liegt nach Auskunft von Claire Avalon „innerhalb der sechsten Sphäre", wo Sie mit Meister Jesus und Mutter Maria zusammenwirkt.

Den Spirituellen Meister St. Germain habe ich bereits im Eingangskapitel ausführlich vorgestellt. Hier sei ergänzend hinzugefügt, dass der Siebente Strahl, den Meister St. Germain hütet, seit dem Jahre 1954 als Hauptstrahl wirkt. Als Zwillingsflamme des Meisters gilt Lady Portia, die als „Göttin der Gerechtigkeit" dient, wie Claire Avalon in ihrem inspirierten Werk „Wesen und Wirken der Weißen Bruderschaft" mitteilt. Sein Lichttempel liegt auf der ätherischen Ebene im Gebiet der rumänischen Karpaten in Transsilvanien.

Unterhalb der Chohan-Ränge wirken viele weitere Meister, von denen ich hier noch einige vorstellen möchte. Mit Meister Kut Humi arbeitete viele Jahrzehnte lang Meister Djwal Khul zusammen – ebenfalls ein Meister auf dem Zweiten Strahl. Meister Djwal Khul ist auch bekannt als „der Tibeter" sowie als „Bote der Meister", und er beschrieb Sich Selbst vor etwa sechzig Jahren so: *„Als jüngster der eingeweihten Adepten hat Er die Fünfte Einweihung im Jahre 1875 empfangen. Er trägt also noch den gleichen Körper, den Er zur Zeit Seiner Fünften Einweihung besaß, während die Mehrzahl der anderen Meister die Fünfte Einweihung in früheren Verkörperungen empfangen haben."*

Meister Djwal Khul arbeitet mit denen, *„die die Heilkunst ausüben; und Er wirkt – unbekannt und ungesehen – gemeinsam mit den Suchern nach Wahrheit in den großen Laboratorien der Welt mit denen, die die Welt heilen und ihr Trost bringen wollen, und mit den großen philanthropischen Weltbewegungen, wie z.B. das Rote Kreuz."* Meister Djwal Khul war es, Der durch Alice Bailey zwischen 1918 und 1948 ein vielbändiges Werk über die okkulten Wissenschaften an die Öffentlichkeit brachte.

An dieser Stelle seien noch erwähnt: Meister Lao Tse, der einst als Zeitgenosse von Konfuzius das „Tao Te King", das Buch vom rechten Weg, verfasste und heute eng mit Lady Kwan Yin zusammenarbeitet; Meister Sokrates, als Philosoph bekannt aus dem klassischen Hellas und auch heute vor allem mit Philosophie und Literatur befasst; Lady Pallas Athene, unsterblich berühmt als Schutzgöttin des antiken Athen. Sie wirkt als Göttin der Wahrheit und der Gerechtigkeit und ist Mitglied des Karmischen Rates. Weitere Meister wie Kenich Ahan, Victory, LaMorae,

Kamakura, Surya sowie Elohim, Erzengel und hohe Devas stelle ich im letzten Kapitel („Das Portal ist weit geöffnet") vor.

Die Gesamtheit der Spirituellen Hierarchie der Erde ist Bestandteil der göttlichen Hierarchien, die das gesamte Universum umfassen. Lord Gautama und sechs Logoi von anderen Planeten unseres Sonnensystems bilden die Gruppe der sieben Theobriden oder „Geister vor dem Thron" – dem Thron jener noch größeren Wesenheit, dem Sonnenlogos, der zum gesamten Sonnensystem im gleichen Verhältnis steht wie Lord Gautama zur Erde. Der Logos unseres Sonnensystems Seinerseits bildet mit den Logoi sechs weiterer Sonnensysteme eine gigantische Einheit, die der Logos des Sirius umfängt und durchstrahlt – der „Eine, über den nichts gesagt werden darf", wie Meister Djwal Khul es ausdrückt.

Im Sirius-System residiert, wie bereits an früherer Stelle ausgeführt, seit Urzeiten die Große Blaue Loge der Schöpfung unter Leitung von Lord Aescapulus. Die Meister unserer irdischen Spirituellen Hierarchie verhalten sich zur Blauen Sirius-Loge wie „angenommene Schüler", wie es Meister Djwal Khul einmal ausgedrückt hat. Zwischen dem Sirius-System, dem Großen Bären und den Plejaden existiert ein machtvolles Energiedreieck, das auf das „geistige Klima" in unserem Sonnensystem einen dominanten Einfluss ausübt.

Sirius repräsentiert in diesem Dreieck die Qualität des Dritten Strahls, die mit dem Ersten Strahl (Großer Bär) sowie mit dem Zweiten Strahl (Plejaden) engstens zusammenwirkt. Es ist bemerkenswert, dass Ägypten in bestimmten Zeiten wie eine Insel der Geistigkeit anmutete. Denn es waren ägyptische Tempel, die auf Dubhe im Großen Bären oder auf Sirius, den „Hundsstern", ausgerichtet waren. Dies war in Sumer, im Stammland der Anunnaki zwischen Euphrat und Tigris, nicht erlaubt.

Die irdische Transformation – ein kosmischer Schlüsselakt

Wir haben uns nun einen Überblick über die Geschichte von Erde und Sonnensystem, die wechselnden Zivilisationen von Hütern und Ausbeutern, den Zusammenhang unseres Erdsystems mit der irdischen und den höheren Spirituellen Hierarchien sowie die besondere Rolle der gegenwärtigen Menschheit verschafft. Hierbei habe ich deutlich zu machen versucht, dass diese große Transformation, deren Auswirkungen uns alle verändert, der Menschheit wieder zu vollem Bewusstsein verhelfen wird. Das heißt, dass die Menschheit darauf vorbereitet wird, künftig in den Fußstapfen ihrer glorreichen Vorgänger zu wandeln. Der Schöpfer wünscht, dass wir wieder jene Hüterrolle übernehmen, die der Zivilisation von Lemuria vor 25.000 Jahren aus der Hand geschlagen wurde.

Vor über siebzig Jahren – am 31. Dezember 1930 – gab es nach Auskunft von Godfré Ray King in einem Festsaal des „Königlichen Teton" südlich des Yellowstone-Parks eine Zusammenkunft von Meistern der irdischen Spirituellen Hierarchie mit hochrangigen Meistern von der Venus. Bei dieser Gelegenheit sprach ein venusischer Meister über die Rolle jener Kumaras, die, von der Venus kommend, 18 Millionen Jahre lang um Sanat Kumara versammelt waren, und sagte ihr verstärktes Wirken in unseren Jahren voraus:

„Ist die Entfaltung eingetreten, so geben die Kumaras einen gewaltigen Zustrom von ‚Licht' frei, um die Erdenkinder zu erleuchten, zu stärken und sie von neuem zu befähigen, das höchste Ziel zu erreichen. Wir nähern uns einer solchen neuen Zeit, und diesmal wird die Freisetzung der Großen Kosmischen Liebe, Weisheit und Energie, der Mächtigen Lichtstrahlen nicht nur die Geister der Menschen beschwingen, sondern auch das atomische Gefüge der Erde beleben, damit es in unserem Sonnensystem größere Leuchtkraft bekommt. In keiner Zeit noch, seit diese Großen Herren der Flamme

zur Erde kamen, konnte eine solche Kosmische Lichtfülle ausgelöst werden, wie es bald geschehen wird" (King, Enthüllte Geheimnisse).

Damit die Menschheit wieder zu vollem Bewusstsein gelangen kann, werden gegenwärtig auf Göttliches Geheiß äußerst komplexe Änderungen an unserer genetischen Grundausstattung vorgenommen, wie ich weiter vorn bereits erwähnte. Diese genetische Transformation findet auf den feinstofflichen Ebenen statt, setzt sich von dort in die physische Ebene durch und ist die Basis für die Entfaltung unseres vollen Bewusstseins. Ohne die Integration des Lichtkörpers ist eine vollbewusste Existenz auf der physischen Ebene nicht möglich.

Die bis in unsere Zeit bekannte genetische Grundausstattung des Menschen besteht aus zwei DNS-Strängen, die eine Doppelwendel bilden. Dies ist eine amputierte Ausstattung, die auf jene bewusst herbeigeführten Mutationen zurückgeht, die zu Zeiten von Atlantis systematisch vorgenommen wurden. Die damalige herrschende Klasse wusste, was sie tat, denn Menschen mit zweisträngiger DNS können im Regelfall kein volles Bewusstsein erlangen und sind entsprechend leicht manipulierbar.

Die jetzt stattfindende genetische Transformation bringt der Menschheit ihre ursprüngliche genetische Ausstattung wieder zurück. Das heißt, dass der Mensch nach Abschluss der Umstellung über zwölf DNS-Stränge bzw. über sechs DNS-Doppelwendeln verfügen wird. *„In der kommenden galaktischen Zivilisation wird eine Transformation des gegenwärtigen grobstofflichen Körpers in einen mehr ätherischen Körper stattfinden –, den wir halbätherisch nennen. Dieser Körpertyp hat die Fähigkeiten und das Aussehen des physischen Körpers, aber er besitzt zusätzlich viele Eigenschaften eines rein ätherischen Körpers"* (Der Photonenring).

Entsprechend wird sich auch das Chakrensystem des Menschen ändern. Bisher verfügt der Mensch über sieben Hauptchakren, die an der Mittelachse des Körpers verlaufen. Am Ende des Transformationsprozesses wird der Mensch über vierzehn Hauptchakren verfügen. Dem neuen Chakrensystem wird ein aus vierzehn „Schichten" bestehender Lichtkörper entsprechen. *„Ihr integriert rasch die vierzehn Schichten eures spirituellen Lichtkörpers in euren physischen Körper. Ihr erschafft viele neue Haupt-Energie-Zentren in eurem physischen Körper, während ihr mehrere zehn kleine Zentren in eurem gesamten Körper aktiviert"* (Sirius-Botschaft vom 5. Februar 2000).

Bereits in diesen Jahren erleben viele Menschen diese innere Umstellung durch eine Vielzahl von vorübergehenden Beschwerden wie Kopfschmerzen, Müdigkeit, Schwindelgefühl, Erbrechen oder Durchfall. *„Könnt ihr euch vorstellen, welchen Stress euer Körper jetzt durchmacht? Begreift ihr die Menge an Veränderungen, die ihr gegenwärtig durchlauft? Dieser Prozess läuft in weniger als einem Dreiviertel eines eurer Jahrzehnte ab."*

Diese erheblichen Veränderungen in der DNS-Struktur und im Chakrensystem werden sich im physischen – genauer: im halbätherischen – Körper u.a durch ein größeres Gehirn ausdrücken. *„Dadurch wird eure skalare Wellenantenne"*, wie es in „Der Photonenring" heißt, *„voll genutzt werden und alle übersinnlichen Energien richtig verarbeitet werden können."* Die Menschen werden dann über telepathische und telekinetische Fähigkeiten ebenso verfügen wie über die Gabe des Hellsehens und Hellhörens. Alle Menschen werden an einem gemeinsamen Bewusstseinsfeld teilhaben.

Die Herausbildung des Lichtkörpers ist der zentrale Vorgang des allgemeinen Transformationsprozesses und betrifft jeden Menschen, gleich ob dies seinem persönlichen Selbst bewusst ist oder nicht, gleich ob sein persönliches Selbst dies wünscht oder nicht. Jede Seele, die in dieser Zeit der Transformation inkarniert ist, hat dies mit dem vollen Wissen über diesen Vorgang getan. Freilich ist kein Mensch gezwungen, den Lichtkörper-Prozess in dieser Inkarnation zu Ende zu führen. Jede Seele kann frei wählen, ob sie den Prozess mitmacht oder ihren Körper verlässt. Dies kann „Sterben" ebenso bedeuten wie einen „Platzwechsel" mit einem „Walk-In“ – einer reifen Seele, die in diesem frei gewordenen Körper den Lichtkörperprozess vollziehen möchte, ohne den zeitraubenden Weg über die Reifejahre der Kindheit zu gehen.

Die Herausbildung des Lichtkörpers läuft seit Ende der achtziger Jahre des vergangenen Jahrhunderts und umfasst im wesentlichen die Verschmelzung der vier niederen Körper mit den höheren geistigen Körpern und ist verbunden mit der Aktivierung sieben weiterer Chakren, die jenseits des physischen Körpers liegen. Eingeschlossen sind das Alpha- und das Omega-Chakra, zwischen denen die sogenannte Welle des Metatron pulsiert. Im Verlaufe des Prozesses bilden sich die Chakren von der jetzigen Trichter- in die Kugelform um.

Beim Prozess der Lichtkörperausbildung gibt es einen gewissen Unterschied zwischen denen, die „Lichtarbeiter“ genannt werden, und der großen Mehrheit der Menschheit. Es gibt nach Angaben von Reindjen Anselmi („Der Lichtkörper“) und Tashira Tachi-ren („Der Lichtkörper-Prozess“) rund acht Millionen Lichtarbeiter auf der Erde, die in anderen – „früheren“ – Evolutionsströmen bereits die Spirituelle Meisterschaft errungen haben und freiwillig in den irdischen Inkarnationsprozess gegangen sind, um der Erde und der Menschheit auf ihrem Weg durch die Ära der Dunkelheit und der Abtrennung sowie in ihrem gegenwärtigen Aufstiegsprozess zu helfen. Die Lichtarbeiter haben ihren Lichtkörper vor Eintritt in das Erdensystem in den höheren Ebenen „geparkt“, und ihre Aufgabe besteht lediglich darin, sich mit diesem angestammten Lichtkörper wieder zu verbinden. Die Mehrheit der Menschen hingegen hat den Aufbau des eigenen Lichtkörpers noch vor sich.

Mit der Integration des Lichtkörpers ist der schrittweise „Abstieg“ hoher und höchster Seelenanteile verbunden. Dieser gesamte Prozess zieht sich über Jahre hin und soll um das Jahr 2012 im wesentlichen vollendet sein. Vor allem die Lichtarbeiter können in diesem Prozess die „Mahatma“-Energie um Hilfe bitten. Diese Energie, eigentlich eine extrem hoch entwickelte Wesenheit, die aus unzähligen Einzelwesen besteht, kann im Prozess der Lichtkörperintegration unschätzbare Hilfestellung geben. Denn sie ist spezialisiert auf solche Aufstiegsprozesse und in der Lage, notwendige Verbindungs- und Anpassungshilfen zu geben, zu denen „gewöhnliche“ Lichtwesen nicht imstande sind.

Dies bedeutet, dass die Lichtarbeiter im Normalfall rascher ihren Lichtkörper-Prozess durchlaufen als andere Menschen. Der Aufstiegsvorgang ist vergleichbar mit einem Hochhaus, in dem die „einfachen“ Erdenmenschen Schritt für Schritt treppauf steigen müssen, während die Lichtarbeiter, die die Mühe des Treppensteigens bereits vor Zeiten hinter sich gebracht haben, jetzt das Privileg in Anspruch nehmen dürfen, Lifte zu benutzen. Diese scheinbar „ungerechte“ Lösung hat den großen Vorteil, dass die voraus eilenden Lichtarbeiter wie Pioniere wirken. Denn jeder, der den Aufstieg geschafft hat, macht dem Nachfolgenden den Weg nach oben ein wenig leichter. Abgesehen davon durchlaufen die Lichtarbeiter nicht weniger anstrengende und belastende Phasen wie normale Menschen.

Da die Lichtarbeiter früher an den höheren Lichtkörperstufen arbeiten, integrieren sie auch eher die höheren und reineren Energien und Qualitäten, insbesondere jene des Christus-Bewusstseins. So wird all ihr Fühlen, Denken, Sprechen und Handeln sehr viel mehr Liebe in die „morphogenetischen Felder“ der Erde und der Menschheit einspeisen können. Dieser Faktor wird verstärkt durch den Umstand, dass die erhöhte Lichteinstrahlung diesen Liebeseinfluss noch verstärkt. In den vergangenen Zeiten der „Dunkelhaft“ kostete es ungleich mehr Aufwand an gerichteter Absicht und Konzentrationskraft, das Licht der Liebe in das umgebende Feld einzuspeisen.

Die Erde ist nach Angaben von Erzengel Ariel einer von 383 Planeten, die „gegenwärtig“ den Aufstiegsprozess durchmachen. Doch unterscheidet sich dieser Prozess auf unserem Planeten in zwei Punkten wesentlich von dem aller anderen. Zum einen hatte sich Mutter Erde bereit erklärt, ihre Verdichtung bis zum äußersten Punkt zu treiben, und erreichte damit eine Distanz vom Licht, die in unserem gesamten Universum wohl einzigartig ist. Zweitens: Mutter Erde hatte zu Beginn dieses fraglos gefahrvollen Experiments zur Bedingung gemacht, dass sie am Ende – also in unserer Zeit – gemeinsam mit den Menschen aufsteigen kann. Auch dies ist einzigartig, denn alle anderen Planeten, auf denen gegenwärtig Aufstiegsprozesse im Massenmaßstab stattfinden, verbleiben – wenigstens vorläufig – in ihrer alten Schwingungssignatur.

Auch unser Sonnensystem als Ganzes wird neu stabilisiert und auf die künftigen neuen Bedingungen abgestimmt. Die Galaktische Föderation hat in den vergangenen Jahren auf den Jupitermonden Io und Europa je eine Versuchsstation errichtet und ein ergänzendes Projekt auf dem Mond begonnen. Dieses Projekt ist der Grund, weshalb in diesen Jahren keine bemannte Mondfahrt von der Erde aus gestartet wird. Flugprojekte dieser Art hat die Galaktische Föderation den Dunkelmächten untersagt.

„Betrachtet euer Sonnensystem als ein riesiges verbundenes Reich", so heißt es in der Sirius-Botschaft vom 15. August 2000. *„Seine Hauptknotenpunkte sind eure Sonne und Jupiter. Zwischen diesen Knotenpunkten und auf eurer Welt liegt ein großer zweiter Knotenpunkt. Um eure Wahrnehmungsschwelle auf der Erde anzuheben, müssen wir alle drei von ihnen in gleicher Weise verändern. Hier können die beiden Jupitermonde sowie euer Mond als Plattform für diese Anpassungen dienen. Die Sonne kann durch Manipulation der Magnetfelder ihres geschmolzenen und gasförmigen Kerns verändert werden. Diese Operation wird durchgeführt mittels einer umfangreichen, planetenartigen Raumstation, die getarnt zwischen den Umlaufbahnen von Merkur und Erde positioniert ist."*

Mit diesem Überblick sind die Elemente der Großen Transformation, die die Menschheit, die Erde und das Sonnensystem betreffen, im wesentlichen dargestellt. Dies alles geschieht in einem denkbar engen Zeitfenster, das bis zum 21. Dezember

2012 geöffnet ist. Der Transformationsprozess muss – gemäß dem Göttlichen Plan – bis zu diesem Datum im wesentlichen vollzogen sein. Denn dem Erwachen der Menschheit zu vollem Bewusstsein kommt eine Schlüsselrolle zu, die aus der Perspektive des überkommenen Bewusstseins nur schwer zu erfassen oder anzunehmen ist. Unsere göttlichen Mentoren vom Sirius lassen uns nicht darüber im unklaren, dass das Erwachen der Menschheit zu vollem Bewusstsein Veränderungen auslösen wird, die die gesamte Galaxis erfassen werden. Denn Erde und Menschheit sind an einem strategisch besonders wichtigen Ort angesiedelt.

„Bestimmte Teile eurer Galaxis ... müssen in der Lage sein, während anstehender Veränderungen als Katalysator zu dienen“, heißt es in der Sirius-Botschaft vom 25. Januar 2000. *„Dies ist hauptsächlich eure Arbeit. Ihr seid der vorrangige Katalysator der ‚Milchstrasse'. An einem vorgesehenen Zeitpunkt seid ihr dazu ausersehen, die Urnatur eurer Realität zu verändern. Damit sendet ihr dann das Signal aus, dass die Zeit für eine Transformation dieser Galaxis endgültig gekommen ist. Zugleich ist diese Galaxis wiederum der Katalysator für die Transformation dieses Sektors der physischen Schöpfung.“*

Erinnern wir uns, dass Mutter Erde ein ganz besonderes Wesen ist. Ihre im Zentrum befindliche „massive Singularität“ besteht aus einem einzigartigen göttlichen Kristall, der nicht nur unsere Galaxis hervorgebracht hat, sondern dessen Aktivität unsere gesamte Galaxis aufrecht erhält: *„Denkt euch eure galaktische Heimat als einen ‚Schalter', der die spirituellen und physischen Prozesse in Gang setzt, die all das hervorbringen, was ihr an eurem Nachthimmel beobachten könnt. Daher seid ihr an einem der günstigsten Plätze im Universum positioniert. Und nun wisst, dass die Zeit gekommen ist, diesen kosmischen ‚Schalter' auf eine neue ‚Schaltstellung' zu bringen. Um das zu vollbringen, bedarf es einer Reihe sehr außergewöhnlicher Umstände. Zunächst muss die Realität geändert werden, die die Erde regiert. Sodann müssen alle empfindenden Wesen, die in oder auf ihr wohnen, angepasst werden an* *das, was passiert. Schließlich müssen die Energien geändert werden, die von eurem Sonnensystem ausgehen. Wenn dies alles vollbracht ist, muss eine rasche, göttlich inspirierte zeitweilige Ausrichtung der Planeten zum genau richtigen Zeitpunkt geschehen.*"

Dann wird ein gewaltiger interdimensionaler Torweg geöffnet, und Lord Aescapulus, der Leiter der Großen Blauen Loge der Schöpfung, sagt uns in Seiner epochalen Botschaft vom 25. März 2003: „*Euer Werk wird die Entfaltung des nächsten Schritts in der physischen Schöpfung möglich machen. Es wird Zehntausende von Galaxien in einem außergewöhnlichen Bund zusammenschließen, was sich über das gesamte Physische ausbreiten wird wie ein unaufhaltbares Lauffeuer.*"

4. Agarthi und die Innere Erde

In mehreren Botschaften der vergangenen Jahre betont die der Großen Blauen Loge der Schöpfung nahe stehende Sirius-Gruppe (www.paoweb.org) die bevorstehende „Wiedervereinigung“ der erwachenden Menschheit auf der Oberfläche der Erde mit ihren Geschwistern der Inneren Erde. In diesem Kapitel wollen wir uns auf die Spurensuche nach diesen Geschwistern begeben, deren Existenz aus verschiedenen Gründen sorgfältig geheim gehalten wird.

Allerdings ist dieser Geheimhaltungsschirm nicht ganz perfekt, denn seit Jahrtausenden ranken sich um die Geschwister der Menschheit in der Inneren Erde Legenden und Sagen. Befragt man hierzu heute einen Geologen, so wird der gelangweilt oder spöttisch lächelnd abwinken und etwa folgendes antworten: „Das Bild einer hohlen Erde passt nicht entfernt zu dem Wissen, über das die moderne Geologie heute verfügt. Die Erde besitzt einen massiven Eisenkern, der von einem Mantel aus glutflüssigem Basalt umgeben ist. Auf diesem basaltenen Mantel wiederum schwimmen die granitenen Kontinentalschollen. Da ist kein Platz für eine hohle innere Erde. Möglich sind bestenfalls Höhlensysteme im Bereich der Granitkruste. Doch die uns bekannten Höhlen sind für Menschen praktisch nicht bewohnbar.“

Kann sich unser Geologe wirklich so sicher sein? Denn da gibt es den Bericht des amerikanischen Admirals Richard Evelyn Byrd über eine Flugreise im Jahre 1947 durch eine riesige Öffnung im Nordpolbereich direkt in die Innere Erde! Konfrontieren wir allerdings einen Meteorologen mit der Vorstellung einer Öffnung am Nordpol, so wird dieser mit größter Überzeugung antworten:

„Im Bereich des Nordpols gibt es nichts als eine geschlossene Eisdecke. Die Temperaturen liegen im Sommer knapp über 0 Grad Celsius, im Winter bei minus 35 Grad, über dem Polarmeer bei minus 45 Grad."

Und der informierte Zeitgenosse wird hinzufügen: „Also bitte schön, wir wissen doch, dass es bereits vor über hundert Jahren mehreren Forschern gelungen ist, über das Eis zum Nordpol zu gelangen – oder etwa nicht?" Ja, lieber Zeitgenosse, eher nicht. Denn so ziemlich alle Nordpolfahrer gelangten nicht weiter als bis zum 83. Breitengrad. Die britischen Entdecker Marmaduke (1612), Phillips (1773) und Scoresby (1806) brachten es bis höchstens zum 82. Breitengrad, ebenso Sir George Nares im Jahre 1875. Sechs Jahre später gelangte sein Landsmann Marchkam knapp über den 83. Breitengrad hinaus, und auch der schwedische Entdecker Salomon August Andree musste im Jahre 1897 mit seinem Freiballon am 83. Breitengrad notlanden.

Doch was ist mit Robert Peary, der im Jahre 1909 seine triumphale „Polbezwingung" feierte? Peary hat schlicht die Unwahrheit gesagt oder ist einer Täuschung erlegen, wenn er behauptet, auch nur die Nähe des Nordpols erreicht zu haben, ebenso Reinhold Messner oder Arved Fuchs. Denn sie alle stapften durch endlose Eiswüsten. Doch gerade diese sind – so phantastisch es auch klingen mag – für den nordpolaren Raum völlig untypisch.

Kein Eis am Nordpol und eine zweite Sonne

Das bezeugt kein Geringerer als Fridtjof Nansen, der berühmte skandinavische Polfahrer. Nansen (1861 bis 1930) war angesichts der regelmäßigen Fehlschläge seiner Vorgänger während seiner Nordpolexpedition in den Jahren von 1893 bis 1896 auf die Idee verfallen, sich bei seinem ersten Vorstoß vom Packeis einschließen zu lassen. Er hoffte, auf diese Weise nach Norden in Polrichtung getrieben zu werden. Doch er machte die verblüffende Feststellung, dass das Packeis nach Süden trieb! Ebenso erging es einem russischen Forscher, dessen Forschungsstation auf einer Eisscholle südlich bis nach Grönland getrieben wurde. Wer also wie Peary, Messner oder Fuchs behauptet, über durchgehende Eisfelder den Nordpol erreicht zu haben, der mag an allen möglichen Orten gewesen sein. Er stieß aber nicht weiter nördlich vor als bis zum 83. Breitengrad.

Es mutet verwirrend an, doch im hohen Norden scheint es viel wärmer zu sein, als die Schulwissenschaft uns im Brustton der Überzeugung weiszumachen versucht. Isaac-Israel Hayes, ein amerikanischer Forscher, machte bereits im Jahre 1869 in Grönland seltsame Entdeckungen. Verwundert notierte er in sein Tagebuch: *„Noch nördlich des 80. Breitengrades sah man Füchse Richtung Pol laufen, ganz offensichtlich gut genährt. Vögel wie der Alk oder die Rossmöwe fliegen im Winter nordwärts. Die Schafsvögel Australiens flüchten in der kalten Jahreszeit Richtung Südpol. Bis heute hat niemand ihren Zielort entdecken können. Sie verschwinden scheinbar einfach. Oder die Heringe: Niemand weiß, wo sie eigentlich laichen.“*

Die „Norwood Revue“ in England berichtete vor 120 Jahren in ihrer Ausgabe vom 10. Mai 1884: *„Wir bestätigen nicht, dass das Eis bis hinauf zum Pol geht – wenn man einmal durch die große Eisbarriere hindurch gebrochen ist, erschließt sich dem Forscher eine neue Welt. Das Klima ist mild wie das Englands und später balsamgleich wie auf den griechischen Inseln“.*

Fritjof Nansen, der nach seinem ersten gescheiterten Versuch immerhin bis zum 86. Breitengrad vordrang, registrierte verblüfft, dass er immer weniger Treibeis begegnete, je weiter er in Polnähe gelangte: *„Vor uns liegt immer der gleiche dunkle Himmel, der offene See bedeutet. Zuhause in Norwegen würden sie kaum denken, dass wir in offenem Wasser geradewegs auf den Pol zusegeln. Ich selbst hätte es nicht geglaubt, wenn mir das irgend jemand vor zwei Wochen vorausgesagt hätte. Und doch – es ist wahr. Ist dies auch kein Traum?“* Und auch nachdem er drei Wochen weiter nach Norden gesegelt war, gab es nur offene See, aber keine Spur von Eis.

Am 3. August 1894 trug Nansen in sein Tagebuch folgende Notiz ein: *„Wir haben heute Fuchsspuren gesichtet. Das Klima ist überraschend mild – zum Schlafen beinahe zu warm."* Fuchsspuren können bekanntlich nicht auf dem offenen Meer entstehen. Nansen muss also Festland oder eine Insel angelaufen haben. Im gesamten Polarmeer jenseits des 85. Breitengrades aber verzeichnen die Karten weder Festland noch Inseln.

Und dann die entwurzelten Bäume, die aus dem Nordpolgebiet südwärts treiben! Verblüfft berichtete hierüber schon Kapitän Robert McClure (1807 bis 1873). Er war der Erste, der die gefürchtete Nordwest-Passage durchquerte. Er hatte erwartet, dass er so weit im Norden nur Schnee und Eis antreffen würde, und nun erblickte er mitten im südwärts ziehenden Treibeis entwurzelte Bäume! Die selbe Beobachtung machte Fridtjof Nansen, der es immerhin weiter geschafft hatte wie kein Polsucher vor ihm. Vier Breitengrade vom „geographischen" Nordpol entfernt erspähte Nansen Mengen von Treibholz, die ihm von Norden her entgegen kamen und weiter südwärts trieben.

Andere Forscher entdeckten im nördlichen Polargebiet auf den riesigen, südwärts ziehenden Eisschollen großflächige Einfärbungen der Oberflächen – mal schwarz, mal rot, mal rosa, dann wieder gelb oder grün. Nähere Untersuchungen ergaben: Es handelte sich um Abermillionen von Blütenpollen, die aus dem Nordpolgebiet südwärts getrieben wurden.

Fassen wir das bisher vorgelegte Material zusammen, so ergibt sich:

1. Die meisten Polarforscher sind über den 83. Breitengrad nicht hinaus gelangt
2. Die nördliche Eisbarriere endet spätestens am 84. oder 85. Breitengrad. Es ist also unmöglich, den „Nordpol" auf dem Eis zu erreichen

3. Es ist nördlich des 84. oder 85. Breitengrades so warm wie in den gemäßigten Zonen, die 30 bis 40 Breitengrade weiter südlich liegen
4. Es gibt im unmittelbaren Polarbereich um den 86. Breitengrad Anzeichen üppiger Vegetation, obgleich es laut Kartenmaterial weder Inseln noch Festland in Polnähe geben soll

Das bei weitem bemerkenswerteste Indiz betrifft die „Sonne", von der Fritjof Nansen und andere in Polnähe berichten. Nansen notierte: *„Um die Mittagszeit sahen wir die Sonne, oder ein Bild von ihr. Wir hatten nicht erwartet, sie an jener Position zu sehen."* Hatte er sich „verirrt"? Doch *„erleichtert"* erkannte er, *„dass es nicht die Sonne sein konnte. Es war nur eine schwach rot glimmende Scheibe, flach und durchzogen von vier gleichmäßigen schwarzen Streifen."* Ein Hinweis darauf, dass Nansen sich mit seinem Schiff bereits auf dem Wege ins Innere der Erde befand.

Auf dem Wege nach Norden hatte der norwegische Fischer Olaf Jansen gemeinsam mit seinem Vater im Jahre 1829 in einer kleinen Schaluppe die gleiche Beobachtung gemacht: *„Diese mattrote falsche Sonne, für die wir sie hielten, aber verschwand mehrere Stunden lang nicht. Wolken und Nebel bedeckten von Zeit zu Zeit fast, aber niemals ganz, ihren Standort. Sie schien am Horizont des ungewissen purpurnen Himmels allmählich in dem Maße höher zu steigen, in dem wir uns fortbewegten. Man konnte kaum sagen, dass sie der Sonne glich, ausgenommen ihre runde Form, und wenn sie nicht von Wolken oder Ozeandunst verdunkelt war, war sie von verschwommenem rotem, bronzenem Schein, der sich in ein weißes Licht, einer Wolke gleich, veränderte, so, als ob sie den hellen Schein eines größeren Lichtes dahinter reflektierte"* (Willis George Emerson, Der in eine Feuerwolke gehüllte Gott oder Eine Reise zur inneren Welt).

Später, nach seinem eigenen Bekunden bereits im Inneren der Erde, beschreibt der Fischer diese „Scheinsonne" genauer: *„Die* *direkte Entfernung über den Raum hinweg von Innenoberfläche zu Innenoberfläche beträgt ungefähr 600 Meilen weniger als der uns bekannte Erddurchmesser. Im identischen Mittelpunkt dieses Riesenvakuums befindet sich der Sitz der Elektrizität – ein ungeheurer Ball dunkelroten Feuers, der nicht blendend glänzt, sondern umgeben ist von einer weißen mild leuchtenden Wolke, eine gleichmäßige Wärme ausstrahlend und vom unveränderlichen Gesetz der Gravitation im Zentrum dieses innerlichen Raumes gehalten. Diese elektrische Wolke ist den Menschen drinnen als der ‚Rauchgott' bekannt. Sie glauben, dass es der Thron des ‚Allerhöchsten' ist.*"

Und an anderer Stelle heißt es: *„Die große leuchtende Wolke oder der mattrote Feuerball, der morgens und abends feurigrot ist und über Tag ein schönes weißes Licht hervorbringt, der in eine Feuerwolke gehüllte Gott, ist im Zentrum des großen Vakuums in der Erde aufgehängt und wird auf seinem Platz gehalten durch das unveränderliche Gesetz der Gravitation oder einer abstoßenden atmosphärischen Kraft, wie dem auch sei. Die Grundlage dieser elektrischen Wolke oder zentralen Beleuchtung, der Sitz der Götter, ist dunkel und undurchsichtig mit Ausnahme zahlloser kleiner Öffnungen, anscheinend auf dem Grund des großen Trägers oder Altars der Gottheit, auf dem der ‚in eine Feuerwolke gehüllte Gott' ruht; und die Lichter, die durch diese vielen Öffnungen in all ihrer Pracht in der Nacht funkeln, scheinen Sterne zu sein, so natürlich, wie die Sterne, die wir daheim in Stockholm funkeln sehen, nur mit der Ausnahme, das sie größer scheinen. Der ‚in eine Feuerwolke gehüllte Gott' erweckt deshalb den Anschein, mit jeder täglichen Umdrehung der Erde im Osten aufzugehen und im Westen unterzugehen, genau wie es unsere Sonne auf der äußeren Oberfläche tut. Die Menschen ‚drinnen' glauben in Wirklichkeit, dass der ‚in eine Feuerwolke gehüllte Gott' der Thron ihres Jehovas und unbeweglich ist. Die Wirkung von Nacht und Tag wird deshalb hervor gebracht durch die tägliche Umdrehung der Erde.*"

Bemerkenswert sind schließlich folgende Zeilen: *Die Stadt ‚Eden' scheint in einem wunderschönen Tal zu liegen, liegt aber in*

Wirklichkeit auf der höchsten Hochebene des inneren Kontinents, einige tausend Meter höher als das sie umgebende Land. Es ist der schönste Ort, den ich auf all meinen Reisen je erblickt habe. In diesem hochgelegenen Garten gedeihen alle Sorten von Früchten, Trauben, Büschen, Bäumen und Blumen in verschwenderischer Fülle. In diesem Garten entspringen vier Flüsse in einer mächtigen artesischen Quelle. Sie teilen sich und fließen in vier Himmelsrichtungen. Diese Stätte wird von den Bewohnern der ‚Nabel der Erde' oder ‚die Wiege der menschlichen Rasse' genannt. Die Flüsse werden Euphrat, Pison, Gihon und Hiddekel genannt."

Nun kann man skeptisch bleiben und einwenden, dass kein Atlas ein Loch im Nordpolbereich zeigt. Im Zeitalter der Satelliten sollte es doch beweiskräftige Aufnahmen geben, die jeden Zweifel ausräumen können. Doch ganz so einfach ist die Sache nicht. Denn der gesamte Nordpolbereich ist so gut wie ständig von einem dichten Wolken- und Dunstschleier bedeckt – was übrigens bei einer durchgehenden Eisdecke unmöglich wäre –, so dass nur Infrarot-Aufnahmen Aufschluss geben könnten. Solche Aufnahmen haben NASA und ESA längst gemacht, doch was der Öffentlichkeit vorgelegt wird, das bestimmen Kräfte im Hintergrund, die ein vitales Interesse daran haben, dass am Polrätsel nicht gerührt wird.

Forscht man genauer nach, so finden sich bei der Veröffentlichung und Deutung von Forschungsaufnahmen der Polregionen seltsame Resultate. Der europäische Fernerkundungsatellit ERS-1 zeigt saubere Infrarotbilder von der Nordhälfte der Erde, doch die Nordpolregion bleibt datenleer mit einer kreisrunden „Aussparung" ab etwa dem 83. Breitengrad. Ebenso sehen die offiziellen Forschungsergebnisse am Südpol aus. Bereits im Jahre 1968 fotografierte der NASA-Forschungssatellit ESSA 7 die Südhalbkugel mit einem riesigen Loch, das ins Erdinnere führt, statt einer massiven Polregion. Computerberechnete Höhenprofile der Antarktis ergeben das gleiche Bild: Statt eines Südpols gibt es ein kreisrundes datenleeres Loch etwa ab dem 83. Breitengrad.

Diese verfälschende Geheimhaltung wird dadurch erleichtert, dass weder der zivile Flug- noch der Schiffsverkehr über den nordpolaren Raum laufen. Insbesondere der Flugverkehr, dem ja keine Eisbarriere den Weg versperrt, arbeitet mit sehr empfindlichen Navigationsgeräten, die in Polnähe „verrückt" spielen. Flugrouten über die nördlichen Gebiete halten deshalb respektvollen Abstand von jenen Passagen, über denen die Kompasse ausfallen könnten. Auf diese Weise hütet sich das Polgeheimnis selbst, und es scheint, dass nur sehr wenige Einzelpersonen das Privileg erhalten, dieses Geheimnis zu lüften. Und zwar so wenige, dass ihre Berichte leicht als Phantastereien abgetan werden können.

Und schließlich sagt uns der „gesunde Menschenverstand": Wenn es im Nordpolbereich ein Loch gäbe, dann müsste doch das Meereswasser dort hinein fließen, und alle, die in den Bereich dieses Abfluss-Strudels geraten, müssten hoffnungslos verloren sein. Hier sagen allerdings Polforscher wie Nansen, dass die Meeresströmung genau umgekehrt verläuft – nicht nach Norden, in die Öffnung hinein, sondern nach Süden, aus der Öffnung heraus.

Das hieße, dass aus dem Innern der Erde, gleichsam durch die Öffnung nach „oben", eine Strömung kommen müsste, die die Süddrift des Eises und des Treibholzes verursacht. Das klingt wahrhaftig verrückt und ist mit der herkömmlichen Vorstellung von Gravitation überhaupt nicht zu vereinbaren. Jedenfalls dann nicht, wenn wir wie bisher annehmen, der „Gravitationsschwerpunkt" befände sich im Mittelpunkt der Erde. Wenn wir aber die Annahme gelten lassen, dass sich eine gravitierende „Schicht" durch die Erdkruste zieht wie ein Stahlkorsett durch die gewölbte Außenwand einer hohlen Betonkugel und diese Schicht die Polöffnung „ausspart", so müssten wir uns nicht mit der widersinnigen Vorstellung herumplagen, das nordpolare Wasser fließe von innen nach „oben" und außen.

Willis George Emerson, der Herausgeber der Erlebnisse des Olaf Jansen, beschreibt dieses durchaus schwierige Phänomen so:

„Die Entfernung von der inneren zur Außenoberfläche beträgt nach Olaf Jansen ungefähr 300 Meilen. Das Zentrum der Schwerkraft ist nicht im Mittelpunkt der Erde, sondern in der Mitte der Schale oder Kruste. Wenn also der Durchmesser“ (gemeint ist die Mächtigkeit oder „Dicke“) *„der Erdkruste oder Schicht 300 Meilen ist, dann liegt das Nordpol-Zentrum der Schwerkraft 150 Meilen unter der Oberfläche. Die Tatsache eines offenen Meeres im Norden ist auch geklärt. Olaf Jansen gibt an, dass die nördliche Öffnung, der Eingang oder auch das Loch, um es so zu nennen, ungefähr 1400 Meilen überspannt.“*

Admiral Byrd – ein Flug ins Innere der Erde

Mit diesem Rüstzeug versehen, sind wir nun bereit für den Bericht aus dem geheimen Tagebuch des Admirals Richard Evelyn Byrd aus dem Jahre 1947, das sein Sohn Jahre nach dem Tod seines Vaters veröffentlichte. Byrd galt in den USA ähnlich wie Charles Lindbergh als Flugheld, und ein Mann im Admiralsrang ist gewöhnlich weit davon entfernt, seinen guten Ruf durch Münchhausen-Geschichten zu ruinieren. Bereits in den einleitenden Zeilen seines Tagebuchs wird deutlich, welche Tragweite Byrd seinen Erlebnissen jenseits des Nordpols beimaß – und dass er mit Schweigepflicht rechnete, weil die *„Gier und die Macht einer Gruppe von Menschen“* dies verlange.

„Dieses Tagebuch werde ich im Geheimen und Verborgenen schreiben. Es enthält meine Aufzeichnungen über meinen Arktis-Flug VOTA 19, Februar 1947. Mir ist die Freiheit versagt, diese Aufzeichnungen zu veröffentlichen, und vielleicht werden sie niemals ans Licht der Öffentlichkeit gelangen. Aber ich habe meine Aufgabe zu erfüllen, und das, was ich erlebt habe, werde ich hier niederschreiben. Ich bin zuversichtlich, dass dies alles gelesen werden kann, dass eine Zeit kommen wird, wo die Gier und die Macht einer Gruppe von Menschen die Wahrheit nicht mehr aufhalten kann.“

Byrd unternahm seinen Nordpolflug am 19. Februar 1947 in einem Flugzeug gemeinsam mit seinem Bordfunker. Nach einem längeren Flug über schier endlose Eisfelder geriet das Flugzeug in ungewöhnliche Situationen:

„. *Es sind riesige Schnee- und Eismassen unter uns zu sehen. Wir bemerken eine gelbliche Verfärbung des Schnees unter uns. Wir gehen tiefer, um das Phänomen besser in Augenschein nehmen zu können. Nun können wir verschiedene Farben erkennen. Wir sehen auch rote und lila Muster. Wir können vor uns Berge erkennen. Wir fliegen geradeaus weiter, immer in Richtung Norden. Hinter dem Gebirgszug liegt wahrhaftig ein kleines Tal. Durch das Tal windet sich ein Fluss. Wir sind erstaunt: Hier kann doch kein grünes Tal sein. Hier stimmt doch einiges nicht mehr. Unter uns müssten Eis- und Schneemassen sein. Unsere komplette Navigation ist ausgefallen. Der Kreiselkompass pendelt ununterbrochen hin und her.*

Es herrschen hier andere Lichtverhältnisse. Ich kann die Sonne nicht mehr sehen. Jetzt erblicken wir unter uns ein großgewachsenes Tier. Es könnte ein Elefant sein. Nein! Es ist unglaublich, es sieht aus wie ein Mammut. - es ist ein Mammut oder ein Tier, das dem Mammut sehr ähnlich ist. Wir funken die Beobachtung an die Basis. Wir überfliegen inzwischen weitere kleinere, bewachsene Berge. Ich bin inzwischen völlig erstaunt. Hier stimmt einiges nicht mehr. Alle Instrumente funktionieren wieder. Es ist warm geworden. Wir haben 74 Grad Fahrenheit (ca. 23 Grad Celsius) auf der Anzeige. Wir halten unseren Kurs.

Wir können unsere Basis nicht mehr erreichen, da jetzt der Funk ausgefallen ist. Ich weiß nicht, ob ich mich richtig ausdrücke, aber es wirkt alles völlig normal, und vor uns liegt ganz deutlich eine Stadt!!! Das ist nun wirklich unmöglich. Alle Instrumente fallen aus. Das ganze Flugzeug kommt leicht ins Taumeln!!! Mein GOTT!!! Backbord und Steuerbord tauchen auf beiden Seiten eigenartige Flugobjekte auf. Sie sind sehr schnell und kommen längs. Sie sind so nah, dass ich deutlich ihre Kennzeichen sehen kann. Es ist ein interessantes

Symbol, von dem ich nicht sprechen will. Es ist phantastisch. Ich habe keine Ahnung mehr, wo wir sind.

Was ist mit uns geschehen? Ich weiß es nicht. Ich bearbeite meine Instrumente - die aber sind immer noch völlig ausgefallen. Wir sind inzwischen von den tellerförmigen Flugscheiben eingekreist. Wir scheinen gefangen zu sein. Die Flugobjekte strahlen ein eigenes Leuchten aus. Es knattert in unserem Funk. Eine Stimme spricht uns in englischer Sprache an. Die Stimme hat einen deutschen Akzent: ‚Willkommen in unserem Gebiet, Admiral!!! In exakt sieben Minuten werden wir sie landen lassen. Bitte entspannen Sie sich, Admiral, Sie sind gut aufgehoben.'

Nunmehr sind auch unsere Motoren komplett ausgefallen. Die Kontrolle des gesamten Flugzeuges ist in fremden Händen. Es kreist inzwischen um sich selbst. Alle meine Instrumente reagieren nicht mehr. Wir erhalten soeben einen weiteren Funkspruch, der uns auf die Landung vorbereitet. Wir beginnen daraufhin unverzüglich mit der Landung. Durch das ganze Flugzeug geht ein kaum merkliches, leichtes Beben. Das Flugzeug sinkt zu Boden wie in einem gewaltigen, durchsichtigen Fahrstuhl. Wir schweben völlig sanft dahin. Das Berühren des Bodens ist kaum zu spüren.

Es kommt eine kleine Gruppe von Männern zu unserem Flugzeug. Sie sind alle sehr groß und haben blonde Haare. Weiter hinten sehe ich eine beleuchtete Stadt. Sie scheint in den Regenbogenfarben zu strahlen. Die Männer sind anscheinend unbewaffnet. Ich weiß nicht, was uns nun noch erwartet. Deutlich nennt mich eine Stimme bei meinem Namen und erteilt mir den Befehl, zu öffnen. Ich gehorche und öffne die Ladeluke.

Hier enden nun die Einträge in dem Bordbuch. Alles, was nun folgt, schreibe ich aus meiner Erinnerung. Es ist unbeschreiblich, phantastischer als alle Phantasie, und wenn ich es nicht selber erlebt hätte, würde ich es als völlige Verrücktheit bezeichnen. Wir beide, mein Funker und ich, werden aus dem Flugzeug geführt und das überaus freundlich. Dann führt man uns zu einer gleitenden Scheibe, die sie hier als Fortbewegungsmittel benutzen. Sie hat keinerlei

Räder. Mit enormer Schnelligkeit nähern wir uns der schimmernden Stadt. Die Farbenpracht der Stadt scheint von dem kristallähnlichen Material, aus welchem sie gebaut worden ist, zu kommen. Bald halten wir vor einem imposanten Gebäude. Solch eine Architektur habe ich bisher nirgends gesehen. Sie ist mit nichts vergleichbar.

Ich lasse meinen Funker zurück und folge den beiden. Bald darauf erreichen wir einen Fahrstuhl, den wir betreten. Wir gleiten abwärts. Als wir halt machen, gleitet die Tür leise nach oben! Wir gehen durch einen langen, tunnelartigen Gang, der durch ein hellrotes Licht beleuchtet wird. Das hellrote Licht scheint durch die Wände zu strahlen. Wir kommen vor eine große Tür. Ganz ohne Geräusche gleitet die Tür zur Seite. Eine Stimme fordert mich auf, einzutreten.

‚Seien Sie ganz ohne Sorge, Admiral', beruhigt mich die Stimme von einem meiner beiden Begleiter, ‚Sie werden vom Meister empfangen werden!' Also trete ich ein. Ich bin wie geblendet. Die Vielzahl der Farben, das Licht, das den Raum füllt, meine Augen wissen nicht wohin und müssen sich erst einmal an den Zustand gewöhnen. Es dauert eine Weile, bis ich erkennen kann von dem, was mich umgibt. Das, was ich nun sehe, ist das Allerschönste, was ich jemals zu sehen bekam. Es ist herrlicher, schöner und prachtvoller, als dass ich in der Lage wäre, es zu schildern.

Meine Betrachtungen und Besinnungen werden durch eine melodiöse, warmherzige Stimme unterbrochen: ‚Ich entrichte Ihnen den Willkommensgruß. Seien Sie in unserem Land auf das herzlichste willkommen, Admiral'.

Vor mir ist ein Mann mit edler Statur und einem feinen Gesicht, das von den reifen Zügen des Alters geprägt ist. Er sitzt an einem imposanten Tisch und gibt mir mit einer Handbewegung zu verstehen, dass ich mich auf einen der bereitstehenden Stühle setzen soll. Ich folge dieser Aufforderung und setze mich, hernach faltet er seine Hände so, dass er seine Fingerspitzen zusammenlegt.

Er lächelt mir zu. ‚Wir haben Sie zu uns gelassen, weil Sie einen gefestigten Charakter haben und oben auf der Welt über einen großen Bekanntheitsgrad verfügen.'

‚Oben auf der Welt?', ich ringe nach Atem.

‚Ja', so erwidert der Meister meine Gedanken, ‚Sie sind nunmehr im Reich der Arianni, im Inneren der Welt. Ich gehe nicht davon aus, dass wir ihre Mission lange unterbrechen müssen. Sie werden schon bald wieder an die Oberfläche der Erde zurückgeführt werden. Aber vorerst werde ich ihnen mitteilen, warum ich Sie kommen ließ, Admiral. Wir verfolgen das Geschehen oben auf der Erde. Unser Interesse wurde geweckt, als ihr die ersten Atombomben auf Hiroshima und Nagasaki warft. Zu jener schlimmen Stunde kamen wir mit unseren Flugscheiben in Eure Welt. Wir mussten selber sehen, was Eure Rasse tat. Das ist inzwischen schon wieder lange her, und Ihr würdet sagen, es ist Geschichte. Aber es ist für uns bedeutend. Bitte lassen Sie mich fortfahren. Wir haben uns bisher in Eure Scharmützel und Kriege nicht eingemischt. Eure Barbareien, wir haben sie zugelassen. Inzwischen habt ihr aber angefangen, mit Kräften herum zu experimentieren, die eigentlich nie für den Menschen gedacht waren. Dies ist die Atomkraft. Wir haben bereits einiges versucht. Wir haben den Machthabern der Welt Botschaften überbringen lassen – aber sie glauben, nicht auf uns hören zu müssen. Aus genau diesem Grund wurden Sie ausgewählt.

Sie sollen Zeugnis für uns ablegen, Zeugnis dafür, dass es uns und diese Welt im Inneren der Erde gibt, dass wir hier wirklich existieren. Schauen Sie sich um, und Sie werden sehr bald feststellen, dass unsere Wissenschaft und unsere Kultur mehrere tausend Jahre der Euren voraus ist. Schauen Sie, Admiral.' ‚Aber', so unterbrach ich den Meister, ‚was hat das mit mir zu tun, Sir?'

Der Meister schien in mich einzutauchen, und nachdem er mich eine Zeitlang ernst gemustert hatte, erwiderte er: ‚Eure Rasse hat den ‚Point of no return' erreicht. Ihr habt Menschen unter Euch, die eher bereit sind, die ganze Welt zu zerstören, als dass sie bereit wären, ihre Macht abzugeben, die Macht, von der sie meinen, sie zu kennen.'

Ich wiederum gab ihm mit einem Kopfnicken zu verstehen, dass ich seinen Ausführungen folgen konnte. Und so konnte der Meister fortfahren zu sprechen:

‚Bereits seit zwei Jahren versuchen wir immer wieder, Kontakte zu Euch herbeizuführen. Aber all unsere Versuche werden mit Aggressivität von Euch beantwortet. Unsere Flugscheiben wurden von Euren Kampfflugzeugen verfolgt, angegriffen und beschossen. Nun muss ich Ihnen sagen, mein Sohn, dass eine gewaltige und schlimme Raserei aufzieht, ein mächtiger Sturm wird über Ihr Land fegen, und für lange Zeit wird er wüten. Fassungslos werden Eure Wissenschaftler und Eure Armeen dem gegenüber stehen und keine Lösungen anbieten können. Dieser Sturm trägt die Macht in sich, dass alles Leben, die komplette Zivilisation bei Ihnen vernichtet werden könnte, dass jede Kultur zerstört und alles in Chaos versinken könnte. Der soeben beendete große Krieg ist nur ein Vorspiel für das, was auf Euch zukommen kann. Für uns hier stellt sich das Stunde für Stunde und Tag für Tag deutlicher dar. Gehen Sie davon aus, dass ich mich irre!'

‚Nein, es ist ja schon mal die schwarze Zeit über uns gekommen, und die hat dann ganze 500 Jahre angehalten', entgegnete ich dem Meister.

‚So ist es mein Sohn', erwiderte er, ‚die düsteren Zeiten werden Euer Land mit einem Leichentuch überdecken. Und doch gehe ich davon aus, dass einige von Ihrer Rasse diesen Brand überleben werden. Was dann geschieht, darüber kann ich nichts sagen. Wir sehen aber weit in der Zukunft eine neue Erde entstehen, diese wird aus den Trümmern Eurer alten Welt aufgebaut werden, und man wird sich ihrer legendären Schätze erinnern und nach ihnen suchen. Und schau, die legendären Schätze werden hier bei uns sein. Wir sind es, die sie sicher verwalten. Wenn diese Zukunft begonnen hat, werden wir uns zu Euch stellen, werden wir den Menschen helfen, ihre Kultur und ihre Rasse neu zugegeben. Möglicherweise habt Ihr dann die Erkenntnis gewonnen, dass Krieg und Gewalt nicht in die Zukunft führt. Für die Zeit, die dann folgt, wird Euch wieder altes Wissen zugänglich gemacht werden, Wissen, was ihr alles schon einmal hattet. Von Ihnen, mein Sohn, erwarte ich, dass Sie mit diesen Informationen an die Obere Erde zurückkommen'."

Abschließend trug Admiral Byrd folgende Notizen in sein Tagebuch ein:

2. März 1947: *„Ich war in einer Sitzung im Pentagon. Ich habe ausführlich über meine Entdeckungen und über die Botschaft des Meisters berichtet. Es wurde alles festgehalten und aufgeschrieben. Der Präsident wurde auch benachrichtigt. Ich wurde mehrere Stunden hier festgehalten. Von einem Sicherheits- und einem Ärzteteam wurde ich ausführlich befragt. Es war die Hölle! Ich wurde unter die strikte Aufsicht der Nationalen Sicherheitsvorsorge der Vereinigten Staaten von Amerika gestellt. Ich hatte den Befehl bekommen, dass ich über alles, was ich erlebt hatte, Stillschweigen bewahren muss – zum Wohle der Menschheit. Unglaublich! Ich wurde daran erinnert, dass ich Offizier bin und somit ihren Befehlen gehorchen muss."*

30. Dezember 1956:. *„Ich habe die Wahrheit gesehen. Sie hat mich aufwachen lassen und mich befreit. Ich habe meine Pflicht für den riesigen Militär- und Wirtschaftskomplex abgeleistet. Meine lange Nacht nähert sich, aber sie wird ein Ende haben. So wie die lange Nacht der Arktis ein Ende hat, so wird die Wahrheit wie ein strahlender Sonnenschein zurückkommen, und die dunklen Mächte werden nicht durch das Licht der Wahrheit kommen. Ich habe das Land jenseits des Pols, den Mittelpunkt des Großen Unbekannten gesehen !"*

Soweit die gekürzte Wiedergabe des Berichts von Admiral Byrd. Betrachten wir zunächst seine Reiseangaben. Genau wie Fridtjof Nansen erlebte Byrd nördlich des Ewigen Eises einen dramatischen und unerwarteten Klimawechsel. Er erblickte unter sich grüne Landschaften und maß eine Lufttemperatur von 23 Grad Celsius. Dabei entdeckte er sogar ein mammutartiges Rüsseltier. Offenbar war Byrd weiter vorgestoßen als Nansen, denn anders als dieser erreichte der Admiral Festland oder eine sehr ausgedehnte Insel. Dieses Land aber kann sich nicht mitten im Polarmeer auf der Oberfläche der Erde befinden. Denn ab einem bestimmten Punkt, der nördlich des 86. Breitengrades liegen muss, vermisste Byrd plötzlich die Sonne und registrierte „andere Lichtverhältnisse".

Er begegnete sodann Mitgliedern des Volkes der Arianni, deren Technologie nach Angaben des „Meisters“ jener der Amerikaner im Jahre 1947 um „mehrere tausend Jahre“ voraus sei. Die Bezeichnung „Arianni“ können wir ohne weiteres mit „Arier“ übersetzen, worauf auch die blonden Haare der groß gewachsenen Männer des „Empfangskomitees“ hinweisen. Doch haben die Arianni offenbar mit dem von Rassenwahn geprägten Bild des „arischen Übermenschen“ Hitlerscher Prägung nicht das geringste zu tun. Denn von Hitler und seinem engeren Stab wissen wir, dass sie den Illuminaten angehörten. Die menschenfeindliche Ideologie dieser Parteigänger Luzifers hebt sich drastisch von der spirituell hochstehenden Geisteshaltung jenes Meisters ab, der Byrd in seinem Büro empfing.

Der Meister betonte ausdrücklich, dass sein Volk der Arianni im *„Inneren der Welt“* lebe und *„das Geschehen oben auf der Welt“* verfolge, wobei sie sich in die *„Scharmützel und Kriege nicht eingemischt“* haben, und zwar so lange, bis die Menschen droben angefangen haben, *„mit Kräften herum zu experimentieren, die eigentlich nie für den Menschen gedacht waren“ – „die Atomkraft“.* Denn: *„Ihr habt Menschen unter Euch, die eher bereit sind, die ganze Welt zu zerstören, als dass sie bereit wären, ihre Macht abzugeben, die Macht, von der sie meinen, sie zu kennen.“* Der Meister kündigte dann die Möglichkeit eines weltweit zerstörerischen Ereignisses an, das allerdings in der von ihm beschriebenen Größenordnung nicht eingetreten ist.

„Möglicherweise“, so schloss der Meister *„ habt Ihr dann die Erkenntnis gewonnen, dass Krieg und Gewalt nicht in die Zukunft führt. Für die Zeit, die dann folgt, wird Euch wieder altes Wissen zugänglich gemacht werden, Wissen, das ihr alles schon einmal hattet.“* Und er schickte den Admiral mit einem regelrechten Auftrag auf die Rückreise: *„Von Ihnen, mein Sohn, erwarte ich, dass Sie mit diesen Informationen an die Obere Erde zurückkommen“.*

Die Dunkelkräfte in und hinter der US-Regierung indessen verschmähten die Botschaft des ariannischen Meisters und des verdonnerten Byrd dazu, *„dass ich über alles, was ich erlebt hatte, Stillschweigen bewahren muss – zum Wohle der Menschheit“.* Genauer gesagt, zum Wohle des *„riesigen Militär- und Wirtschaftskomplexes“*, den er mit den *„dunklen Mächten“* in Zusammenhang bringt, die *„nicht durch das Licht der Wahrheit kommen“.*

Das Innere Reich Agarthi – die Erben von Lemuria

Admiral Byrd und der norwegische Fischer Olaf Jansen werden durch eine Reihe anderer Autoren ausdrücklich bestätigt. Der britische Autor *Nevill Drury* erblickt in Agarthi ein legendäres Zentrum *„esoterischen Wissens irgendwo unter den Himalayabergen und wird in der okkultistischen Literatur oft als riesige Höhlenstadt und Sitz eines geheimen ‚Königs der Welt' beschrieben, der durch unterirdische Höhlen (etwa Gänge im Gestein des Drachensteingebirges) mit allen Erdteilen in Verbindung steht oder auf telepathischem Wege die Geschicke der Welt beeinflusst“* (Drury, Lexikon des esoterischen Wissens).

Der russische Offizier Ferdinand Ossendowski erhielt während seiner abenteuerlichen Flucht vor den revolutionären Rotarmisten in den Jahren des Ersten Weltkrieges quer durch Asien von einem tibetischen Gelong folgende Auskunft:

„Viele Leute haben. dieses Königreich besucht, Sakkia Mouni, Undur Gheghen, Paspa, Khan Baber und andere; aber niemand weiß, wo sich das Königreich befindet. Die einen sagen in Afghanistan, andere in Indien. In ihm ist das Volk gegen das Böse geschützt, Verbrechen gibt es nicht innerhalb seiner Grenzen. Die Wissenschaft hat sich in ihm ruhig entwickelt, nichts ist in ihm durch Zerstörung bedroht. Das unterirdische Volk hat das höchste Wissen erreicht. Das Land unter der Erde ist jetzt ein großes Königreich. Zu ihm gehören Millionen von Menschen. Sein Herrscher ist der König der Welt. Dieser kennt alle Kräfte der Welt und vermag in den Seelen der Menschheit und in dem großen Buch ihres Geschickes zu lesen.“

Der ebenfalls anwesende Fürst Hultun Beyli ergänzte: *„Dieses Königreich ist Agarthi. Es erstreckt sich über alle unterirdischen Gänge der Welt. Ich hörte, wie ein gelehrter Lama aus China dem Bogdo Khan erzählte, dass die unterirdischen Höhlen in Amerika von der ehemaligen Bevölkerung dieses Kontinents bewohnt seien. Alle unterirdischen Völker und unter der Erde befindlichen Räume werden von Herrschern regiert, die dem König der Welt untertan sind. Darin liegt nichts allzu Wunderbares. Sie wissen ja, dass es früher in den beiden größten Ozeanen des Ostens und Westens zwei Kontinente gegeben hat, die unter der Wasseroberfläche verschwanden. Deren Bevölkerung gehört jetzt zu dem unterirdischen Königreich. In den Höhlen unter der Erdoberfläche herrscht ein besonderes Licht, dem es zu danken ist, dass dort Getreide und Pflanzen wachsen und die Menschen ein langes, von Krankheiten freies Leben führen können. Es gibt dort mancherlei verschiedenartige Völker und Stämme“* (Ossendowski, Tiere, Menschen und Götter).

Dies wird bestätigt von Washta, dem Sirianer, in dem Buch „Der Photonenring“: *„Es gibt, nicht an der Oberfläche eures Planeten, aber unter der Erde, seit dem Ende der Lemurischen Zeiten – vor 25.000 Jahren – das, was in euren Mythen das Reich von Agartha genannt wird. Es ist zu einem riesigen unterirdischen Netzwerk geworden, das alle großen Kontinente mit der Hauptstadt verbindet, die unterhalb des heutigen Tibet liegt.“*

Und in der Sirius-Botschaft vom 14. Mai 2002 werden ebenfalls die *„wundersamen Bereiche der Inneren Erde“* erwähnt: *„Hier finden sich die letzten lebenden Überreste des Antiken Lemuria, eine Anzahl untereinander verbundener Städte, die den Globus umspannen. Seit dem Untergang von Atlantis haben diese Städte als unterirdische planetare Gesellschaft fungiert, die entschlossen war, ihre ‚Oberflächengeschwister' ins Licht zurückzubringen“.*

Und schließlich verrät auch Meister St. Germain: *„Diese Vorstellung, der Mittelpunkt der Erde sei eine Feuermasse, ist gänzlich irrig. In der Erdkruste sind in gewisser Tiefe Feuerelemente wirksam, doch im Mittelpunkt der Erde leben selbstbewusste persönliche*

Wesen, die durch lange Zeiten der Arbeit und Anstrengung die Herrschaft über gewisse Kräfte erreicht haben. Mit ihnen arbeiten sie heute, um in diesem Teil der Erde den göttlichen Plan zu erfüllen" (King, Magische Gegenwart).

Die Wahrheit über Agarthi ist im Laufe der Jahrzehnte immer und immer wieder durchgesickert, und jetzt, da die Kräfte der Finsternis zum Rückzug gezwungen sind und das Bewusstsein der Menschheit sich nach „oben" öffnet, fallen weitere Schleier. In diesen Jahren wird die Wahrheit in wahren Sturzbächen ihren Weg in das Bewusstsein der Menschheit finden. Zu dieser Wahrheit gehört offenbar auch, dass die Arianni und die anderen agarthischen Völker aus dem Innern der Erde – gemeinsam mit dem Hervortreten der Aufgestiegenen Meister und dem Erscheinen der Galaktischen Föderation – das große Fest der Wiedervereinigung mit den Menschen auf der Oberfläche der Erde feiern werden.

Dann wird der Menschheit klar werden, welch bedeutende Rolle das Reich Agarthi im Innern der Erde spielt: Sie sind die Hüter jenes von Wolken umgebenen „Gottes" im Zentrum, von dem wir bereits erfahren haben, dass es sich um jenen kostbaren göttlichen Kristall handelt, der unsere Galaxis hervorgebracht hat und sie seit nicht weniger als fünfzig Milliarden Jahren aufrecht erhält. Und dieser heilige Kristall wird es schließlich sein, der jenen gewaltigen Impuls ausstrahlt, mit dem nicht allein unsere Galaxis, sondern die gesamte physische Realität im Kosmos transformiert wird.

5. Luzifer – Finsternis als aktive Kraft

Wer ist Luzifer? Um die Gestalt dieses „Rebellen der Finsternis" ranken sich die sonderbarsten Legenden. Die bekannteste Version stammt aus der christlichen Mystik und siedelt Luzifer, den „Lichtbringer", in den Reihen der Erzengel an. Als zweitältester Erzengel nach Christus soll Luzifer zu den ältesten Söhnen Gottes gehören, der nach einer von ihm angezettelten Rebellion gemeinsam mit einer großen Schar abgefallener Engel vom Schöpfergott in die Tiefe gestürzt wurde, wo er seitdem als Satan oder Teufel einem Höllenreich vorsteht, dessen Zweck vor allem darin liegt, üble Sünder auf ewig im Höllenfeuer schmoren zu lassen.

Dies kann im günstigsten Falle als fromme Legende betrachtet werden, deren Wahrheitsgehalt man entweder annimmt oder verwirft. Nimmt man sie ernst, so stellt sich sogleich die Frage: Wenn Luzifer ein von Gott erschaffener Engel ist, warum hat Gott ihn dann nicht ausgelöscht? Denn das steht in Seiner Macht – Er kann von Ihm Selbst Erschaffenes auch wieder zerstören. Wenn Gott aber einen gefallenen Erzengel gewähren lässt, so deutet das darauf hin, dass dieser letztlich Seinem Schöpfungsplan nützt. In diesem Sinne wäre folglich Luzifer jener, der dem Schöpfergott die „Drecksarbeit" abnimmt – nämlich jene unverbesserlichen Sünder bestraft, die unwiderruflich aus Gottes Schöpfungsplan geworfen wurden und nun auf ewig im Höllenfeuer braten.

Aber kann man dem Schöpfergott ein derartig unstillbares Strafbedürfnis zutrauen? Ihm allen Ernstes zumuten, einen gefallenen Erzengel als Vorsteher der schlimmsten Strafanstalt einzusetzen, die überhaupt vorstellbar ist? Ich denke, das kann man nur, wenn man in jenen engstirnigen und angstbesetzten

Dogmen befangen ist, die die katholische Kirche in allzu reichem Maße zu bieten hat. Denn der Schöpfergott ist im Gegensatz zum „Gott" des Alten Testaments kein ungeduldiger, zürnender, sich permanent selbst widersprechender „Schöpfer", dem von Adam bis Noah immer wieder peinliche Fehleinschätzungen unterlaufen und dem seine Schöpfung ein ums andere Mal aus dem Ruder läuft.

Nehmen wir also obige Legende beim Wort, so ergibt sich, dass ihr Lebenszweck einem doppelten Ziel dient: Die Rolle Luzifers wird auf eine Weise verkleinert, die ihn auf den Vorsteher einer Strafanstalt von Gottes Gnaden reduziert, und zugleich wird das Bild des Schöpfergottes auf recht unziemliche und unangemessene Weise verzerrt.

Der Fürst der Finsternis – ein Gegenspieler nach Plan

Ernstzunehmenden Quellen zufolge ist die Tätigkeit Luzifers Teil des Göttlichen Plans. Mit der Sechsten Schöpfung trat unser Schöpfergott den Beweis an, *„dass Dunkelheit nicht so groß ist wie Licht"*, wie es der Sirianer Washta in „Der Photonenring" ausdrückt. Während „gewöhnlich" die Dunkelheit sofort weicht, wenn darin ein Licht zu leuchten beginnt, erlaubte Gott der Dunkelheit hier, eine aktive Rolle zu spielen, und als Führer dieser „Kraft der Finsternis" war jener bestimmt, der als Luzifer oder Satana bekannt ist. In der Sirius-Botschaft vom 9. September 2003 ist von *„Anchara, dem finsteren Führergeist dieser Galaxis"*, die Rede.

Sein Wirken ist beschränkt auf diese Sechste Schöpfung, und sein Einfluss reicht nicht über unsere Galaxis hinaus. Erzengel Michael, gemeinsam mit Erzengel Gabriel zuständig für unseren Planeten, erhielt nach den Worten des Sirianers Washta *„die göttliche Aufgabe, als Hauptmittler zwischen den Herren der Zeit und der dunklen Kraft zu fungieren, die als die höchste Prüfung für diese*

Schöpfung erschaffen wurde. Um dieses Muster für den göttlichen Plan zu erschaffen, musste ein Wesen innerhalb dieser Dunkelheit geschaffen werden. Der Erzengel Michael richtete also die Energien ein, die ein Wesen der Dunkelheit erschaffen würden, wie es der göttliche Plan erforderte" (Der Photonenring).

Hiernach können wir Luzifer oder Anchara als eine Art „dunklen Sohn" des Erzengels Michael betrachten, dessen Aufgabe in dieser Schöpfungsepoche darin bestand, ein „Gegenprogramm" zum göttlichen Plan durchzuspielen und damit der Dunkelheit die Eigenschaft einer aktiven Gegenkraft zu verleihen. *„Diese große Rebellion der dunklen Kraft breitete sich seit dieser frühen Zeit vor etwa 35 bis 40 Millionen Jahren über die ganze Galaxie aus und hat ihr viele große Schwierigkeiten bereitet"*, so berichtet der Sirianer Washta.

Im Werk des Propheten Jakob Lorber (1800 bis 1864) erscheint allerdings Luzifers Rolle weitaus dramatischer. Hier ist Luzifer der „Erstling" Gottes, dessen *„eigenliebige Eitelkeit und Hochmut wegen seiner Weisheit, Schönheit, Kraft und Macht"* zu *„Selbstsucht und daraus letztlich zur grenzenlosen Herrschsucht"* führten. Schließlich lehnte er sich gegen Gottes Ordnung auf, und sein oberstes Ziel bestand fürderhin darin, *„Gott (=Jesus) ganz zu entmachten und zu vernichten"*.

Diese Rebellion wird von dem Sirianer Washta so kommentiert: *„Der Aufstand Luzifers ist ein Versuch der Leute, den Kampf zwischen den Kräften des Lichts und der Dunkelheit zu verstehen, der hier auf der galaktischen Ebene während der letzten Jahrmillionen stattgefunden hat."*

Indem Luzifer oder Satana und sein Anhang gegen Gott opponierten, so geht es bei Lorber weiter, entfernten sie sich notwendig von ihrer eigenen Energiequelle und beschnitten damit selbst ihre Macht. *„Daher wurde Satan auch von den ursprünglich weniger mächtigen Engeln unter Anführung von Michael besiegt. Mit göttlicher Kraft versehen, konnten sie Satan und seine Anhänger gänzlich gefangen nehmen und entmachten"* (www.j-lorber.de).

Hierbei wurde Luzifer ein Großteil seiner Macht genommen. Dies wird sehr anschaulich in einem epischen Monolog dargestellt, den Leopold Engel im Jahre 1928 unter dem Titel „Luzifers Bekenntnis“ veröffentlichte und der damals in der esoterischen Welt großes Aufsehen erregte. Denn die enorme Sprachkraft des Werkes, die souveräne Handhabung des schwierigen Themas, die vielsagenden „Insider“-Kenntnisse und die umstrittene Schlussbotschaft des Epos deuten auf eine „direkte Intervention“ Luzifers hin – auf eine zeitlich begrenzte „Überschattung“ des Autors, der durch seine geistig-seelische Disposition offenbar als Medium für diesen Zweck gut geeignet war.

Zunächst bekennt Luzifer: *„Im weiten Weltenall zu herrschen war mein Traum. Mit Stolz blickte ich auf mein Werk, das ich erschaffen, ich wollte keinen Zweiten neben mir. ‚Wer kann mir widerstehen? Wer kann der Fülle meiner Kraft entfliehen? Herr bin ich, Herrscher werde ich bleiben, die Ewigkeit selbst ist mir untertan.‘ So prahlte ich in Hochmut und Übermut.“*

Doch dann geschieht etwas Unerwartetes – ein Gesandter des Schöpfergottes nähert sich ihm wie ein *„jäher Blitz“*:

„Wer bist Du, wer hat dich geboren?“, fragt Luzifer überrascht, und er erhält folgende Antwort:

„Die Gottheit schuf mich, wie sie dich erschaffen. Ich bin gesandt, dich ernst zu warnen. Du schreitest auf dem Wege des Verderbens, willst sein wie Gott, und bist nur Sein Geschöpf. Du hast die Grenze deines Übermuts, die Tür des Kerkers erreicht, die dich gefangen nimmt, kehrst du nicht um. Du kennst das Ziel der Schöpfung! Die Geister sollen frei sein, nicht geknechtet, wie du es willst. Drum löse alle Bande deines Willens, vereinige dich wieder mit Gott, bleib, was du bisher warst, der gern und gehorsam des Vaters Willen erfüllt. Kehr um! Hör auf mein Wort!“

Doch der Verblendete entgegnet: *„Du wagst es, mir zu drohen? Ich fessle dich mit meiner Willensmacht wie jene, denen ich gebiete. Sei, wer du willst, ich bin der Erste, ich herrsche hier, du hast zu weichen meiner Macht. Werde mein Sklave!“*

Mit diesen Worten schleudert Luzifer *„dem Engel Gottes wuchtvoll meine Kräfte entgegen und auch meine Willenskraft, die noch jedes Wesen eingefangen.“*

Jetzt aber widerfährt dem Widersacher etwas nie zuvor Erlebtes:

„Gewaltig, riesig reckte sich mein Feind jetzt auf. Ein Licht strahlte von ihm aus, das schreckensvoll sich tief ins Herz mir bohrte. Machtlos sank meine Kraft von seinem Panzer ab, der ihn als Sendbote Gottes schützte. ‚Gott ist die Liebe', sagte er, ‚beuge dich vor Ihm! Sei mein Bruder! Ich führe dich vor seinen Thron. Er nimmt die Binde ab, die deinen Blick verdunkelt und dich in Finsternis geführt.“

Der Widersacher folgt am Ende dem hohen Engel nicht vor Gottes Thron, doch ist er dramatisch entkräftet:

„Ich war und blieb. War mir auch jede Macht genommen, die über jene Leiber herrschte, die sie nach Gottes Plan gebildet hatten, der Kern der Form blieb unter meinem Einfluss.“

„So sehr ich Licht war, so sehr war ich Ego, jene Kraft, deren Macht in ihrer Getrenntheit begründet liegt“, so heißt es in einem Luzifer-Monolog in „Die Arkturus-Probe“ von José Arguelles. *„Die Verbindung zwischen sechstdimensionalem Licht und drittdimensionalem Ego war es, welche meine Schachzüge so widersprüchlich und meine Handlungen so missverständlich machte. Alles, was ich schuf, hielt ich für eine Emanation aus mir, weshalb ich ständig bestrebt war, die Kontrolle über meine Schöpfungen nicht aus der Hand zu geben.*

Ich verlor das Bewusstsein über die wahre Natur des Kosmos und glaubte nur noch an mein eigenes Wesen.“

Das *„Denken, Fühlen, Wollen und Handeln“* Satans hat sich *„seit seiner Entmachtung nicht geändert“*. Durch die *„Rebellion gegen Gott (=Jesus) und seine Ordnung änderte sich für Satan allerdings sehr viel. Seine Macht und Kraft wurden ihm soweit beschnitten, als es Gottes Plan zu seiner Rückführung dienlich ist. Satans unvorstellbare Urkraft wurde ihm größtenteils genommen, seine*

Bewegungsfreiheit beschränkt. Er kann nur auf der Erde aktiv werden, wenn es ihm von Gott und den Engeln erlaubt wird. Zur guten Geisterwelt und den Himmeln hat er keinen Zutritt" (www.j-lorber.de).

Luzifer vermochte nicht mehr zu erkennen, *„wie viel Disharmonie durch meine Handlungen erzeugt wurde"*, so heißt es bei Arguelles, und *„genau deshalb wurde die Galaktische Föderation gegründet – um mich daran zu hindern, weitere, die harmonische Entwicklung des Kosmos behindernde Ereignisse zu verursachen. Das erklärt auch, warum es zur Entstehung des Experimentalsektors ‚Velatropa'* (Teil der Galaxis einschließlich unseres Sonnensystems) *kommen konnte, denn in diesem Bereich der Galaxis sollten die Auswirkungen meines egozentrischen Verhaltens manifest werden. Und in dieser Zone wurde ich schließlich unter Quarantäne gestellt."*

Unsere Erde – ein Tummelplatz Luzifers

Auf Erden hat Luzifer Millionen Jahre lang seinen Spielraum entfalten können, in besonderem Maße während des Kali-Yuga in den verflossenen 12.500 Jahren. Im Kapitel über die „Illuminaten" werden wir ein Ausbildungsprogramm kennenlernen, an dem exemplarisch deutlich wird, welche Wege die Parteigänger Luzifers gehen. Alle Eigenschaften, die göttlichen Wesen heilig sind, werden im Ego-fördernden Erziehungsprogramm der „Illuminaten" ins Gegenteil verkehrt: Nicht Teamarbeit, sondern Dominanz und Aufstieg auf Kosten anderer; nicht Kooperation, sondern Kampf und Sieg gegen Kontrahenten; keine Treue und kein Vertrauen, sondern systematischer Vertrauensbruch; sklavischer Gehorsam „nach oben", demütigendes Herrschaftsgebaren „nach unten". Das sind nur einige der Ausbildungsziele dieser finsteren Vereinigung, deren erklärtes Ziel die Herrschaft über die ganze Menschheit ist.

Während mithin der freie Wille zum obersten Gut allen göttlichen Evolutionsgeschehens gehört, ist gerade die Brechung des freien Willens und die Abrichtung auf unbedingten Gehorsam ein essentieller Bestandteil des luziferischen Ausbildungsprogramms. *„Wenn Gott den Menschen Freiheit gab, so gab Er ihnen den höchsten Schatz des Seins"*, so heißt es beziehungsreich in „Luzifers Bekenntnis" von Leopold Engel. *„Gott ist in Sich der Inbegriff der Freiheit, die von der höchsten Weisheit wohl geleitet, sich nicht im Abgrund eines Plans verliert. Die Menschen sollten Selbstbestimmung üben, sie sollten lernen, die Freiheit zu erringen, die frei von Täuschung ist."*

Wer innerhalb des luziferischen Einflussbereichs steht, darf der Selbstbestimmung und dem freien Willen Lebewohl sagen. Doch nach außen hin regiert die Täuschung. Mit diesem Programm der Täuschung ging Luzifer ans Werk, um Gottes Plan so nachhaltig wie möglich zu durchkreuzen. *„Auf die Menschen richtete ich nun meinen Willen. Ich dachte: ‚Wie fang ich die Seelen ein, wie kann ich sie trennen von jenem Faden, durch den sie mit Gott verbunden? Wie konnt' ich sie umspinnen und dazu bringen, dass sie mir dienten?'"*

Und so fasste Luzifer nach Leopold Engel diesen Plan einer groß angelegten Täuschung: *„Der Mensch will glauben. Mit seinem freien Willen sucht er danach, woran er glauben kann und glauben will. Wer findet nun den Glauben, gibt Kunde von der Gottheit und kündigt den Willen der Gottheit an? Es ist die Priesterschaft in allen Landen. Gewinne sie, so herrschest du im Volk! Das erkannte ich bald und wusste gefügig mir jene Kräfte in den Dienst zu zwingen, die sich der Gottheit nahe dünken. Ich flüsterte den Toren Märchen zu, ließ heilige Bücher mit meinen Lehren verfassen, die die Geburt, das Wirken und das Sterben der Götter schildern und ward selbst ihr Gott. Ich verbreitete seichte Lehren vom Ursprung dieser Welt, von Zauberkünsten, mit denen man den Zukunftsmantel lüftet, sobald der Mensch sich dem falschen Gotte widmet, das lehrte ich, und die Getreuen, die mir als Nebengötter* *eng verbündet, der Menschheit Schicksal leiteten, wussten mit mir die Schlauheit ihrer Herrschaft auszuüben. So hab ich es erreicht, ward Heidengott, erbaute mein Reich mit Eifer und konnte spotten dem Gott des Lichts und der Wahrheit. So wurde ich der Fürst der Finsternis, in die ich alle Seelen eintauchte.“*

Und freimütig bekennt Luzifer mit Leopold Engel, warum ihm die Erde so wichtig ist, dass er ihr ein Großteil seines Sinnens und Trachtens widmet: *„Die Erde hat im Weltenall Bedeutung, zwar nicht als Stern, die Hauptbedeutung ist ihr geist'ger Wert.“* Denn ihm ist wohlbekannt, dass die Erde das kostbarste Juwel der gesamten Galaxis birgt. Und hier, direkt im Bereich des „Aufstiegskanals“ zu Gott – *„an diesem Hindernis bin ich. Zusammen mit meinem Heer halte ich ständig Wache und trachte danach, die Seelen in eine kleine Öffnung, die wir mühsam ausgebohrt haben, in mein Reich zu ziehen. Stets habe ich die Seelen abgefangen, sie in mein Reich geführt, wo sie das Licht in ihrem Inneren verlöschten.“*

Doch es bedurfte der Vorarbeit unter den Menschen, bevor sie sich anschickten aufzusteigen – einer Vorarbeit, die dort begann, wo Menschen leben, lieben, hassen, leiden, sterben und sich bewähren müssen: *„Was Menschen glücklich macht, hab ich gegeben. Ich gab ihnen Macht und Reichtum, und ich erfüllte ihre lüsternen Begierden. Das alles hätten sie verachten und hinter sich lassen müssen, damit sich das Tor zum Reiche Gottes für sie öffnet. Ich konnte nicht verhindern, dass einige mir entgingen, den Weg zu meinem Reich vermieden und den Weg zum Gottesreiche wählten. Die wenigen – sie waren mir verhasst – zu töten, ihren Leib und ihre Seele, ward mir Genuss. Mein Reich gewann an Größe. Mein Ziel war, jenes Tor ganz zu verschließen, das die Seelen in das Reich Gottes führte. Welchen Sieg hatte ich erreicht! Die Erde mit allen Völkern diente mir!“*

Dies alles gelang freilich nur für eine begrenzte Zeit. Denn auch für Luzifer gilt das alte Wort: „Der Krug geht so lange zum Brunnen, bis er bricht“. Tatsächlich konnte er über lange Zeiten sein Regiment auf Erden aufrecht erhalten – umso mehr, als das System der Göttlichen Hüterschaft von seinen Kreaturen wirkungsvoll außer Kraft gesetzt worden war und in der Folge luziferische Wesen in Scharen die irdischen Aufstiegswege regelrecht zu blockieren vermochten (Hierauf kommen wir im einzelnen in den folgenden Kapiteln).

Doch andererseits boten diese Zeiten der Finsternis, in denen die Vertreter der alten Generation der Anunnaki die Rolle der willfährigen Agenten Luzifers spielten, allen göttlichen Wesen Bewährungsproben besonderer Qualität, und diejenigen, die diese Zeiten der Finsternis gereift überstanden haben, werden dem Schöpfergott ganz besonders willkommen sein. Denn sie werden Ihm Qualitäten vorweisen können, die unter „normalen" Bedingungen nie zu dieser Ausprägung gekommen wären.

Und so enthalten aktuelle Botschaften aus verschiedenen Rängen der Spirituellen Hierarchie immer wieder Anerkennung und Danksagung für die irdischen göttlichen Wesen, die von den „Eingeweihten" auf Erden sehr gut verstanden werden. So heißt es in einer Botschaft des Intergalaktischen Rats vom 23. April 2003, an die Menschen weitergegeben durch Valerie Donner: *„Wir haben schon früher mit euch gearbeitet und wissen, dass ihr die Besten der Besten seid."*

Und Aescapulus, der Leiter der Großen Blauen Loge der Schöpfung mit Sitz im Sirius-System, dankt durch Sheldan Nidle den göttlichen Wesen auf Erden in einer Botschaft vom 25. Februar 2003 mit diesen Worten: *„In der Tat ist euer großes Werk in dieser Schöpfung ohne Beispiel, ihr Lieben. Über gut 600 Generationen hinweg habt ihr die Hand der Finsternis erduldet. Ihr habt Schmerz und Unglück geboren, und eine große Anzahl unter euch fiel den schändlichen Agenden der Dunklen zum Opfer. Mit eurer Zustimmung, wieder und wieder in diese Realität zurückzukehren, habt ihr eure große Pflichttreue demonstriert; dadurch habt ihr dem Himmel viel zurückgegeben. Ein jeder von uns salutiert euch, im Wissen, dass derartige Verantwortungen nur wenigen Ausgewählten* *zugebilligt werden. Lediglich jene großen Seelen, die sich ernsthaft wünschen, die Edikte des Schöpfers auszuführen, besaßen die Stärke, erfolgreich zu sein. Ihr habt das vollbracht, und zwar gut!"*

Dass die Zeit der Großen Transformation heranrücken würde, blieb dem so lange erfolgreichen Widersacher nicht verborgen. Und so begab es sich es, dass er rund siebzig Jahre vor dem Beginn der Großen Umwandlung erneut zu einem seiner Täuschungsmanöver griff – vielleicht zu seinem subtilsten. Hier versucht er zu retten, was noch zu retten ist. In seinem bereits mehrfach zitierten „Bekenntnis" gibt er nämlich vor, das *„Böse, so wie es heute auf der Welt ist"*, *„nicht gewollt"* zu haben.

Denn die *„Menschen von heute haben übertroffen in Niedertracht und geiler Sinne, Lust, Rachsucht und Hass, was kein Dämon sich je hätte erträumen lassen. Sie haben meine Lehre befolgt und sie zu einer Höhe gebracht, zu der ich schaudernd empor blicke. Und todeswund schrie ich zum Herrn des Lichts: ‚Ich hab gefehlt, o Herr, ich hab gefrevelt und bin nicht wert, Dein erstes Kind zu heißen. Das, was jetzt geschieht, hab ich nie gewollt, durch mich kam aller Hochmut in die Welt, nun lass durch mich ihn wiederum vernichten. Gib mir die Kraft zurück, die du mir nahmst! Gebrauchen will ich sie nach Deinem Willen, will sühnen, was ich einst verbrach."*

Und nach diesem zweifelhaften Reuebekenntnis folgt die Behauptung, Gott habe ihm vergeben: *„Gott ist die ewige Güte, die Barmherzigkeit, die Liebe, ER hat mein Schreien gehört und mir verziehen."* Und umstandslos springt er aus der Rolle des Fürsten der Finsternis in jene des göttlichen Lichtträgers: *„Es naht der Träger ewigen Lichts, das er verdunkelte in irrem Trotz. Neu soll es strahlen über alle Menschen, die ihn als Boten Gottes anerkennen, der reuevoll in das Vaterhaus zurück gekehrt ist."*

Ist dieses Bekenntnis annehmbar? Wäre Luzifer wahrhaftig vom Schöpfergott als „Bekehrter" angenommen worden und wäre er tätig geworden wie behauptet, so hätte es wohl kaum ein derartiges Wachstum der Organisation der „Illuminaten" gegeben, die besonders im 20. Jahrhundert einen nie gekannten

Machtzuwachs auf dem physischen Plan der Erde verzeichnen konnten. Während also Luzifer mit trügerischen Worten seine Rückkehr zum Schöpfergott beschwor, so rüstete er in Wahrheit hinter den Kulissen die Armee seiner irdischen Gefolgsleute umso nachhaltiger auf. Indessen können Schachzüge dieser Art als das betrachtet werden, was sie angesichts der aussichtslosen Lage Luzifers tatsächlich sind: Störmanöver, die die größte und bedeutendste Wandlung nicht aufhalten können, die der Schöpfergott unserer Mutter Erde und allen auf und in ihr lebenden göttlichen Wesen je beschert hat.

Am Ende siegt immer der Schöpfer

Bereits vor rund 2.000 Jahren sah Johannes, der Jünger Christi, in seiner berühmten Offenbarung voraus, dass der Widersacher in unseren Zeiten keine Chance mehr haben würde, das von Gott geplante Geschehen aufzuhalten: *„1. Und ich sah einen Engel niedersteigen aus dem Himmel, der hatte den Schlüssel zum Abgrund und eine große Kette in seiner Hand. 2. Er ergriff den Drachen, die alte Schlange, das ist der Teufel und Satan, und fesselte ihn auf tausend Jahre. 3. Er warf ihn in den Abgrund, schloss zu und brachte ein Siegel darüber an, damit er nicht mehr die Völker verführe, bis vollendet sind die tausend Jahre. Danach muss er losgelassen werden auf eine kurze Zeit"* (Die Heilige Schrift des Alten und Neuen Testamentes).

Jetzt, in unseren Tagen, da der Schöpfergott den Transformationsprozess unwiderruflich in Gang gesetzt hat, den keine Macht mehr aufzuhalten imstande ist, kann man Bilanz ziehen und die Gedanken so manchen Zweiflers in die Frage kleiden: Warum hat Gott dem Treiben Luzifers so lange „tatenlos" zugesehen? Und es wäre zu antworten: Gewiss hat Er nicht die Hände in den Schoß gelegt, und gewiss hat Er das Nötigste getan, denn Gott liebt Seine Wesen und ist in höchstem Maße daran interessiert, dass

Sein gewaltiges Evolutionsvorhaben nicht gefährdet wird und planmäßig zu Ende geführt werden kann. Aber Gott muss sich an jene Zyklen halten, die Er Selbst festgelegt hat – Evolutionsphasen, die unter ganz bestimmten energetischen Einflüssen stehen und deren Wirkungen genutzt und „ausgehalten" werden müssen.

So gehörte die Sechste Schöpfung, und besonders das Kali-Yuga, das Dunkle Zeitalter, für die Erde und die in und auf ihr inkarnierten göttlichen Wesen gewiss zu den härtesten Prüfungen für Geist und Seele, die innerhalb eines Schöpfungszyklus erfahren werden können. Und in diesem Lichte machte sich unser Schöpfergott die Rolle Luzifers vollauf zunutze. Denn einen „härteren" Prüfstein hätte Er wohl nicht ersinnen oder erschaffen können. Insofern hat Luzifer allen göttlichen Wesen, die „standhaft" geblieben sind, einen unschätzbaren Dienst erwiesen, indem er sie immer und immer wieder herausforderte, bekämpfte und zu täuschen versuchte – und so ihre Standhaftigkeit und Stärke mehr und mehr wachsen ließ.

Denn die einzigartige Paarung von Liebe mit Stärke, Standhaftigkeit und Unterscheidungsvermögen ist es, die die göttlichen Wesen auf Erden dereinst als kostbares Reifezeugnis vorlegen können.

Was nun aber das Schicksal all jener angeht, die zu den Parteigängern Luzifers zählen, so kommt es, wie bereits im 1. Kapitel ausgeführt, ganz auf den Grad ihrer „Verdorbenheit" an. Die zunehmende Göttliche Lichtfülle, die auf die Erde einstrahlt, wird auch für sie die Stunde der Wahrheit bringen. Verharren sie eigensinnig in der geistigen Finsternis, so werden sie vom Göttlichen Licht entweder „aufgezehrt" oder aus der Schöpfung genommen. Entscheiden sie sich für eine Wendung zum Licht, so wird sich zeigen, ob es ihnen gelingt, sich von allen dunklen Programmen und „Anhaftungen" zu befreien und ihre niederen vier Körper zu jenem vollständig klaren „göttlichen Gral" zu entwickeln, in den ihre Göttliche ICH BIN-Präsenz einfließen kann

– oder sie werden auf andere Planeten versetzt, die ihrem Entwicklungsstand entsprechen.

Die Verstärkung der Göttlichen Lichteinstrahlung betrifft beileibe nicht allein unsere Erde – die gesamte physische Schöpfung wird von Göttlichem Licht geradezu überflutet. Und die dunklen Wesen werden davon erfasst, ob sie wollen oder nicht. *„Wir glauben“*, sagt der Sirianer Washta in „Der Photonenring“, *„dass wir nicht nur in ein Jahrtausend großer Veränderungen in eurem Sonnensystem hineingehen, sondern wir erreichen auch einen großen Aufstieg des Lichts in dieser Galaxie, nachdem wir über Äonen hinweg die Dunkelheit bekämpft haben.*

Es geschieht aufgrund einer phänomenalen und unglaublichen Bewusstseinsveränderung der dunklen Energien zum Licht hin. Gegenwärtig (etwa Anfang der neunziger Jahre des 20. Jahrhunderts) *hat sich mehr als die Hälfte der Galaxie ins Licht begeben, wohingegen es zu Beginn der achtziger Jahre noch weniger als ein Viertel der galaktischen Bevölkerung war. Wenn diese Veränderungen in diesem Tempo weitergehen, schätzen wir, dass bis zum Ende des nächsten Jahrhunderts die gesamte Galaxie aufsteigen kann. Diese positive Wandlung wird auch aus vielen anderen Galaxien berichtet, mit denen wir jetzt in Kommunikation sind.“*

Und ein hochwichtiger Aspekt, der sowohl Luzifer wie all jene betrifft, die den Weg der Finsternis gewählt haben, soll hier nicht unerwähnt bleiben. Nicht wenige Weise würdigen den Weg der Finsternis und die Rolle des dunklen Gegenspielers als großes Opfer, das womöglich nicht weniger Kraft, Mut und Entschlossenheit erfordert als das unbeirrbare Ausharren auf dem Wege des Lichts. Denn jene Wesen, die den Weg der Finsternis gewählt haben, riskieren eine Distanz zu ihrem Göttlichen Selbst, die ab einem gewissen Maß vielleicht nicht mehr überbrückt werden kann. Ich erinnere an den Ausspruch eines Aufgestiegenen Meisters, den Godfré Ray King im Jahre 1931 in Darjeeling vernahm: *„Die Stunde hat nun geschlagen, da das Große Kosmische Gesetz, das dieses Weltensystem regiert, in unserer ganzen Planetengruppe eine* *gewaltige Ausweitung des ‚Lichtes der Mächtigen ICH BIN-Gegenwart' freisetzt. Wer die Kraft dieses Lichtes nicht aufnehmen lernt, wird durch sie aufgezehrt"* (King, Magische Gegenwart).

Betrachten wir diese Wesen als Feinde, so haben wir das Spiel bereits verloren – gerade in unserer heutigen Zeit. Zweifellos werden jene Parteigänger der Finsternis, die sich schwerer Verbrechen schuldig gemacht haben wie in unseren Tagen die „Illuminati"-Verschwörer der amerikanischen Bush-Regierung, die Folgen ihrer Taten zu tragen haben. Sie werden sich zunächst der irdischen Gerichtsbarkeit stellen müssen und danach noch lange zu tun haben, um ihre karmischen Lasten abzutragen.

Dennoch sollten wir beherzigen, was Meister Jesus, heute inkarniert als „Lichtgestalt von Damaskus", dem französischen Ehepaar Anne und Daniel Meurois-Givaudan Ende der achtziger Jahre des 20. Jahrhunderts offenbarte: *„Es gibt seit sehr langer Zeit auf eurer Welt ein Volk von Seelen, deren Ego mit einem noch unbearbeiteten Gesteinsblock zu vergleichen ist. Diese Wesen ähneln nicht nur euch allen, sondern leben auch durch die Kraft ihrer seelischen Struktur ein wenig in euch allen. Sie sind aus eurem Universum hervorgegangen, und die Destabilisierung ihrer Lebenssphäre hat sie gezwungen, sich unter anderen Himmeln zu inkarnieren, um ihre Evolution zu vollenden.*

Macht aus ihnen keine Dämonen, die gekommen sind, um die irdische Menschheit zu vernichten; seht sie lediglich als Menschen, die eine andere Vergangenheit haben als ihr, aber dieselbe Bestimmung. Im Augenblick sind sie krank; sie leiden am Stolz, sie haben das Virus der Herrschsucht in sich, ein Virus, das sich nur auf einem Terrain ohne Liebe, ohne Schlichtheit ausbreiten kann. Diese Menschen sind eine Prüfung für eure ganze Menschheit. Die Kraft ihres Intellekts ist weiter entwickelt als die eure. Daher zwingen sie, ohne es zu wissen, euer Herz zu einer Reaktion, zur Anspannung oder zur völligen Blüte. Deshalb hat mein Vater ihnen gestattet, sich auf dieser Erde niederzulassen, damit alles durch das wunderbare Wirken des freien Willens zur Reifung gelangen möge" (Vom

Geist der Sonne – Die Friedensbotschaft der Lichtgestalt aus Damaskus).

„Die Dunkelheit, das Leiden, sind die Resultierenden zweier Kräfte, die an der Oberfläche und bis in die Tiefen eurer Welt zusammenwirken“, sagt Meister Jesus. *„Die eine ist ihrer Natur nach gut inkarniert und wirkt in der Form einer mächtigen Organisation, die in alle politischen, wissenschaftlichen, wirtschaftlichen und selbst in die religiösen Bereiche verzweigt ist; die andere hat einen subtileren Ursprung, ist aber nicht weniger wirksam: Sie kommt aus jedem von euch, dessen schädliche Antriebe in jedem Augenblick ein düsteres Energiereservoir anwachsen lassen.“*

So sollten also alle, die den Weg des Lichts gehen, nicht in Selbstgerechtigkeit verfallen. Denn auch sie haben die Vollkommenheit noch nicht erreicht. Und so sieht es ganz danach aus, als dienten sich – jedenfalls bis in unsere Tage – die Jünger des Lichts und die Jünger der Finsternis gegenseitig. Die einen rollen den Stolperstein auf den Weg, und die anderen liefern durch ihre emotionalen Ausdünstungen jene Nahrung, die ihre Gegenspieler brauchen, um den Stolperstein bewegen und in Position bringen zu können. Und so gibt es für jene auf dem Pfade des Lichts nur eine Lösung – eine solche, die den Weg zum Licht für beide Strömungen bereitet. Meister Jesus empfiehlt deshalb:

„Liebe ohne Schranken“!

6. Die Infiltration der Erde

Im 3. Kapitel habe ich zu zeigen versucht, wie kostbar Mutter Erde für Gottes Plan in dieser Galaxis ist, und im voraufgegangenen Kapitel hatten wir gesehen, dass der Widersacher es insbesondere auf solche Planeten abgesehen hat, die wie die Erde eine Schlüsselrolle spielen. In diesem Kapitel geht es nun um die Kräfte, die Luzifer einsetzte, um sowohl in der gesamten Galaxis wie auch auf Erden möglichst erfolgreich den göttlichen Plänen entgegenzuwirken. Dabei reicht das eingesetzte Repertoire vom offenen Krieg über Terror und Unterdrückung bis hin zu heimlicher Infiltration und Gehirnwäsche. In diesem Kapitel behandle ich – in der Reihenfolge absteigender Bedeutung – zunächst die Reptoiden, dann die Anunnaki und schließlich die „Illuminati", die in unserer Zeit als die letzten Erfüllungsgehilfen der Reptoiden wirken.

Die Reptoiden – die Speerspitze der dunklen Macht

Zunächst soll erneut betont werden, dass die Menschheit – entgegen allen offiziellen Beteuerungen – nicht „allein" ist und dass die NASA wie auch CIA und NSA über außerordentlich umfangreiches Material über außerirdische Kulturen verfügen. Die führenden irdischen Astronomen wissen „*wahrlich Bescheid über die Ausgedehntheit empfindenden Lebens in eurer Galaxis*", so heißt es in einer Botschaft der Sirius-Gruppe. „*Sie begreifen, dass der Prozess, der Leben schuf auf eurer Welt, nicht einzigartig ist, sondern wirklich universell. Faktum ist, dass viele führende Regierungen eurer Welt insgeheim eine Reihe von Kontakten mit dunklen*

Sternen-Nationen unterhalten haben. Dieser Vorgang war eines der strengsten Geheimnisse, die sie euch vorenthalten haben" (Sirius-Botschaft vom 4. März 2000).

Da die NASA-Weltraumbehörde, ebenso wie der gesamte US-amerikanische Machtapparat und das damit verbundene Geheimdienst- und (Des-)Informationswesen, noch von den „Illuminati" kontrolliert wird, sickern nur gelegentlich einige Bröckchen durch. Immerhin reicht allein das Material, das von ausgestiegenen Geheimprojekt-Insidern vorgelegt wird, um wenigstens in Umrissen den Einfluss der außerirdischen Dunkelkräfte zu erahnen. Darüber hinaus gibt es dankenswerterweise eine stetig wachsende Wissensbibliothek, die uns von den Kräften der Galaktischen Föderation des Lichts zur Verfügung gestellt wird.

Hiernach gibt es in unserer Galaxis die Allianz von Anchara, die seit Jahrmillionen mit der Galaktischen Föderation des Lichts im Krieg lag. Dieser Krieg ist – in unserer Zeitrechnung ausgedrückt – seit dem Jahre 1995 beendet, und zwar auf Wunsch der dunklen Kräfte. Das ist offenbar das Ergebnis der verstärkten Lichteinstrahlung aus den höchsten Himmeln. Das Göttliche Licht wirkt nämlich aktivierend auf die Göttliche ICH BIN-Präsenz in jedem individualisierten Wesen, also auch auf jene, die in Körpern wohnen, die für den Göttlichen Geist nicht unbedingt das günstigste Ausdrucksmittel bieten wie die Physis von Reptoiden oder Dinoiden mit speziell zugerichteter DNS-Struktur.

Der Allianz von Anchara gehören – ebenso wie der Galaktischen Föderation des Lichts – eine Vielzahl von Rassen an, die auf verschiedensten Planeten unserer Galaxis ihre Heimat haben. Die Allianz von Anchara vereinigt in sich jene Rassen, die mehr oder weniger stark unter luziferischem Einfluss stehen. *„Diese große Rebellion der dunklen Kraft"* – so berichtet der Sirianer Washta in „Der Photonenring" – *„breitete sich seit dieser frühen Zeit vor etwa 35 bis 40 Millionen Jahren über die ganze Galaxie aus und hat ihr viele große Schwierigkeiten bereitet."*

Schon in diesen frühen Zeiten waren es die Reptoiden und Dinoiden, die sich als Speerspitze der dunklen Kraft begriffen. *„Diese interdimensionale dunkle Kraft hatte ihre eigene Art computerähnlicher, kaltherziger Wesen in der ganzen Milchstraße erschaffen. Sie erschienen hauptsächlich in der Form reptoider oder dinoider Wesen"*, so Washta. Diese Wesen handelten nicht etwa willkürlich oder aus dumpfen, instinktbestimmten Antrieben. Sie gelten im Gegenteil als hochintelligent, ihre Handlungen zeichnen sich durch ein hohes Maß an Planmäßigkeit aus, und – um die Angelegenheit für die Kräfte des Lichts besonders zu erschweren – sie besitzen seit der Frühzeit volles Bewusstsein. Das heißt, dass sie über Fähigkeiten wie Telepathie, Telekinese und andere jener Eigenschaften gebieten, die dann zur Verfügung stehen, wenn der sogenannte Lichtkörper integriert und unter Kontrolle ist. Dies bedeutet, dass der Einfluss dieser Wesen über die Ebenen der Dritten Dimension hinausreicht. Das macht sie zu einem harten Gegner.

Diese Rassen gelten als die „erste Schöpfung Luzifers". Und eben dieser Fürst der Finsternis hat ihnen offenbar in der Frühzeit der physischen Kulturen, vor etwa 40 Millionen Jahren, einen Mythos eingepflanzt, der für sie über Millionen von Jahren als Handlungsimperativ diente. Denn sie nahmen an, dass dieser Urmythos direkt von Gott stammte. Dem Sirianer Washta zufolge lautet ihr mythischer „Gottesbefehl" so: *„Als das Leben in dieser Galaxie entstand, habe der Herr der Schöpfung den Dinosauriern und Reptilien gesagt, sie seien nach seinem Ebenbild geschaffen worden und hätten das Recht, über alles Leben in dieser Galaxie zu herrschen und nach Gutdünken davon Gebrauch zu machen. Darüber hinaus wurde allen dinoiden/reptoiden Zivilisationen gesagt, sie dürften auf keinen Fall zulassen, dass sich untergeordnete Lebensformen zu Hütern über die Lebensformen der Galaxie aufwürfen."*

Besonders der Satz vom *„Recht, über alles Leben in dieser Galaxie zu herrschen und nach Gutdünken davon Gebrauch zu machen"* erinnert stark an jene Worte, die vorgeblich der Schöpfergott, tatsächlich ein Anunnaki-Fürst, nach der Sintflut an Noah richtete: *„Seid fruchtbar, mehret euch und erfüllet die Erde. Furcht vor euch und Schrecken sei bei allen Erdentieren, bei allen Himmelsvögeln, bei allem, was auf dem Erdboden kriecht, und bei allen Fischen des Meeres; in eure Hand sind sie gegeben"* (1. Mose 9, 1-2).

Beide Imperative richten sich an jene, die herrschen und unterwerfen sollen, und sie drücken eine tiefe Missachtung vor der Gesamtheit des Lebens aus. Sie appellieren nicht an die göttliche Pflicht, einen Planeten und alles Leben auf ihm zu hüten, zu pflegen und zu bewahren. So hat sich also das luziferische Herrschaftsmandat unter dem Mantel der Göttlichkeit selbst in jenes meistgelesene Buch dieser Erde eingeschlichen, das von vielen als „Heilige Schrift" betrachtet wird, jedoch großenteils – vom Neuen Testament abgesehen – von den Taten der großen Anunnaki-Fürsten handelt.

Mit dem imperativen Herrschaftsmandat im Rücken breiteten sich die dunklen Wesen über die gesamte Galaxis aus und eroberten Tausende von Sternsystemen. Die Allianz der interdimensionalen Dinosaurier und Reptilien verbreitete auf diese Weise über viele Millionen Jahre lang Gewalt, Terror und Vernichtung über die Galaxis. Sie besitzen Zivilisationen im Rigel- und im Orion-System und bildeten gemeinsam mit anderen Völkern wie den Grauen die Orion-Liga, die Teil der Anchara-Allianz ist. Weiter gehören zu diesem Machtverbund dunkle Zivilisationen u.a. aus den Systemen Aldebaran, Altair, Beteigeuze, Sigma Draconi – wobei allerdings zu bedenken ist, dass diese dunklen Kulturen sich tendenziell aus diesem Kartell lösen werden oder sich mittlerweile bereits gelöst haben.

Dies ist beispielsweise der Fall bei der dinoid-reptoiden Mischkultur aus dem Bellatrix-System, das etwa 112.5 Lichtjahre entfernt liegt. Diese Nation gehörte einst in führender Position zur Orion-Liga und war vor 26 Millionen Jahren an der Zerstörung der ersten irdischen Hüterkultur beteiligt. Diese Kultur hat jetzt wesentlich zum Friedensvertrag von Anchara beigetragen und ihre Hinwendung zum Licht glaubwürdig belegt. Seit dem Jahre 1995 sind diese ehemals unerbittlichen Feinde der Hüterkulturen selbst Mitglied der Galaktischen Föderation des Lichts. Sie zeichnen sich heute durch besonders gute diplomatische Fähigkeiten aus.

Schließlich erreichte die dunkle Allianz einen Bereich der Galaxis, in der empfindende menschliche Wesen mit freiem Willen mehrere galaktische Zivilisationen errichtet hatten und – was von entscheidender Wichtigkeit war – sich ihnen technologisch gewachsen zeigten. Diese ersten Kontakte führten zu einer Reihe kurzer, sehr heftiger Kriege, denen jeweils längere Friedensperioden folgten. Dieser Zustand instabiler Machtbalance setzte sich über viele Millionen Jahre bis in unsere Zeit fort.

Die schmerzlichen Erfahrungen mit den gefährlichen und aggressiven Reptoiden und Dinoiden zwang die frühen galaktischen Zivilisationen, die im Licht lebten, zu verstärkter Zusammenarbeit auf allen Gebieten – der Spiritualität, der Wissenschaft, der Technologie, der Kriegskunst. Schließlich wurde vor etwa 4.5 Millionen Jahren die Galaktische Föderation des Lichts gegründet, nicht nur, um den dunklen Kräften Paroli bieten zu können, sondern mit einem weiter gesteckten Ziel: Es ging darum, diesen Kräften die Möglichkeit zu verwehren, die Herrschaft über die gesamte Galaxis an sich zu reißen, ihre unermesslichen Schätze auszubeuten und die Zivilisationen des Lichts in ihrer Entwicklung zu behindern. Zur Kerngruppe der Galaktischen Föderation gehören seit Beginn die Sternnationen aus den Systemen Lyra, Sirius, Krebs und Zwillinge.

Im 3. Kapitel gibt es einen Überblick über die gewaltsamen Kontakte, die im Laufe der Millionen Jahre zwischen den dunklen Invasoren und den irdischen Zivilisationen stattfanden. Zur besseren Orientierung gebe ich hier eine Wiederholung im Telegrammstil. Die vor 35 Millionen Jahren emporgekommene erste Hüterzivilisation wurde vor 26 Millionen Jahren von der Repto-Dino-Allianz vernichtet. Diese Invasoren ließen sich auf der Erde nieder und kooperierten später mit jenen Prä-Cetacäen, die vor etwa 18 Millionen Jahren als intelligente Landwesen auftauchten. Später erinnerte die dunkle Orion-Allianz ihre friedlich gewordenen Erdkolonisten an ihr altes Herrschaftsmandat, und so drohte in den folgenden Epochen den Prä-Cetacäen in zunehmendem Maße die Vernichtung.

Diesem Schicksal entgingen die Prä-Cetacäen durch ein großes Opfer: Zwar gelang ihnen vor acht Millionen Jahren die Zerstörung der Repto-Dino-Kultur, doch war die Oberfläche der Erde durch die Explosion von zahlreichen Fusionsreaktoren für mehrere Millionen Jahre nicht mehr bewohnbar. Deshalb wich die eine Hälfte der Prä-Cetacäen auf ferne Planeten aus, die andere Hälfte wandelte sich innerhalb der folgenden Jahrmillionen zu jenen Wasserwesen, die wir heute als Wale und Delphine kennen. Die Galaktische Föderation siedelte dann vor zwei Millionen Jahren auf Erden die Kultur von Hybornea an, die ursprünglich aus dem Vega-System stammte.

Doch auch diese Kultur – eine echte galaktische Hüterzivilisation, die über volles Bewusstsein verfügte – überlebte nicht mehr als eine Million Jahre. Wieder war es die Allianz aus Reptoiden und Dinoiden, die im Verlaufe eines gewaltigen interplanetarischen Krieges eine irdische Kultur vernichtete, allerdings nicht ohne größte eigene Opfer.

In diesem verheerenden Krieg, in dem der Planet Maldek zerstört und die physischen Lebensbedingungen auf Mars und Venus ausgelöscht wurden, erbeuteten die Anunnaki, eine Rasse von Mensch-Repto-Hybriden, ein gigantisches, planetengroßes Schiff von der Galaktischen Föderation. Dieser Kampfstern, später Nibiru genannt, diente den Anunnaki Jahrhunderttausende als Lebensplattform.

Unterdessen blühten auf Erden die spirituelle Hüterkultur Lemuria im Pazifik sowie ihre Tochterkultur Atlantis im Atlantischen Ozean. Doch während Lemuria den spirituellen Grundsätzen der Galaktischen Föderation des Lichts treu blieb, driftete das atlantische Reich mehr und mehr in die geistige Finsternis. Als vor knapp einer halben Million Jahren die Anunnaki im Zweistromland landeten und ihre erste Niederlassung Eridu gründeten, da verschob sich das Kräfteverhältnis deutlich zuungunsten der lemurischen Kultur.

Vor 25.000 Jahren dann zerstörte das ethisch verkommene Atlantis die lemurische Kultur, und diese einzigartige Hüterzivilisation versank in den Fluten des Pazifik. Doch 12.500 Jahre später wurde auch Atlantis von den Fluten des Weltmeeres verschlungen, nachdem ein riesiger Meteorit das atlantische Schwellensystem im Bereich des 30. Breitengrades zerschlagen und drei bis fünf Kilometer abgesenkt hatte. Dieser Vernichtungsschlag ging fraglos auf das Konto der Anunnaki. Denn sie waren die Hauptprofiteure der neuen Situation auf Erden – es gab keinen Konkurrenten mehr für sie.

Das Kali-Yuga, das Dunkle Zeitalter, begann, als die Anunnaki das Machtmonopol auf Erden errungen hatten. Sie waren jetzt die führenden Sachwalter des uralten reptoiden Herrschaftsmythos. Entlang des 30. nördlichen Breitengrades, Enlils Pfad genannt, schufen sie Kulturen quer durch Afrika und Eurasien und beuteten dabei den Boden der Erde in maßloser Weise aus, bis nur noch ein gigantischer Wüstenstreifen zurückblieb – von Nordafrika über den Sinai, Arabien und das Zweistromland bis nach Indien.

Doch auch ihre Zeit lief eines Tages ab. Der größte Teil der Anunnaki verließ die Erde in den Jahren um 600 v. Chr. – nicht ohne dafür zu sorgen, dass ihre Statthalter die Politik der geistigen Fehllenkung fortzusetzen vermochten. Ihr Erbe wirkte fort und vereinigte sich im Hintergrund mit den Bestrebungen jener Reptoiden, die seit Urzeiten in gewissen unterirdischen Gewölben hausen und von hier aus ihren Einfluss geltend machen. Überall dort, wo die Schlange oder der Drache zum Symbol verborgener Bruderschaften gehört, wirkt der Einfluss dieser Reptoiden.

Das Symbol der Schlange und des Drachens findet sich rund um die Welt, und oft sind diese Symbole negativ besetzt. In Nepal wird einmal jährlich das „Naga Panchami" begangen, das Schlangenfest. Hier werden den Reptilien Opfergaben dargebracht. Im Hinduismus sind die „Nagas", die Schlangenmenschen, bekannt, und in Tibet, wo es keine Schlangen gibt, werden Reptoide als „Lu" bezeichnet. In den ältesten chinesischen Legenden gibt es sogar Mythen über direkte Abstammung von den „Drachen-Göttern". Bei den Hopi in Nordamerika gelten Echsenwesen als Inkarnationen des Bösen. In der christlichen Kirche steht die Schlange als verwerfliche Verführerin der Eva, und überhaupt stellt die Schlange in den Träumen westlicher Menschen meist ein Symbol der Bedrohung dar.

Die wechselvolle Geschichte der Erdzivilisationen ist sowohl eine Geschichte der lichtzugewandten Hüterzivilisationen wie auch eine Geschichte der dunklen Ausbeuterkulturen. Was den Planeten Erde betrifft, so reklamieren die Reptoiden gleich einen doppelten Anspruch, der sich sowohl aus ihrem galaktischen „Herrschaftsmandat" wie auch aus ihrer eigenen Geschichte auf Erden ableitet. Das ist der Grund, weshalb diese im astralen Schatten hausende Gruppe so hartnäckig an ihren Bestrebungen festhält.

Es gibt allerdings Hinweise, dass es noch eine weitere reptoide Gruppe auf Erden gibt, die nicht aus den Fernen der Galaxis importiert wurde, sondern von den uralten Saurier-Rassen abstammt, in dauerhafter physischer Form in unterirdischen Habitaten lebt, über eine fortgeschrittene Technologie verfügt und die Erde als ihren angestammten Heimatplaneten betrachtet. Dies ergibt sich aus zwei Interviews, die der Schwede Ole K. im Dezember 1999 und im April 2000 mit einer Reptoidin führte. Ole K. *"beglaubigt"*, dass der von ihm veröffentlichte Text *„die absolute Wahrheit und keine Fiktion ist"*. Die deutsche Textfassung ist auf www.sabon.org zu finden.

Die Reptoidin, die sich „Lacerta" nennt, erklärt, an Ole K. gewandt: *„Wir sind einheimische Erdlinge und leben auf dem*

Planeten seit Millionen von Jahren. Wir sind Einheimische auf der Erde. Wir hatten und haben einige Kolonien im Sonnensystem, aber wir stammen von diesem Planeten. Es ist in der Tat unser Planet und nicht Ihrer – es war nie Ihrer". Womit der „Besitzanspruch" über die Erde ohne Umschweife geklärt ist.

Vor zehn Millionen Jahren geschah es nach Lacerta, *„als unsere reptilartige Rasse, wie Sie mich heute sehen, durch Gebrauch von genetischer Technologie geschaffen wurde, und unsere Entwicklung hielt an dieser Stelle an."* Und sie betont, dass ihre Rasse auf der „richtigen Seite" der Evolution steht: *„Wir haben uns nicht falsch entwickelt, sondern Sie."*

Diese angeblich „erdgewachsenen" Reptoiden leben nach Angaben von Lacerta in großen unterirdischen Habitaten: *„Wenn ich von unserem unterirdischen Heim rede, rede ich von großen Höhlen-Systemen. Die Höhlen, die Sie nahe der Oberfläche entdeckt haben, sind winzig im Vergleich zu den gewaltigen Höhlen tiefer in der Erde (in einer Tiefe von 2.000 zu 8.000 Ihrer Meter, aber im Verband mit vielen verborgenen Tunneln unter der Oberfläche oder Nebenhöhlen), und wir leben in großen und fortgeschrittenen Städten und Kolonien in solchen Höhlen. Die Hauptgebiete von uns sind jenseits der Arktis, der Antarktis, Innerasien, Nordamerika und Australien."*

Im Verlauf des Interviews offenbart Lacerta eine sehr hohe Intelligenz, und sie spricht über Fragen der Physik auf einer Ebene, die bestenfalls der Elite der irdischen Physiker zugänglich ist. Zugleich demonstriert sie laut Zeugnis des Ole K. telepathische und telekinetische Fähigkeiten und erläutert, wie sie und andere Angehörige ihrer Art „Mimikry" betreiben: *„Wenn wir auf der Oberfläche sind und wir menschliche Wesen treffen (sogar eine große Gruppe von ihnen, dieses macht keinen Unterschied, Ihre Verstände sind wie ein Verstand), sind wir fähig, ihren Verstand zu ‚berühren' und sie über Telepathie zu veranlassen, uns als einen ihrer eigenen Art zu sehen, und der schwache menschliche Verstand wird diesen Befehl ohne Widerspruch annehmen, und sie werden uns* *(trotz unseres reptilartigen Anblicks) als normale Menschen wahrnehmen. Ich habe das vielfach getan, und sie, die schwachen Menschen, sehen mich als eine attraktive braunhaarige Frau, weil ich dieses Bild geschaffen habe.“*

Wenn wir die Niederschrift des Ole K. für bare Münze nehmen, so haben wir es bei dieser reptoiden Art mit einer „vollbewussten“ Rasse zu tun, bei der der sogenannte Lichtkörper integriert ist. Doch dieses Vollbewusstsein scheint keineswegs mit einer hohen Spiritualität einherzugehen. Alle Erscheinungen zwischen Himmel und Erde sind in den Augen ihrer Art reine Fragen der „Wissenschaft“, und Lacerta erörtert in keiner Passage des umfangreichen Interviews Fragen von spiritueller oder religiöser Bedeutung. Und dort, wo sie einen „Besitzanspruch“ ihrer Art auf die Erde reklamiert, versäumt sie es, über die damit verbundene Verantwortung zu sprechen. Dies weist darauf hin, dass ihre Art wohl nicht zu den „Bösen“, aber doch zu den „Dunklen“ gezählt werden muss, die die Fragen des Lebens nicht aus der Perspektive des Herzens, sondern von der Warte des „nüchternen Verstandes“ aus betrachten.

Die Reptoidin beschreibt u.a. *„zwei bedeutende Symbole, die unsere Arten vertreten“* : *„Ein Symbol (das ältere) ist eine blaue Schlange mit vier weißen Flügeln auf einem schwarzen Hintergrund (die Farben haben religiöse Bedeutungen für uns). Dieses Symbol wird von bestimmten Teilen meiner Gesellschaft benutzt, aber es ist heute sehr selten. Die Menschen haben es sehr oft in Ihren alten Schriftstücken kopiert. Das andere Symbol ist ein mystisches Wesen, Sie würden es einen ‚Drachen‘ nennen, in der Form eines Kreises mit sieben weißen Sternen in der Mitte. Dieses Symbol ist heute viel gebräuchlicher.“*

Die Bedeutung dieses zweiten Symbols beschreibt Lacerta genauer, denn es deutet auf einen technologischen Stand hin, den die Menschen noch längst nicht erreicht haben: *„Tatsächlich sind die sieben Sterne Planeten und Monde, und sie sind ein Symbol für unsere ehemaligen sieben Kolonien im Sonnensystem. Die Sterne vor* *einem blauen Hintergrund und dem Drachenkreis in der Form der Erde. Die sieben weißen Sterne bedeuten Mond, Mars, Venus und 4 Monde von Jupiter und Saturn, die wir in der Vergangenheit kolonisiert hatten. Zwei Kolonien sind nicht länger in Gebrauch und aufgegeben, so würden heute 5 Sterne genügen."*

Lacerta berichtet – wohl kaum aus Naivität, sondern eher absichtsvoll – von „direkten Kontakten" mit hochrangigen Menschen: *„Einige meiner Art sind auch in direktem Kontakt mit menschlichen Wissenschaftlern und Politikern von der Oberfläche, aber das ist streng geheim, wie Sie es nennen würden, und niemand in Ihrer Öffentlichkeit weiß etwas davon. Der Grund für dieses Treffen ist allgemein der kommende Krieg mit und zwischen den außerirdischen Arten und unsere Hilfe."* Um welchen „Krieg" es sich dabei handelt, in dem die verborgene Rasse „den Menschen" helfen könnte, lässt die Reptoidin im Dunkeln.

Immerhin scheinen die Kontakte zur Regierung einer von Lacerta ungenannten Nation bestens institutionalisiert zu sein, denn es gibt *„ein riesiges teilunterirdisches Gebäude in der Hauptstadt, das völlig meiner Spezies gewidmet ist und das auch einen direkten Zugang zu einem Liftschacht und zu einem Untergrundsystem hat. In diesem Gebäude fanden und finden teilweise Treffen zwischen uns und den Menschen statt."*

Im Verlaufe dieses Kapitels werde ich genügend Anhaltspunkte liefern, die helfen können, das Rätsel zu lösen, um welche Regierung und um welche Hauptstadt es sich handeln könnte. In jedem Falle gibt es *„einige Mitglieder jener menschlichen Regierung"*, die sich *„ unserer Existenz völlig bewusst"* sind – *„teilweise auch aufgrund einer alten religiösen Basis"*. Nach Lage der Dinge kann es sich hier nur um eine Religion handeln, in denen der Schlangen- oder Drachenkult eine zentrale Rolle spielt. Und dieser ist seit jeher unlösbar verbunden mit der Anbetung Luzifers.

Die andere Gruppe von Reptoiden ist noch schwerer fassbar, weil sie sich vorwiegend auf den niederen Ebenen der Astralwelt aufhält. Diese Gruppe ist freilich in der Lage, auch in der Welt der Dritten Dimension – unserer gewohnten physischen Welt – aufzutauchen, allerdings nicht auf Dauer. Der Niedergang des alten Reiches von Atlantis ist nicht zuletzt auf das Wirken dieser verborgenen Rasse zurückzuführen. Sie brauchten hierzu freilich menschliche Helfer, und das waren Schwarzmagier.

„Weit in der Vergangenheit, vor dem Entstehen von Atlantis", so heißt es in den Smaragd-Tafeln des Hermes Trismegistos, *„lebten dort Menschen, die sich in die Dunkelheit vertieften. Sie benutzten Schwarze Magie und riefen Wesen aus den großen Tiefen unter uns hervor. Sie kamen in diesem Zyklus heraus. Sie waren formlos, mit einer anderen Schwingung und lebten unsichtbar bei den Kindern der Erdenmenschen. Sie konnten nur durch Blut eine Seinsform haben, und nur durch den Menschen konnten sie in der Welt leben"*.

Auch in Atlantis waren Schwarzmagier tätig und beschworen die Reptoiden ins physische Sein. Damit sorgten sie für den beschleunigten Niedergang dieses Reiches: *„Sie bewegten sich unter uns in der menschlichen Form, aber nur für das Auge waren sie wie Menschen. Schlangenköpfig waren sie, wenn man die Täuschung hinweg nahm, aber für den Menschen erschienen sie wie jeder andere Mensch. Sie unterwanderten die Regierungen und nahmen Formen an, die bei den Menschen üblich waren. Mittels ihrer Künste beseitigten sie die Oberhäupter der Königreiche, nahmen ihre Formen an und regierten über den Menschen. Nur durch Magie konnten sie entdeckt werden. Nur durch Töne konnte ihr Gesicht gesehen werden. Schon im Königreich der Schatten wollten sie den Menschen zerstören und an seiner Stelle regieren"* (zitiert nach www.stormleader.com).

Es gab ein bestimmtes magisches Wort, das die Menschen aussprechen konnten, aber die Reptoiden nicht. So konnten in späteren Kulturen die „falschen Führer" erkannt und getötet werden. Deshalb verfielen die Schattenwesen – möglicherweise im Verein mit jener „erdgeborenen" Rasse, der Lacerta angehört – darauf, direkt in menschliche Körper zu inkarnieren, die sich besonders hierfür eigneten. Dies erklärt, weshalb Blutslinien für die Reptoiden so bedeutungsvoll sind. In Europa haben sie sich genetisch in die alten Adelslinien eingeschlichen, in den USA in die Linien der seit hundert bis zweihundert Jahren führenden Familien des Geldadels (siehe Kapitel „Die Illuminaten – Herrscher im Schatten").

Die Mensch-Repto-Hybriden besitzen die Fähigkeit des „shape shifting" – sie können ihre äußere Erscheinung verändern. Dies wird bewusst angestrebt während satanischer Rituale, unterläuft ihnen aber unwillkürlich, wenn sie die emotionale Kontrolle verlieren oder sexuell erregt sind. Deshalb sind sie eisern darauf trainiert, in der Öffentlichkeit stets „Haltung" zu bewahren. Diese Hybriden sind es, die die dunkle Bruderschaft der „Illuminati" zur mächtigsten Gruppe dieser Erde aufsteigen ließen. Hierüber später mehr.

„Arizona Wylder vollführte rituelle Menschenopfer für die Elite der Illuminati", so heißt es auf www.stormleader.com. *„Seit es ihr gelungen ist, aus ihrer Mind-Control-Konditionierung auszubrechen, widmet sie sich der Aufgabe, die Öffentlichkeit über diese Vorgänge aufzuklären."* Nach den Angaben dieser ausgestiegenen Satanspriesterin gibt es einen *„großen internationalen und interstellaren Führer"* mit Namen Marquis de Libero-aka Pindar. *„In unterirdischen Gewölben seiner Burg im Elsass in Frankreich verfärben grün fluoreszierende Steine dort gespeichertes Menstrualblut schwarz, welches für diese speziellen Rituale benutzt wird – während in großer Hitze Nester mit Reptileiern ausgebrütet werden."*

Die ausgestiegene Priesterin nannte laut www.stormleader.com eine Reihe von Prominenten, die sich bei diesen Ritualen in Reptilien verwandelt haben. Zu diesem Kreis gehören laut dieser Quelle mehrere US-Präsidenten und Personen mit hohen Regierungsaufgaben sowie Mitglieder eines europäischen Königshauses.

Cathy O'Brian schreibt in ihrem Buch „Trance Formation of America", dass George Bush sen. ihr in seinem Büro in Washington D.C. ein Buch mit einem Bild gezeigt habe, das *„echsenhafte Aliens von einem Ort aus dem tiefen, weit entfernten Weltall"* darstellte. Bush habe dann behauptet, selbst ein Alien zu sein und habe sich vor ihren Augen *„wie ein Chamäleon"* in eine reptoide Form verwandelt.

Die Reptoiden steuerten im 20. Jahrhundert einen Kurs, der auf eine Weltherrschaft unter ihrer Führung hinzielte – wohl wissend, dass dies zu einer „Entscheidungsschlacht" mit den Kräften des Lichts führen musste. Zu diesem Zweck wurde zunächst in dem von den „Illuminati" favorisierten Europa der Hitler-Faschismus aufgebaut. Als klar war, dass die deutschen Nationalsozialisten – unterstützt von den mächtigsten europäischen und amerikanischen „Illuminati" – ihre Kriegsziele nicht erreichen würden, beschlossen die Reptoiden, die USA zur weltweiten Führungsmacht aufzubauen. Diese Bestrebungen laufen seit Mitte des 20. Jahrhunderts. Spätestens seit der Gründung des „Bilderberger"-Forums (siehe Abschnitt über die „Illuminati") waren die Ziele erkennbar. Diese wurden im Jahre 1954 von Prinz Bernhard der Niederlande anlässlich der ersten „Bilderberger"-Tagung formuliert und lassen sich in zwei Sätze fassen:

1. Bildung einer Weltregierung bis zum Jahre 2000
2. Aufbau einer globalen „internationalen" Streitmacht

Allerdings kam der reibungslosen Abwicklung dieses Plans ein Konflikt in die Quere, dessen Verlauf und dessen Konsequenzen die Kontrolle der irdischen Dunkelkräfte über die Verwirklichung ihres Plans in Frage stellte. Die amerikanische Öffentlichkeit wurde in den Jahren nach 1948 durch mehrere Abstürze von offenbar nichtirdischen Fluggeräten aufgeschreckt. Die bekannteste Affäre dieser Jahre ereignete sich bei Roswell in New Mexico. Obgleich die US-Militärs diese Ereignisse öffentlich herunter spielten, wurde hinter den Kulissen eilig eine Reihe von Maßnahmen ergriffen, u.a. die Bildung der Central Intelligence Agency (CIA) als zentrales Koordinationsbüro für sämtliche außerirdischen Angelegenheiten.

Später wurde die National Security Agency (NSA) eingerichtet, die die Aufgaben der CIA übernahm und mit wesentlich erweiterten Befugnissen fortführte – und zwar auf allerhöchster Geheimhaltungsstufe und jenseits jeglicher Legalität. Im Gefolge der Roswell-Affäre wurden hochgeheime Projekte wie Majestic 12, Grudge 13 oder Project Sigma ins Leben gerufen, alle befasst mit Fragen, die Aktivitäten außerirdischer Mächte betrafen.

Für diese Projekte gab es wahrlich gute Gründe, denn wenige Jahre nach der Roswell-Affäre tauchte im Erdorbit eine große Flotte außerirdischer Kampfschiffe auf. Sie kamen von einem Planeten des Riesensterns Beteigeuze. Die kurz darauf einsetzende Kommunikation zwischen dem Kommandorat der Schiffe und der US-Führung erwies dann, dass die Wesen von Beteigeuze ziemlich erbost waren. Denn die Abstürze ihrer Aufklärungsschiffe betrachteten sie als kriegerische Handlungen der US-Militärs. Die US-Führung beeilte sich auf Geheiß der hinter ihr stehenden reptoiden Illuminati-Führung zu einer Erklärung: Die Abstürze seien nicht absichtlich herbei geführt worden, sondern bedauerliches Ergebnis der Feldwirkungen von Überhorizont-Radaranlagen, die offenbar die Steuereinheiten der außerirdischen Aufklärer außer Kraft gesetzt hatten.

Mit dieser Botschaft schienen sich die Wesen vom Beteigeuze zufrieden zu geben, und sie schlugen den Amerikanern eine exklusive Zusammenarbeit vor. Im Jahre 1954 wurde auf der Air-Force-Basis Holloman ein Vertrag unterzeichnet. Die Alien-Verhandlungsgruppe stand unter der Führung der „Allmächtigen Hoheit Krll". Die „Großen Grauen" aus dem Beteigeuze-System (Körpergröße über 2 Meter) erwiesen sich als hochintelligente, aber äußerst aggressive und misstrauische Wesen.

Im Laufe der folgenden Jahre und Jahrzehnte errichtete die US-Führung gemeinsam mit den Großen Grauen an die hundert unterirdische Stützpunkte, in denen unter Teilnahme Zehntausender von Wissenschaftlern an gemeinsamen Projekten gearbeitet wurde. Wir können mit Sicherheit davon ausgehen, dass die

USA eigene UFOS besitzen, die auf der Technologie der Großen Grauen basieren. Eine der verrufensten und schändlichsten Koproduktionen war das Montauk-Projekt auf Long Island, in dem Bewusstseinskontrolle im Massenmaßstab und die technische Konservierung von Todesangst erforscht wurden.

Denn extreme Angst ist eine emotionale Energie, die die Reptoiden auftankt. Sie ernähren sich von der Angst der Menschen. Weniger der Krieg ist es, den diese Kräfte brauchen – sondern die Angst vor dem Krieg und während des Krieges. Und überhaupt Angst in allen Erscheinungsformen.

Im Laufe weniger Jahre mussten die US-Führung und die hinter ihr stehenden Dunkelkräfte erkennen, dass es ihnen erging wie dem Goetheschen Zauberlehrling: Sie konnten die Kräfte nicht bannen, die sie eingeladen hatten. Die Großen Grauen brachen ungerührt wichtige Punkte des Vertrages von Holloman. Innerhalb kurzer Zeit schlossen sie, entgegen den Abmachungen, mit sechzehn weiteren Staaten Verträge, und die Zahl der Entführungen zum Zwecke genetischer Versuche und die labormäßige Verstümmelung von Tieren überstieg weit das vereinbarte Maß.

Es sickerte überdies durch, dass die Großen Grauen ein gezieltes Programm der ökologischen Verschmutzung betrieben, um spätestens 1998 vor der Weltöffentlichkeit als Retter aufzutreten und die Macht auf der Erde vollständig zu übernehmen. Dies gelang allerdings nicht, weil sich mittlerweile Gegenkräfte formiert hatten – und zwar in einem Ausmaß, das die Dunkelkräfte von Beteigeuze offenbar nicht erwartet hatten. Denn auf Geheiß des Himmels konzentrierte die Galaktische Föderation ein enormes Kontingent an Kampfschiffen in unserem Sonnensystem, die den Großen Grauen klar demonstrierte, dass ihr irdisches Vorhaben mit dem Verlust ihrer sämtlichen Schiffe quittiert werden würde.

Darüber hinaus setzte die Galaktische Föderation den auf Erden befindlichen Dunkelkräften eine Frist zum Verlassen dieses Planeten. Die „kleinen Grauen" aus dem System Ceta Reticuli sind bereits seit Jahren von der Erde verschwunden, und wir können damit rechnen, dass auch die Mannschaften der Großen Grauen in absehbarer Zeit unverrichteter Dinge zu ihrem Heimatplaneten im Beteigeuze-System zurückkehren müssen. So sind zwar die „irdischen“ Reptoiden einen gefährlichen – und überlegenen – Konkurrenten los, doch mit ihren eigenen Plänen kommen sie erst recht nicht weiter.

Denn die Galaktische Flotte ist aus keinem anderen Grunde in unser Sonnensystem gekommen, als den irdischen Transformationsprozess hin zu vollem Bewusstsein nachhaltig zu unterstützen und mit einer „First-Contact-Mission“ zu krönen. Die Lage für die Repto-„Illuminati“-Allianz wird obendrein noch dadurch erschwert, dass die dunkle Orion-Liga, die ja ihre geistige Heimat darstellt, der Tendenz nach immer mehr zerfällt. Bis 1995 haben sowohl die Bellatrix-Kultur wie auch die Anunnaki das Lager gewechselt und sind von der Galaktischen Föderation des Lichts aufgenommen worden. Damit besitzen die auf Erden gebliebenen Reptoiden keinerlei Verbündete mehr und sind vollständig von ihrem „Hinterland“ abgeschnitten – und zwar erstmalig seit 26 Millionen Jahren.

In einem Satz: Es steht verzweifelt um die Reptoiden, und es steht verzweifelt um die von ihnen gesteuerten Illuminaten. Die Verzweiflung ist den Handlungen der Bush-Regierung, die im Jahre 2000 unter zwielichtigen Umständen ans Ruder gelangte, deutlich anzumerken. Diese Regierung, von vielen Beobachtern als die korrupteste, skrupelloseste und gewalttätigste Regierung angesehen, die jemals die Geschicke dieses großen Landes lenkte, betrachtete sich offenbar als Kampftruppe für das letzte Gefecht. Denn die hinter dieser Gruppe stehende dunkle Macht weiß, dass die „Speerspitze“ der göttlichen Kräfte auf Nordamerika gerichtet ist.

Deshalb gibt es viele gute Gründe für die Annahme, dass die Bush-Gruppe unter dem Motto „Jetzt oder nie“ von einer speziellen CIA-Gruppe am 11. September 2001 die Zwillingstürme des World Trade Center zum Einsturz bringen ließ, um anschließend dieses beispiellose Kapitalverbrechen der islamischen Gruppe Al Qaida in die Schuhe zu schieben.

„Jene letzten Kabalen haben illegale Kontrolle über eine große Regierung an sich gerissen“, so heißt es in einer Botschaft der Sirius-Gruppe vom 19. März 2002. *„Vor mehr als sechs Monaten hat eben diese Kabalengruppe eine hochspezialisierte Aktion angezettelt, ausgeführt von den Geheimdiensten der dunklen Operateure, die dann einen Ring internationaler Terroristen dafür verantwortlich machte, den sie früher selbst geschaffen und lange Zeit finanziert hatten.“* Mittlerweile haben mehrere CIA-Agenten, die an der Planung und Durchführung des Anschlags vom 11. September beteiligt waren, eidesstattliche und gerichtsverwertbare Aussagen gemacht, die dem Supreme Court, dem Obersten Gerichtshof der USA, sowie dem Internationalen Gerichtshof in Den Haag vorliegen.

Mit diesem Anschlag gelang es der Verschwörergruppe um Bush, Cheney, Rumsfeld und Powell zunächst, die Mehrheit der Nationen zu täuschen und die Staatengemeinschaft auf einen „gerechtfertigten“ Kampf gegen den „internationalen Terrorismus“ einzuschwören. Der – im übrigen bereits vor dem 11. September geplante – Feldzug gegen das reaktionäre Taliban-Regime im Herbst 2001 in Afghanistan wurde noch weltweit unterstützt. Doch als die Bush-Verschwörer unter fadenscheinigen Vorwänden die Zustimmung der UNO für einen Krieg gegen den Irak suchten, da standen sie weitgehend allein. Und als sie dann gemeinsam mit Großbritannien im März 2003 den bereits Jahre zuvor geplanten Angriffskrieg gegen das Zweistromland vom Zaun brachen, da hatten sie die überwältigende Weltmehrheit gegen sich.

Indessen setzten die weltweiten millionenfachen Friedensbekundungen in der Menschheit genügend Energien frei, um dem Himmel zu gestatten, eine „verschärfte Gangart“ gegen die dunklen Verschwörer vorzulegen. Bereits seit Jahren bereiten die

White Knights (Weißen Ritter) im US-Machtapparat die Einführung von NESARA vor, das „Nationalökonomische Sicherheits- und Reform-Gesetz", das die amerikanische Wirtschaft samt ihrem Finanz- und Währungssystem wieder auf den Boden der Verfassung bringt, die Absetzung der Regierungsverschwörer ermöglicht und die Einsetzung eines verfassungstreuen Interimspräsidenten sowie baldige Neuwahlen vorsieht.

NESARA ist ein einzigartiger strategischer Hebel, mit dessen Hilfe die Wirtschafts- und Finanzmacht der von den Reptoiden gesteuerten Illuminaten gebrochen wird. Denn unter anderem wird die in den Händen der Illuminaten-Familien Rockefeller, Rothschild, Warburg und Windsor befindliche „Federal Reserve Bank" vollständig entmachtet, eine neue Dollar-Währung – der „Regenbogen-Dollar" – eingeführt sowie das gesamte Währungssystem wieder durch Gold und andere Edelmetalle gedeckt.

Nachdem die White Knights seit dem April 2003 mehrere vergebliche Versuche zur Ausrufung von NESARA gestartet hatten, ist die Spirituelle Hierarchie unseres Planeten zu „Plan B" übergegangen. Damit hat Meister St. Germain die direkte Leitung des Unternehmens in die Hand genommen, und so ist es nur noch eine Frage der Zeit, bis die letzte Stunde der Reptoiden geschlagen hat. *„Amerika ist der ‚Gral', der ‚Kelch' für diese Erde, der das Licht des Kosmischen Christus trägt, das die Erde erleuchten und in Göttliche Ordnung bringen wird durch die Kraft der ‚Mächtigen ICH BIN-Gegenwart'"*, offenbarte Meister St. Germain bereits im Jahre 1931 und unterstrich damit nachdrücklich die Schlüsselrolle der Vereinigten Staaten von Nordamerika.

Nach Auskunft der „Dove of Oneness" („Taube der Einheit", www.nesara.us) laufen seit dem Frühjahr 2003 verstärkt Mitglieder aus den mittleren Führungsebenen der Illuminaten über, bitten um Schutz und geben den White Knights wertvolle Insider-Informationen. Dieser Erosionsprozess gleicht im Kleinen dem Auflösungsprozess der dunklen Orion-Liga – auch Anchara-Allianz genannt – im galaktischen Maßstab.

Ist NESARA ausgerufen, so wirkt der Umbruch in den USA wie ein Fanfarenstoß, der eine neue Epoche in der Geschichte der Menschheit einleitet. Denn NESARA – so hat es die Spirituelle Hierarchie vorgesehen – wird sich wie ein Domino-Effekt um die ganze Erde in allen Nationen ausbreiten und wirtschaftliche Sicherheit all jenen bringen, die bisher Opfer der von den Reptoiden gesteuerten und gewollt ungerechten Weltwirtschaftsordnung waren.

Die Ausrufung von NESARA ist der erste Schritt im Prozess der größten Revolution, die die Menschheit je erlebt hat. Denn die hiermit eingeleitete wirtschaftliche Transformation ist abgestimmt auf die fortschreitende geistige Transformation, die bis zum Jahre 2012 immer mehr Menschen ins volle Bewusstsein bringen wird. Und damit verlieren die Reptoiden als Speerspitze der dunklen Kraft auf Erden endgültig und unwiderruflich alle Positionen, die es ihnen ermöglichen, den Prozess der großen Transformation nennenswert zu behindern. Denn auch im Falle der Reptoiden gilt: *Das Licht Gottes versagt nie!*

Die Anunnaki – die falschen Götter der Antike

In meinem Buch „Die Himmlischen und ihre Kinder – Die Geschichte der Götter und Menschen auf Erden“ habe ich das Wirken der Anunnaki ausführlich nachgezeichnet. An dieser Stelle begnüge ich mich mit einer zusammenfassenden Darstellung, die zeigen soll, in welcher Weise und in welchem Umfang die „Himmlischen, die auf Erden wohnen“ das menschliche Denken dirigiert, die menschlichen Geschicke beeinflusst und die antiken Kulturen geprägt haben.

Folgen wir den offiziellen Geschichtsdarstellungen, so hat es einen Einfluss einer fremden Rasse auf die irdische Menschheit nie gegeben, obgleich die antiken Überlieferungen geradezu überquellen von Schilderungen über die Kabalen, Intrigen, Kriege und

Willkürakte jener, die in den Originalschriften meistens „Herren“, später „Götter“ genannt wurden. Die ältesten Überlieferungen stammen aus Sumer, dem „Land der Wächter“ zwischen Euphrat und Tigris. Doch auch die akkadischen, assyrischen, babylonischen, ägyptischen, hethitischen, hellenischen, persischen, indischen, tibetischen, chinesischen, japanischen, nordeuropäischen und südamerikanischen Zeugnisse sind angefüllt mit Botschaften über die „Götter“ und ihre Abkömmlinge, die als frühe Könige über die alten Kulturen herrschten.

Obgleich heute das vorgelegte Material mit Beweisen und Belegen über das Wirken außerirdischer Mächte bereits ganze Bibliotheken füllt und weltweit viele Museen antike Artefakte enthalten, die auf nichtirdische Einflüsse hinweisen, stellt sich die offizielle Wissenschaft taub. An den Rändern des akademischen „mainstream“ werden gelegentlich Mutmaßungen über die „Paläo-Sethi-Hypothese“ geäußert. Doch sind meistens gerade jene, die dieses Wortungetüm bemühen, wenn es um die Frage Außerirdischer geht, mit besonders ausgeprägter Unkenntnis geschlagen.

Dabei kann heute bei unbefangener Sichtung des Materials der Einfluss außerirdischer Kulturen nicht mehr geleugnet werden. Mehr noch: Es sind in jüngster Zeit insbesondere Botschaften aus den Führungskreisen der Galaktischen Föderation, die den Jahrtausende langen Einfluss der Anunnaki auf das irdische Geschehen ausdrücklich bestätigen. Es handelt sich hier um die von Sheldan Nidle weitergegebenen Bekanntmachungen der Sirius-Gruppe, die sowohl der Großen Blauen Loge der Schöpfung nahe steht wie auch dem Kommandorat der Galaktischen Föderation angehört (siehe www.paoweb.org). In einer Botschaft vom 26. Dezember 2000 heißt es:

„Bedenkt, dass ihr zu jener Zeit unter einer finsteren ‚Tagesordnung‘ leben musstet, die von einer fremdartigen Gruppe aus Mensch-/Reptil-Hybriden, bekannt als die Anunnaki, bestimmt wurde. Sie gaben euch eine Welt, die zerrissen war durch Streit,

Hass und Einschränkungen, in der sie ihre gemeinen Vorhaben unbarmherzig durchführten.“

Wenn wir die Geschichte der letzten 7.000 Jahre betrachten, so sind mehrere Entwicklungstendenzen zu erkennen, und deren einzelne Stränge sind eng miteinander verwoben. Als Haupttendenz zeigt sich der schrittweise Rückzug der alten „Götter“ in die „verborgenen Welten“, ohne die außenpolitische Zuständigkeit aufzugeben. Im Gegenzug übernahmen die Göttersprösslinge und Menschen die innenpolitische Verantwortung für die ihnen anvertrauten Gemeinwesen. Hierbei *„ trainierten die Anunnaki eine speziell ausgewählte Gruppe irdischer Günstlinge, der sie in großem Umfang Wohlstand, Macht und unberechtigte Ehren gewährten, behielten sich aber das Recht vor, all das zurückzunehmen, wenn es ihnen in den Kram passte.“*

Parallel dazu betrieben die Annunnaki-Fürsten einen planmäßigen Abbau des ehemals hohen Wissensstandes über die äußere Welt. Hierzu gehört der Verlust des ehemals hohen astronomischen Kenntnisstandes ebenso wie der Schwund des historischen Gedächtnisses. Im hebräisch-shemitischen Schrifterbe erscheint die Welt nicht älter als rund 4.000 Jahre vor Mose. Und aus den hellenischen und nordischen Texten lässt sich ermitteln, dass die Welt, aus heutiger Zeit zurückgeblickt, kaum 5.000 Jahre alt sein darf. Die Talsohle dieser Abwärtsentwicklung markierte vor gut 2.000 Jahren das Himmelsbild des Ptolemäus, nach dem sich Sonne, Planeten und alle Gestirne um die Erde drehen, nicht ohne die bizarrsten Bewegungskurven am Himmel zu vollführen. Diese Tiefebene des Wissens verließ erst Kopernikus, rund 1.500 Jahre später, mit dem Beweis, dass sich die Erde und alle anderen Planeten um die Sonne bewegen und recht einfachen Bewegungsbahnen folgen.

Mit diesem Wissensschwund paarten sich in den antiken Hochkulturen des Nahen Ostens religiöse Doktrinen, deren Mangel an Spiritualität durch besonders inbrünstige Anbetung von Pseudo-Göttern und komplizierten rituellen Mummenschanz ersetzt wurde. Die führenden „Götter" der Antike legten bewusst und zielgerichtet die Fundamente für die Errichtung von Pseudo-Religionen. *„Und so schufen diese unaufrichtigen Anunnaki eine Reihe verschiedener Kulturen, Sprachen und religiöser Philosophien auf eurer Welt, deren einziger Zweck es war, euch untereinander zu zertrennen und in fortgesetztem Konfliktzustand zu halten."*

Die Anunnaki-Fürsten sorgten für die Schaffung ideologischer Glaubenssysteme, in denen sich der jeweilige Herrscher zum „Schöpfer von Himmel und Erde" hochstilisieren ließ. So verfuhr Marduk im babylonischen Schöpfungsepos, und so verfuhr Sin hinter der Maske des Ahura Mazda in der Herrschaftsideologie des Persischen Weltreichs. Kenner der Materie wissen, dass die ursprüngliche Lehre des Zarathustra, eines hochspirituellen Lehrers, unter den Königen und Priestern des Persischen Weltreichs nicht die geringste Rolle spielte.

Das Alte Testament – der ältere Teil der Bibel – beruht im wesentlichen auf Überlieferungen, die aus der alten Zweistrom-Kultur Sumer stammen. Womit zugleich angedeutet sein soll, dass nicht der wahre Schöpfergott hier die Hauptrolle spielt, sondern verschiedene „Gebieter" im altsumerischen Kulturkreis, die im Alten Testament nicht sonderlich überzeugend zu einer einzigen Gottesgestalt zusammengefasst wurden. Diese Gottheit trägt den Namen Jahwe, von dem wir wissen, dass er ein reinrassiger Reptoid ist. Neben ihm zog der ebenso eitle und selbstgefällige wie strafende und zürnende Sin, ältester Sohn des Enlil, im Hintergrund die Fäden.

Was die Herausbildung des „Monotheismus" anbetrifft, so wird die Lehre vom „Einen Gott" von den meisten Historikern als eigenständige Kulturleistung der Völker Judas und Israels betrachtet. Indessen ergibt allein das Studium des Zweiten Buches Mose, des Exodus, dass weder von einer freiwilligen noch von einer selbständigen Leistung dieser Völker die Rede sein kann. Sie wurden vielmehr gegen ihren Willen von Sin aus Ägypten vertrieben, und wer sich in den folgenden qualvollen vierzig Jahren gegen die

Absichten ihres übermächtigen Gebieters stellte, der wurde erbarmungslos vernichtet. Dies geschah zehntausendfach.

Der wahre Schöpfergott unseres Universums hat niemals ein einziges Volk gegenüber anderen Völkern „bevorzugt“, und er hätte niemals gegen den freien Willen eines Volkes gehandelt. Eben der freie Wille des Menschen – eines der größten Geschenke des Schöpfers – wurde von den Anunnaki-Fürsten, und besonders von Sin, niemals beachtet, geschweige denn heilig gehalten. Welch einem „Gott“ dieser anunnakische Gebieter seinerseits huldigte, kann im Umkehrschluss leicht erraten werden. Denn die Handschrift Luzifers im Handeln des Sin ist allzu deutlich, als dass sie dem geübten Auge entgeht.

Das Buch Genesis, das 1.Buch Mose, weist *„viel engere Verbindungen mit griechischen, phönizischen, hethitischen, ugaritischen, sumerischen und anderen Mythensammlungen“* auf, *„als fromme Juden und Christen zugeben möchten“*. Dieser Text wurde, so Robert v. Ranke-Graves und Raphael Patai in ihrem Werk „Hebräische Mythologie“, etwa *„im sechsten Jahrhundert vor unserer Zeitrechnung in moralistischer Absicht neu herausgegeben“*.

Die Umarbeitung des 1. Buches Mose fand während des babylonischen Exils statt – in der Zeit zwischen 597 und 539. Sie diente der Herstellung eines möglichst einheitlichen und bruchlosen „Gottesbildes“. Jahwe bzw. El Zebaoth wurde hier zum „Schöpfer von Himmel und Erde“ hochstilisiert, der im Kampfe gegen allerlei „Götzen“ schließlich den geistigen Sieg davongetragen hatte.

Die Titel und Attribute *„vieler anderer nahöstlicher Gottheiten“* wurden *„nach und nach Jhwh Elohim zugeschrieben“*. Und eben der Umstand, dass Sin in der Genesis *„den göttlichen Beinamen Elohim erhält, beweist, dass er ein transzendentaler Gott geworden war, auf den all die großen Taten der Schöpfung zurückgeführt wurden.“* Soweit Ranke-Graves und Patai.

Dabei war die „Erschaffung“ des Adam, wie ich in meinem Buch „Die Himmlischen und ihre Kinder“ zeige, das Werk

Enkis, die Zeugung des Noah und seine „Errettung“ aus der Flut gehen auf das Konto des Re, den Turm zu Babylon zerstörte Enlil, und die Jordan-Städte Sodom und Gomorra wurden von Nergal vernichtet. Doch all diese Taten tauchen im 1. Buch Mose als Leistungen des Einen und Allmächtigen Gottes auf – Handlungen, die die judäischen und hebräischen Priester in der Zeit des babylonischen Exils vollständig und exklusiv auf ihren anunnakischen Gebieter projizierten.

Und so entstand eine der schändlichsten spirituellen Verfälschungen der überlieferten Geschichte: Der Mondgott Sin übernahm die angemaßte Rolle des Schöpfergottes – stellvertretend für Luzifer, der seitdem von allen Gläubigen, die das Alte Testament als „Heiliges Buch“ betrachten, für den „einzigen“ und „wahren“ Gott gehalten wird. Hier wird deutlich, welche Rolle die Anunnaki-Fürsten in spiritueller Hinsicht spielten: Sie säten geistiges Gift, das Jahrtausende lang das Bewusstsein der Gläubigen verdunkelte. In naher Zukunft wird es weitere dramatische Enthüllungen dieser Art geben – vorgenommen von der neuen Anunnaki-Generation, die sich dem Licht zugewandt hat und es als ihre Pflicht betrachtet, die geistigen Sünden ihrer Väter aufzudecken.

Aus der Gesamtheit der Überlieferungen, besonders jener aus dem Nahen Osten, ergibt sich, dass die Anunnaki-Fürsten nicht zögerten, größte Katastrophen in Kauf zu nehmen oder zu inszenieren, um aus dem Ruder gelaufene „kulturelle Experimente“ zu beenden oder Machtkämpfe zu entscheiden. Dies geschah stets auf Kosten der Menschen und forderte mehrfach millionenfache Opfer. So ertranken während der Utnapishtim-Flut vor rund 32.000 Jahren Unzählige im Zweistromland; kamen viele Millionen während der Atlantis-Katastrophe vor rund 12.500 Jahren ums Leben; fanden vor gut 5.000 Jahren Millionen Menschen während der Noah-Flut den Tod im Wasser; starben vor 4.000 Jahren die Bevölkerungen der meisten sumerischen Städte langsam und qualvoll, nachdem zwei Söhne des Enlil eine hochgiftige

Massenvernichtungswaffe eingesetzt hatten; wurden vor 3.200 Jahren alle mittelmeerischen, europäischen, kleinasiatischen und die meisten nahöstlichen Kulturen mit vielen Millionen Menschen in den Untergang gerissen, als Weltkönig Marduk sich in einer beispiellosen Vernichtungsaktion seiner entarteten Nachkommen wie Zeus oder Kronos entledigte.

Wenden wir uns nun der Frage des Heimatplaneten der Anunnaki zu. Tahuti, ein hochgradiger Aufgestiegener Meister, gibt uns hierauf eine Antwort. Tahuti, Sohn des Enki/Ptah und jüngerer Bruder des Re, war im alten Ägypten als Thoth und in Hellas als Hermes Trismegistos bekannt. Ehemals selbst ein Anunnaki, gab Tahuti in einer Botschaft vom 9. Februar 2003 preis, dass die Anunnaki in frühen Zeiten einen Kampfplaneten der Galaktischen Föderation erbeuteten, den sie Nibiru nannten, den „Planeten der Durchquerung". In der Botschaft des Tahuti heißt es weiter:

„Zwischen den Annunaki und den Mitgliedern der Galaktischen Föderation gab es schon vor langer Zeit einen gewaltigen galaktischen Krieg. Dieser vernichtete viele lebendige Planeten und richtete auch große Schäden in eurem Sonnensystem an. Der Planet Venus und der Mars wurden so von blühenden Gärten, schöner als ihr euch es vorstellen könnt, lebendig und rein und von göttlicher Energie, zu den tödlichen Wüsten, die ihr heute kennt. Im Rahmen des Transformationsprozesses wird auch das behoben werden. Der Planet Maldek wurde im Laufe dieses gewaltigen Krieges samt seiner Einwohner vernichtet, und die Überreste bilden euren Asteroidengürtel."

Eine ähnliche Version dieser Geschehnisse wird in den sumerischen Überlieferungen berichtet: Die Reste des Planeten Tiamat oder Maldek, die den Asteroidengürtel bilden, tauchen in den sumerischen Archiven als „gehämmerter Armreif" auf. Nibiru umkreist gegenläufig zu allen anderen Planeten die Sonne in einer lang gestreckten Ellipse, deren sonnenfernster Punkt sechsmal weiter „außen" liegt als jener des Pluto. Ein Umlaufjahr des Nibiru dauert rund 3 600 Jahre. Dieses Umlaufjahr des „heiligen Planeten“ wurde von den sumerischen Priestern *shar* genannt.

Nach den sumerischen Quellen landete ein Missionstrupp der Anunnaki vor etwa 487.000 Jahren im südlichen Zweistromland unter der Leitung von Enki („Herr der Erde“). Dieser erbaute die erste Ansiedlung Eridu („fern erbautes Haus“) im Mündungsbereich des Euphrat am Persischen Golf, genau auf dem 30. Breitengrad. Später wurde das Zweistromland stromauf mit weiteren Niederlassungen besiedelt, die durch die Jahrtausende stets ihren Platz behielten, wenn sie durch Kriege oder Naturkatastrophen zerstört und wieder aufgebaut worden waren. Hierzu gehören Städte wie Eridu, Ur, Nippur, Uruk, Sippar oder Shuruppak. Vom Zweistromland aus erweiterten die Anunnaki ihren kulturellen Einfluss entlang des 30. Breitengrades nach Westen und Osten.

Auf den ersten Blick erscheint das Götterpanoptikum in Sumer, Ägypten, Griechenland, Kleinasien, Persien, Indien, Arabien, Syrien, Libanon, Israel-Juda, Süd- und Nordeuropa zunächst verwirrend vielfältig. Doch bei genauerem Hinschauen sind die Identitäten und Verwandtschaftsbeziehungen einer relativ kleinen Gruppe führender Persönlichkeiten zu erkennen, die eine weltweite Politik betrieben und in den verschiedenen Kulturen verschiedene Namen trugen. *„Die Anunnaki lassen sich in neun separate Clans unterteilen“*, so berichtet die Sirius-Botschaft vom 2. Februar 2002, *„ein jeder davon mit einem entsprechend ernannten Führer, der als Repräsentant in ihren Großen Konzilen agierte. Jede Fraktion kontrollierte eine Region der Menschheit, und mit Hilfe einer Reihe von Mythen drängten sie ihren Untertanen ihre Rolle als ‚Schöpfergötter und -göttinnen‘ auf“.*

Innerhalb ihrer irdischen Führungsgruppe zeigt sich eine deutliche Trennlinie zwischen den altsumerischen Anunnaki und jenen jüngeren und weniger langlebigen Abkömmlingen, die in Hellas als *Titanen* und deren Nachkommen, in Nordeuropa als

Asen und *Wanen*, in Indien als *Adjiti* und in der hebräisch-shemitischen Überlieferung als *Söhne des Noah* bekannt waren. Diesen menschlichen Nachkommen war es *„sogar gestattet, sich mit ihren Herren, den Anunnaki, zu kreuzen"*, so heißt es in der Botschaft der Sirius-Gruppe vom 26. Dezember 2000.

Besondere Aufmerksamkeit verdienen die Rangkämpfe, die sich im Umkreis des anunnakischen Zwölferrats abspielten. Es handelte sich um strategische Wettbewerbe zweier streitender Familienflügel. Vor diesem Hintergrund erhält die bewegte Geschichte der konkurrierenden Großmächte der Antike, besonders in der Zeit zwischen 2500 und 500 v. Chr., einen Sinn, der weit über die bekannten Deutungen der akademischen Geschichtsschreibung hinausweist. Denn die Anunnaki-Fürsten *„ermunterten verschiedene Mitglieder ihrer zahlreichen Intriganten, gegeneinander zu rebellieren. Auf diese Weise sicherten sich die Anunnaki ihre weiterhin garantierte Vorherrschaft. Sie wollten, dass ihr sie als allmächtige Götter und Göttinnen betrachtet, die die Menschheit zu einem Zweck erschuf: - dass sie all den ‚gött'-lichen Launen dienstbar ist."* (Botschaft der Sirius-Gruppe vom 19. Dezember 2000).

Vom nibirischen König An („Himmlischer") stammten die Brüder Enki und Enlil („Herr des Worts" = „Befehlshaber") ab. Zwischen dem Enki- und dem Enlil-Flügel schwelte durch die Jahrtausende ein immer wieder aufflammender Konflikt. Beide Clans unterschieden sich in ihren strategischen Zielen. Während die Enlil-Gruppe vor allem das Zweistromland dominierte, prägte der Enki-Flügel die ägyptische Kultur am Nil. Hier war Enki als Ptah („Erschaffer") bekannt, dessen Sohn Re (später bekannt als babylonischer Weltkönig Marduk) seit etwa 15.000 v. Chr. eine bedeutende Rolle spielte.

Adapa, der in der Bibel, im Alten Testament, als Adam auftaucht, zählt zu den Söhnen Enkis. Noah wiederum, der Zehnte in der Reihe der biblischen Urväter, stammt von Re ab, dem Sohne Enkis. Noah seinerseits ist identisch mit dem griechischen

Uranos sowie mit dem altindischen Dyaus-Pitar, der später als Jupiter im römischen Pantheon auftauchte. Die Familien der wichtigsten Söhne Noahs – Shem, Ham und Japhet – besiedelten nach der biblischen Sintflut im Jahre 3 160 v. Chr. Europa, Vorderasien, die Mittelmeerländer und Arabien. Hinter dem nordischen Odin verbirgt sich kein anderer als der biblische Ham und der hellenische Kronos, und der griechische Zeus war im Norden als Balder, in Indien als Indra und im Libanon als Kanaan bekannt.

Dieser geraffte Überblick soll vor allem zeigen, dass die Anunnaki und ihre Nachkommen, die späteren Noiten, die dominanten Führer aller großen antiken Kulturen waren. Sie traten zunächst als „Herren" und „Gebieter" auf und wurden später als „Götter" verehrt. Mit dem Untergang von Atlantis vor rund 12.500 Jahren und neuerlich nach der biblischen Sintflut vor gut 5.000 Jahren verloren die Menschen die Erinnerung an ihre Geschichte und an eine Reihe wichtiger spiritueller Lehren, die – so die Botschaft der Sirius-Gruppe vom 5. März 2002 – *„die Anunnaki und deren sorgfältig ausgewählte Günstlinge durch ein neues Konzept ersetzten. Das Ergebnis war, dass sie euch als eure ‚Götter' und ‚Göttinnen' beherrschten. Sie unterzogen euch einer Gehirnwäsche."*

Die Verfälschung der uralten spirituellen Lehren lässt sich besonders eindrucksvoll an den im 2. Buch Mose gegebenen „zehn Geboten" erkennen. Diese unterscheiden sich nämlich nicht erheblich von anderen Regelkatalogen, wie sie etwa in Babylon galten, und betreffen vor allem den Umgang mit den Mitmenschen in der physischen Welt. Diese Regeln mussten eingehalten werden, einzig weil sie vom „Gebieter" erlassen worden waren. Sie waren aber nicht äußerer Ausdruck einer innewohnenden geistigen Haltung, die ihrerseits auf höheren Lehren beruhte. Sie waren Ausdruck einer Herrschermentalität, die Regeleinhaltung bei Strafe der Steinigung einforderte. Die zehn Gebote des Alten Testaments richten sich zudem ausschließlich an Männer, die in der Befehlshierarchie höher standen als die Frauen.

Hier sind die ursprünglichen zwölf Gebote – ein spiritueller Leitfaden, der gemahnt, aber keine Strafe androht (aus: Ahastar – Botschaften vom Rand der Galaxie):

1. *Du Mensch kommst aus dem All-Einen und bist Teil des All-Einen. Ich bin das All-Eine, das Licht und das Gesetz, das ausging von mir und in euch wohnt. Ich bin Gott – so wie ihr Gott seid. Darum sollst du kein anderes Wesen höher achten noch achten lassen als dich selbst, noch über dich herrschen lassen.*
2. *Wenn ihr erkennt, dass ihr von Licht seid – vom Licht, das Ich bin, wird euer Weg Erkenntnis bringen, Erkenntnis über das Gesetz und das Licht, das Ich bin und das Ich euch bringe, durch meine Boten, damit ihr erkennt, wer ihr seid und wer Ich bin.*
3. *Achte den, in dem du das Licht erkennst. Hüte dieses Licht und hilf, dass es nicht verlöscht. Eure Eltern geben euch nur die leibliche Hülle, doch um ihres inneren Lichtes willen sollt ihr sie achten.*
4. *Wisst, dass der Weg, den ihr gehen müsst, ein schwieriger Weg ist. Und deshalb denkt daran, dass ihr Zeiten der Einkehr braucht, Zeiten, in denen ihr das Licht in eurem Inneren stärker zum Leuchten bringen müsst. Dazu ist es nötig, dass ihr immer wieder die Verbindung zu der Energie sucht, die Ich bin – den ihr Gott nennt.*
5. *Beachtet, dass euch alles anvertraut ist zur Lehre und so zum ständigen Lernen. Haltet diese Lehre rein, die Ich euch gebe, die Lehre, die das Gesetz des Universums ist.*
6. *Denkt daran, dass die Energie, die in euch lebt, immer wieder neu belebt werden muss. Beachtet, dass die Energie, die in euch wohnt, gestärkt wird durch den Kontakt mit einer anderen reinen Seele. Verunreinigt euch nicht durch den Kontakt mit einer anderen Seele, die eine andere (eine niedrige) Schwingung hat.*

7. *Ihr sollt nicht gewaltsam die Energie ausnützen, die in euch wohnt und die euch belebt, weder für euch noch für andere. Ihr sollt sie einsetzen zum Wohl eures Wesens und des gesamten Volkes.*
8. *Bedenkt, dass es eine Wahrheit gibt – die Wahrheit, die auch das Gesetz des Universums ist. Haltet diese Wahrheit rein und vermischt sie nicht mit dem Gedankengut fremder Systeme und Lehren.*
9. *Seid euch bewusst, dass ihr immer eine bestimmte Zeit auf der Erde seid. Nutzt diese Zeit für euch, ohne anderen Schaden zuzufügen. Nie sollt ihr eure Kräfte benutzen, um das Licht in einem anderen erlöschen zu lassen.*
10. *Vergesst nie eure eigene Sendung.*
11. *(Hier stand ursprünglich eine geheime Zeitangabe für den Zeitraum, der dem Volk zur Verfügung steht, um die besonderen Aufgaben auf diesem Planeten zu erfüllen. Sie wurde gelöscht.)*
12. *Denkt daran, dass ihr euch im Augenblick eurer Heimkehr verantworten, eure Aufgabe vor dem „Rat" darlegen und euer Licht vorzeigen müsst, damit erkennbar wird, wie ihr es verwendet habt zu eurer und anderer Erhellung und geistigem Wachstum.*

Angesichts der massiven Verfälschungen uralter spiritueller Lehren durch die Anunnaki darf die allmähliche Durchsetzung des Ideals der geistigen Freiheit zu den bedeutendsten Errungenschaften gezählt werden, die die Menschheit im Laufe der Geschichte erkämpft hat – auch und besonders gegen den Vatikan, der in den vergangenen fast 2.000 Jahren die Linie der Anunnaki-Fürsten weitgehend bruchlos fortgesetzt hat. Dennoch entwickelten, unabhängig von den Vatikan-Doktrinen, Denker wie Gottfried Wilhelm Leibniz die Vorstellung einer in „letzter Instanz" wirkenden allmächtigen und umfassenden Schöpfergottheit – eines spirituell und jenseits des Physischen wirkenden

Schöpfers, aus dem alles kommt, der alles umschließt und der alles durchwirkt und belebt.

Leibniz formulierte diese Gottesidee vor dreihundert Jahren im naturphilosophischen Sinne in seiner Monadentheorie. Hiernach bilden die *„Monaden"* die *„wahren Atome der Natur"*, die *„Elemente der Dinge"* – sie sind Synonyme für das Unteilbare, das gleichsam das Fundament für alles Materielle, alles Teilbare darstellt. Den Ursprung der Materie bildet die monadische Substanz, aber den Ursprung der Monaden erblickte Leibniz in einer *„Substanz ursprünglicher Einheit"*:

„So ist Gott allein die ursprüngliche Einheit oder die ursprüngliche einfachste Substanz; alle erschaffenen oder abgeleiteten Monaden sind seine Erzeugungen und entstehen sozusagen von Augenblick zu Augenblick durch ständige blitzartige Ausstrahlungen der Gottheit." (Leibniz, „Die Hauptwerke").

Dieses Gotteskonzept des großen Denkers ist frei von der Idee des alttestamentarischen Herrschergottes, gleichwohl monotheistisch. Hier fehlt nämlich noch die Anwendung des Hermetischen Prinzips, nach dem die zentrale Gottheit sich auf niederen Ebenen und in kleineren Wirksphären in einer Hierarchie von Logoi widerspiegelt, wobei die zentrale Schöpfungsenergie gleichsam stufenweise herab transformiert wird.

Eben diese Gottesvorstellung wurde bereits vor über fünftausend Jahren formuliert – mitten im Kampfgetümmel der Adjitis und Asuras im alten Indien, als der Subkontinent noch Jambudwipa genannt wurde. Während der Schlacht um Kurukshetra, im Jahre 3 102, achtundfünfzig Jahre nach der Sintflut, war es Krishna, der dem Helden Arjuna diese erhabene Gottesidee anvertraute, überliefert in der Bhagavad Gita, dem „Gesang Gottes":

Nachdem Ich
Mit einem Teil Meiner Selbst
Das Universum durchdrungen habe,
So verbleibe Ich.

Alice Bailey (Eine Abhandlung über kosmisches Feuer) überliefert uns ein Lied aus der altindischen Sh'vet Upanishade (2,17), in der die gleiche Gottesidee in poetischer Form so umschrieben wird:

Dem Gott, Der in den Feuern und in den Wassern Ist,
Dem Gott, Der Sich durch die ganze Welt Ergossen hat,
Dem Gott, Der in den Sommerpflanzen und in den Herren
Der Wälder lebt,
Dem Gott sei Ehre, Ehre.

Diese wahre und erhabene Gottesvorstellung wurde in den Doktrinen der Anunnaki-Fürsten verdreht, verfälscht und für ihre Zwecke umfrisiert. Dies lässt sich an den Schöpfungslehren ablesen, die in Sumer, Akkad, Babylonien und Assyrien über Jahrtausende Gültigkeit besaßen. Da leuchtete nirgends jene göttliche Liebe durch, die die Seelen befreit und erhebt. Da wurde nichts weiter gefordert als Gehorsam und Gefügigkeit. Doch der Mangel an Liebe, den die Anunnaki zum Lebensprinzip erhoben hatten, schlug am Ende auf sie selbst zurück. Der Aufgestiegene Meister Tahuti in Seiner Botschaft vom Februar 2003:

„Die Anunnaki waren dunkel, weil sie keine Liebe in ihren Dingen fanden. Genauso, wie euer Automobil Treibstoff benötigt, so benötigen die großen Mutterschiffe Liebe und Zuneigung, die sie mehr als vergelten. Die Anunnaki hatten dieses Konzept von Liebe und Gegenliebe vergessen, so wie eure Dunklen dieses vergaßen.

So zerstörten sie ihren eigenen Heimatplaneten, der nun nicht mehr in der Lage war, seine Atmosphäre strahlungsfrei zu halten. Gold war das einzige Mittel, diesen Vorgang lange genug zu bremsen, um alle Anunnaki zu evakuieren. Stolz wie sie waren, so besorgten sie sich das Gold auf anderen Planeten, so auch auf der Erde. Sie schufen euch, um die Arbeit zu tun, während sie ihre inneren Kämpfe und dunklen Ränkespiele spielten. Die Anunnaki verließen - bis auf einige wenige, z. B. Jahwe - die Erde, als Nibiru das letzte

Mal in der Nähe der Erde vorbeizog. Sie trafen auf einen öden, leeren Planeten, denn sie kamen zu spät. Der Planet besaß keinerlei Atmosphäre mehr.“

Das freilich hinderte die Anunnaki-Führer nicht, weiterhin Einfluss auf die irdische Menschheit zu nehmen. Sie paktierten hinter den Kulissen mit einer uralten reptoiden Rasse, die sich seit undenklichen Zeiten in Höhlensystemen unter der Erde aufhält und in der Lage ist, zwischen der physischen und der niederen Astralebene zu wechseln. Es gibt gravierende Hinweise, dass die Anunnaki selbst reptoides Erbgut besitzen. Die Sirius-Gruppe nennt sie *„Mensch-/Reptil-Hybriden, bekannt als die Anunnaki“*. Der Pakt mit den irdischen Reptoiden garantierte den Anunnaki-Fürsten eine Einflussnahme auf die menschlichen Angelegenheiten, obgleich sie selbst längst die Erde verlassen hatten. Und so gibt es nicht wenige historische Ereignisse der vergangenen zweieinhalb Jahrtausende, in denen sich der verborgene Einfluss derer von Nibiru unschwer erkennen lässt.

Marduk, Sohn des Enki und in Ägypten als Re bekannt, war zur Zeit des babylonischen Königs Hammurabi im Jahre 1762 v. Chr. offiziell zum Weltkönig ausgerufen worden. Dies ließ seinen Konkurrenten Sin, Sohn des Enlil, nicht ruhen, und über einen Zeitraum von nicht weniger als 1.200 Jahren arbeitete der „Mondgott“ daran, seinen verhassten Vetter zu entmachten. Dies gelang ihm schließlich mit dem persischen Achämenidenkönig Kyros II., der im Jahre 539 v. Chr. im Triumphzug in Babylon einzog und die Vorherrschaft seines anunnakischen Gebieters Sin besiegelte, den der Perserkönig freilich nur unter dem Namen Ahura Mazda feierte.

Nachdem Sin hinter der angemaßten Maske des Ahura Mazda das Persische Weltreich unter seinem Symbol des Halbmondes errichten ließ, dauerte es nicht länger als zweihundert Jahre, bis Alexander der Große in einem historisch einzigartigen Gewaltmarsch über mehr als zehntausend Kilometer das Reich Sins unter das Banner des Zeus Megistos zwang. Das Orakel von Siwa hatte Alexander mitgeteilt, dass er der Sohn des Amen Re sei, der direkte Spross des Zeus Megistos, des Größten Zeus, und dankbar beeilte sich das vom Erzfeind Sin befreite Ägypten, Alexander zum Pharao zu krönen. Das waren allzu deutliche Zeichen für die Fortsetzung des alten Machtkampfes zwischen der Enlil-Gruppe, angeführt von Sin, und der Enki-Gruppe, angeführt von Re.

Gut sechshundert Jahre später, um das Jahr 330 n. Chr., fügte Konstantin der Große die Attribute des Sol Invictus, des „Unbesiegten Sonnengottes", in die symbolische Aura des Jesus Christus ein. Dieser Sonnengott hatte sein wichtigstes Heiligtum im uralten Iunu oder An, dem späteren Heliopolis („Stadt des Sonnengottes"), in Ägypten, wo seit Jahrtausenden der Benben verehrt wurde – jenes konisch geformte Fluggerät, in dem einst Re zur Erde gekommen war. Denn Re war in Ägypten im Laufe der Jahrtausende vom Himmels- zum Sonnengott gewandelt. Bei Re erblicken wir eine ähnliche Anmaßung wie bei seinem Vetter Sin: Wie Sin über den Mond, so beanspruchte Re über die Sonne den Titel des „lebensspendenden Schöpfergottes" und verdunkelte auf diese Weise den spirituellen Zugang zum wahren Schöpfergott.

Kaum ein Jahrhundert darauf betrat Merowech die Bühne der Geschichte. Von ihm wird überliefert, dass er der Sohn des Meeresgottes Neptun sei. Hinter Neptun aber verbirgt sich derselbe, der in der nordischen Edda als Nep und in der Geschichte des Zweistromlandes als Nebo oder Nabu auftaucht. Der aber war ein berühmter Sohn des Re, der gut 900 Jahre zuvor als Weltkönig Marduk von seinem Konkurrenten Sin entmachtet worden war. Nach Merowech, dem Begründer der Merowinger-Dynastie, gab es eine Verschmelzung gleich mehrerer bedeutender Blutslinien, die in die Dynastie der Frankenkönige einflossen. Die Nachkommen des Merowech verbanden sich mit den Burigundern, den „Kämpfern des Buri" (Re!), mit den Benjaminitern, den Nachkommen Abrams, die einst von den Stämmen Israels verstoßen worden und über Sparta nach Mitteleuropa gezogen waren, und mit den Archonten, den streng geheim gehaltenen Nachkommen des Jesus.

Diesen geheimen Vormarsch des Re im Windschatten des expandierenden Christentums mochte sein durch Alexander entmachteter Rivale Sin nicht länger dulden, und um das Jahr 600 n. Chr. ließ dieser – wiederum unter seinem altbekannten Banner des Halbmonds – durch seinen Propheten Mohammed den Islam verkünden. Islam heißt „Unterwerfung", und hier ist das alte anunnakische Konzept erkennbar, das *Unterwerfung* fordert, während die wahren spirituellen Lehren an *Einsicht* appellieren und *geistige Erleuchtung* fördern. Und es war gewiss kein Zufall, dass der vorrückende Islam eben jene Gebiete besetzte, die gut neunhundert Jahre zuvor zum Persischen Weltreich gehört und ebenfalls unter dem Zeichen des Halbmonds gestanden hatten.

Und es war weiterhin kein Zufall, dass der Islam sich – strategisch wohl überlegt – zwischen das Christentum im Westen und den Buddhismus im Osten schob. Damit wurde eine Verschmelzung vereitelt, und statt dessen ergaben sich Frontlinien, die bis heute an Härte nichts eingebüßt haben. Nachdem aber den Moslems unter den Karolingern im achten Jahrhundert der Einzug nach Mitteleuropa dauerhaft verwehrt worden war, gab es vierhundert Jahre später einen erneuten Vorstoß zur Eroberung Europas – durch Dschingis Khan, der mit seinen wilden Reitern aus den Weiten Asiens bis ins grüne Mitteleuropa vorstieß. In wessen Auftrag war Dschingis Khan nach Westen gezogen? Der reptiläugige Mongolenkönig, der nie blinzelte, focht für seinen Gott Sulde, dem wie weiland Sin der Mond gewidmet war.

Ferner können wir uns fragen, welche Bedeutung darin liegt, dass um das Jahr 1800 der korsische Patriziersohn Bonaparte sich den Namen Napoleon beilegte, „Löwe des Nabu", für kurze Zeit ganz Europa unter seine Herrschaft brachte und als Bewunderer mit einem riesigen Wissenschaftler-Tross zu den Pyramiden Ägyptens zog – jenen Pyramiden, die stets mit Re, dem Vater des

Nabu, in Verbindung gebracht wurden, tatsächlich aber von Res Sohn Tahuti vor gut 12.500 Jahren erbaut worden waren.

Zu Napoleons Zeiten aber war der geheime Einfluss der Anunnaki längst vermittelt durch die zuverlässigen Dienste der Illuminaten, der Gefolgsleute der Reptoiden, und da gab es jenseits des Atlantik einen Riesenkontinent, der schier unbegrenzte Möglichkeiten für den Aufbau ganz neuer und sehr solider Machtpositionen bot. Zwar hatte der Spirituelle Meister St. Germain Seinen Einfluss geltend gemacht, um im Jahre 1787 jene Version der amerikanischen Verfassung durchzusetzen, die dann auch verabschiedet wurde – doch im Kali-Yuga liegt der Machtbereich der Kräfte der Finsternis auf der physischen Ebene. Und spätestens hundert Jahre nach Napoleon hatten sich die Reptoiden genetisch in die mächtigsten Familien Nordamerikas eingeschlichen.

„*Diese Menschen wissen um die Macht, den Überfluss, die Manipulation*“, so heißt es in der Sirius-Botschaft vom 19. Dezember 2000. „*Ihre Welt ist angefüllt mit Betrug und einem ziemlich erstaunlichen Grad an Paranoia. Sie haben gelernt, in vollem Umfang niemandem zu trauen und von ihren Bediensteten absolute Loyalität zu fordern. Im Laufe vieler Jahrtausende hat diese Perspektive Wesen hervorgebracht, deren gesamte Handlungsweise den Umfang begrenzt hat, nach dem irgend eine Art Wissen zu euch gelangen kann. Wir waren gezwungen, dies zu überwinden, indem wir ihre Gier nach Macht und Kontrolle zu unserem Vorteil nutzten. Diese Wesen ergreifen schnell Besitz von jeglichem Wissen, das in eure Welt kommt, und pressen es in eine neue Form. Nichtsdestoweniger erlaubte uns diese Tatsache, euch auf eine höhere Technologiestufe zu bringen. Dies zwang in Konsequenz die Intriganten, euch zunächst zu unterrichten und dann nach und nach mehr Zugang zu vielen wichtigen elektrischen und mechanischen Einrichtungen zu gewähren.*“

Der unheilvolle Einfluss der Anunnaki-Repto-Allianz setzte sich bis ins Zwanzigste Jahrhundert fort – bis die neue Generation in der Anunnaki-Führung einen grundlegenden Kurswechsel vollzog und, nach unserer Zeit gerechnet, im Jahre 1995 den Vertrag von Anchara unterzeichnete. Mit diesem Vertragswerk wurden in unserer Galaxis jene Kriege beendet, *„die die unzähligen Untertanen von Anchara in dieser Galaxis angezettelt hatten. Sie kamen, um zu erobern und den friedvollen Bewohnern der Galaxis ihre Wege der Finsternis beizubringen. Nun jedoch kommen jene scheinbar endlosen Kriegs-Zyklen zum Ende. Ihr seid das letzte Puzzle-Teil, das den heiligen Vertrag des dauerhaften Friedens besiegeln wird"* (Sirius-Botschaft vom 4. September 2001).

Mit ihrer Umkehr ins Licht nannten sich die Anunnaki in Annanuki um – „die dem Licht Zugewandten". Im Jahre 1998 erhielten die Annanuki den Auftrag von der Galaktischen Föderation, den Umlauf ihres Planeten Nibiru um die Sonne abzubrechen und den ehemaligen Kampfstern der Erde anzunähern. Der Zeitpunkt der größten Erdnähe wurde für die letzten Tage des Juli 2003 angekündigt (Sirius-Botschaft vom 2. Februar 2002). Und in der Tat: Nibiru ist bereits von zahlreichen Astronomen beobachtet und fotografiert worden (siehe www.zetatalk.com). Nur die „offizielle" Astronomie schweigt.

So ist die Zeit nicht mehr fern, bis die führenden Annanuki auf der Erde landen und ihren ehemaligen Vasallen klar machen, dass sie völlig allein da stehen und ihre Zeit endgültig abgelaufen ist.

Auch andere Mitglieder der dunklen Allianz, die in benachbarten Teilen der Galaxis leben, haben gegen Ende unseres letzten Jahrtausends um Beendigung der Feindseligkeiten gebeten und um Aufnahme in die Galaktische Föderation des Lichts ersucht – so die reptoid-dinoide Kultur aus dem Bellatrix-System, die Jahrmillionen lang in der Anchara-Allianz eine führende Rolle spielte.

„Dieses erstaunliche Ereignis", so sagt der Sirianer Washta in „Der Photonenring", *„wird als Beweis dafür gesehen, dass unsere Mission, Licht in der Galaxie zu verbreiten, erfolgreich ist, und dass*

die alten Prophezeiungen über die Absicht der gegenwärtigen Schöpfung sich jetzt bewahrheiten."

Die Illuminaten – Herrscher im Schatten

Die „Illuminati" bezeichnen sich als die „Erleuchteten". Bereits in diesem Namen liegt eine beabsichtigte Verdrehung der tatsächlichen Verhältnisse. Denn die Illuminaten sind ebenso wenig erleuchtet, wie Reptilien Säugetiere sind. Soweit Illuminaten „erleuchtet" sind, dann vom dunklen Geiste Luzifers. Sie stellen als Filiale dieses Fürsten der Finsternis das einflussreichste Machtkartell auf dem physischen Plan unserer Erde dar. Sie werden gelenkt von 13 Herrschern, die sich aus einigen wenigen Familien rekrutieren.

Sie fachen Kriege an, während sie Waffen an beide Seiten liefern. Sie zetteln Revolutionen gegen Regierungen an, die sie soeben noch gestützt haben. Sie ruinieren planmäßig ganze Volkswirtschaften, um sie von ihrem jeweiligen Favoritenstaat abhängig zu machen. Und ihr mächtigster Favorit, die USA, wird vollständig von ihnen kontrolliert.

Der gesamte Machtapparat der USA einschließlich der zahlreichen Geheimdienste und des militärisch-industriellen Komplexes ist vollständig von den Illuminati unterwandert, und zwar von der Spitze her. Diese Dunkelkräfte haben die amerikanische Verfassung in unglaublichem Maße verfälscht und ausgehöhlt. Am 21. Februar 1871 ließen sie den amerikanischen Kongress ein Gesetz („1871 Act") verabschieden, das zunächst für ein zehn Quadratmeilen großes Stück Land, den District of Columbia, geschaffen wurde.

Dieser District of Columbia mit seiner „Hauptstadt" Washington D.C. wurde offizieller Sitz der Privatfirma UNITED STATES OF AMERICA, und für dieses Gebiet galt fortan die „CONSTITUTION *OF* THE UNITED STATES OF AMERICA". Doch in den Gründungsdokumenten der Vereinigten Staaten von Amerika ist von den „united states of America“ die Rede, und die Verfassung von 1787 ist betitelt: „The Constitution *for* the united states of America“. Die amerikanische Rechtswissenschaftlerin Lisa Guilian kommentiert: „Beachten Sie, dass weder das Wort ‚united' noch das Wort ‚states' mit Großbuchstaben begannen. CONSTITUTION OF THE UNITED STATES OF AMERICA ist eine Firmenverfassung, was absolut nicht dasselbe Dokument ist, wie Sie annehmen."

Das bedeutet: Die für den District of Columbia geschaffene Regierung operiert einzig unter Internationalem Privatem Recht, nicht unter Öffentlichem Recht (common law), das die Grundlage der Konstitutionellen Republik darstellt. In streng rechtlicher Hinsicht hat deshalb der „Präsident“ der Firma UNITED STATES OF AMERICA Rechtsgewalt lediglich für ein Gebiet, das zehn Quadratmeilen um die Stadt Washington D.C. umfasst. Ebenso besitzt die Verfassung, die für diese Firma gilt, Rechtsgültigkeit lediglich für dieses Landstück.

Der Illuminatenfirma USA mit Sitz im District Columbia ist es gelungen, sich in den Augen der Amerikaner und der Weltöffentlichkeit als Republik usA zu verkaufen, und sie hat es ohne viel öffentliches Aufsehen geschafft, die Einrichtung der US-Notenbank in eine Saugpumpe zu verwandeln, die der amerikanischen Föderierten Republik – den usA – jeglichen Überschuss entzieht und sie gegenüber den führenden Illuminatenfamilien in einer Größenordnung verschuldet, die jedes vorstellbare Maß übersteigt.

Der amerikanische Kongress – zusammengesetzt aus Senat und Repräsentantenhaus – besitzt nach Artikel 1 (Abschnitt 1 und 8) der amerikanischen Verfassung das alleinige Recht, Münzen zu prägen, Banknoten zu drucken, deren Wert festzusetzen und sie in Umlauf zu bringen. Es gibt in der amerikanischen Verfassung keine Regelung, die dem Kongress erlaubt, die Währungshoheit an eine private Einrichtung zu delegieren.

Dennoch verabschiedete der Kongress im Jahre 1913 ein Gesetz, mit dessen Inkrafttreten die gesamte Währungshoheit vom Staat an die „Federal Reserve Bank" überging. Die „Fed Bank" ist nicht etwa eine Staatsbank. Sie ist eine Privatbank, die sich in den Händen der Familien Rockefeller, Rothschild, Warburg sowie der britischen Windsors befindet. Wir werden im Laufe dieses Kapitels sehen, dass diese Familien zur Weltspitze der Illuminatenführung gehören.

Mit diesem Verfassungsbruch erster Klasse hat die „Fed Bank" die Währungshoheit des amerikanischen Staates seit fast hundert Jahren in der Hand. Seitdem muss der Staat all jene Abermilliarden Dollar, die er in Form von Noten oder Münzen bei der „Fed Bank" bestellte, bezahlen, und zwar zuzüglich Zinsen. Ich gebe hier auszugsweise ein – von mir übersetztes – Interview wieder, das der amerikanische Journalist Dan Benham im Jahre 2002 mit Ron Supinski führte, einem Mitglied des „Public Information Department" der „San Francisco Federal Reserve Bank":

Benham: *Wieviel zahlt die „Federal Reserve" für eine 10-Dollar-„Federal Reserve"-Note?*

Supinski: *Fünfzig bis siebzig Cents.*

Benham: *Wieviel zahlen Sie für eine 100-Dollar-„Federal Reserve"-Note ?*

Supinski: *Das selbe – fünfzig bis siebzig Cents.*

Benham: *Nur fünfzig Cents im Tausch für 100 Dollar ist ein gewaltiger Profit, nicht wahr?*

Supinski: *Ja.*

Benham: *Entsprechend zum US Schatzamt, zahlt die „Federal Reserve" 20.60 Dollar per 1.000 Dollar Nennwert bzw. ein bisschen mehr als zwei Cents für eine 100-Dollar-Rechnung, ist das so korrekt ?*

Supinski: *Das ist wohl nahe dran.*

Benham: *Und die Schulden können NIE abbezahlt werden im aktuellen Geldsystem unseres Landes?*

Supinski: *Im Grunde ja.*

Benham: *Ich „rieche da eine Ratte", Sie nicht?*

Supinski: *Sorry, ich kann darauf nicht antworten, ich arbeite hier.*

Die Illuminati im Hintergrund sind es, die beispielsweise den Konflikt im Nahen Osten anheizen, indem sie Waffen und Militärausrüstung an beide Seiten liefern. *„Sie sind sehr doppelzüngige Leute. Sie lieben das Schachspiel, und sie sehen den Krieg zwischen Nationen als Geburtshelfer von Ordnung aus dem Chaos"* (www.suite101.com).

Der Kalte Krieg, der vor allem Europa Jahrzehnte lang in einen angstvollen Daueralarm versetzt hatte, war für die Illuminati nichts als ein Schachspiel auf dem Spielbrett unserer Erde. Doch die hierbei erzeugte millionenfache Angst wurde von Kräften als Nahrung geerntet, die in der Hierarchie noch höher stehen als die Illuminati – die Reptoiden im Hintergrund, von denen wir erfahren haben, dass sie die „erste Schöpfung Luzifers" darstellen.

„Russland war niemals eine wirkliche Bedrohung für uns", verrät eine sachkundige Aussteigerin, auf die wir später genauer kommen werden. *„Der Marxismus wurde von den Illuminati ins Leben gerufen und eingesetzt als Gegengewicht zum Kapitalismus."* Karl Marx, so heißt es unter www.centrexnews.com, *„war ein Illuminat, und ihm wurde gesagt, was er in seinen Traktaten schreiben soll."*

Die Illuminati achten *„streng auf die Balance zwischen entgegen gesetzten Kräften. Sie betrachten Geschichte als ein komplexes Schachspiel, und sie werden eine Seite gründen, dann die andere. Sie lachen, denn sie sitzen schließlich oberhalb der politischen Parteien. Ein westlicher Spitzenfinanzier trifft während dieser Jahre insgeheim mit einem russischen Gegner zusammen, und sie haben ihren Spaß daran, wie die ‚Schafe' getäuscht werden"*.

Die dreizehn Herrscher des Illuminati-Weltrates sind es, die als die „schwarze Geheimregierung" dieser Erde gelten können. Sie halten die Fäden der Macht in den Händen, sie dirigieren einen tausendarmigen schwarzen Kraken, der nimmersatt allen

Reichtum dieser Erde aufsaugt – einen ebenso intelligenten wie kalten und bösartigen Parasiten, der erst dann gesättigt sein wird, wenn er sicher sein kann, dass er alles unter Kontrolle hält, einschließlich der menschlichen Gefühle und des menschlichen Denkens.

Anne und Daniel Meurois-Givaudan (Vom Geist der Sonne – Die Friedensbotschaft der Lichtgestalt aus Damaskus) haben aufgezeichnet, was ihnen Meister Jesus, die „Lichtgestalt aus Damaskus“, Ende der achtziger Jahre des 20. Jahrhunderts mitteilte: *„Nach dem Bild eurer Brüder des Lichts wirken die Brüder der schwachen Liebe seit Millionen von Jahren im Unterirdischen, nicht weil sie vom Bösen angezogen wären – denn die Beherrschung und Perfektionierung einer einzigen und einzigartigen Rasse erscheint ihnen als etwas Gutes –, sondern deshalb, um aus dem Planeten einen Ort zu machen, an dem sie ihre geistigen und physischen Bedürfnisse befriedigen können. In neuerer Zeit ist ihnen unter dem Etikett des Nazismus die bisher erfolgreichste Verwirklichung ihres Vorhabens gelungen.“*

Dieser bemerkenswerte Zusammenhang zwischen den Illuminaten und der Nazi-Herrschaft wird von den Sirianern ausdrücklich bestätigt: *„Jene, die weitgehend verantwortlich dafür waren, die Nazis in Europa an die Macht zu bringen, haben nun die Kontrolle über die letzte ‚Supermacht' der Welt übernommen“* (5. November 2002). Meister Jesus bezeichnet diese Kräfte der Finsternis als *„mächtige Organisation, die in alle politischen, wissenschaftlichen, wirtschaftlichen und selbst in die religiösen Bereiche verzweigt ist“*. Er lässt aber auch keinen Zweifel daran, dass die Mehrzahl der Menschen diese Gruppe nährt, und zwar mit ihren negativen Emotionen, die täglich milliardenfach produziert werden: *„Sie kommt aus jedem von euch, dessen schädliche Antriebe in jedem Augenblick ein düsteres Energiereservoir anwachsen lassen.“*

Einen bündigen Überblick über die Machtstruktur, den Einfluss und die inneren Zustände dieser „Fabrik des Bösen“ gibt eine Aussteigerin, eine Frau von etwa Mitte Vierzig, die sich unter dem Namen Svali tarnt. Svali arbeitete bis 1996 als „mind programmer“ für die Illuminati und stieg dann aus. Sie war als sechste Haupttrainerin in der San Diego-„Branche“ tätig, und ihr unterstanden 30 weitere Trainer. Mit ihrem Ausstieg riskierte sie ihr Leben, denn seitdem warnt sie die Menschheit vor der geheimen Macht der Illuminati und ihren Plänen. (Die Übersetzung aller hier wiedergegebenen Zitate besorgte der Verfasser.)

Henry Makow veröffentlichte am 14. Oktober 2002 unter http://i.am/jah/illumin.htm einen langen Beitrag unter dem Titel „Illuminati-Aussteiger: Details über durchdringende Verschwörung/ Satanistischer Kults plant ‚Viertes Reich'“. Makow einleitend: *„Eine Frau, die innerhalb des Illuminati-Kults aufstieg, beschreibt eine mächtige Geheimorganisation, die ein Prozent der amerikanischen Bevölkerung umfasst, alle sozialen Institutionen infiltriert hat und im Geheimen eine militärische Machtübernahme vorbereitet. Ihre Enthüllungen werfen ein neues Licht auf den ‚Krieg gegen den Terror' und den ‚Heimatschutz'.“*

Die Aussteigerin, so Makow weiter, *„beschreibt einen sadistischen Satanskult, der von den reichsten und mächtigsten Familien der Welt geführt wird. Der Kult ist weitgehend homosexuell und pädophil und praktiziert Tieropfer und Ritualmorde. Der Kult arbeitet als ‚Hand im Handschuh' mit der CIA und der Freimaurerei. Er steht unter ‚arischer Vorherrschaft' (an der Spitze wird deutsch gesprochen), doch jüdische Abtrünnige werden willkommen geheißen. Der Kult kontrolliert den Welthandel mit Drogen, Waffen, Pornographie und Prostitution.“*

Die Illuminaten, so betont Svali, sind keine „jüdische Verschwörung“: *„Absolut nicht. Tatsächlich waren Hitler und seine Leute (speziell Himmler und Goebbels) Top-Illuminati.“* Damit bestätigt sie, was wir weiter vorn bereits aus seriösen Quellen erfuhren. *„Die Illuminati sind extreme Rassisten. Es gibt einige sehr mächtige jüdische Leute in dieser Gruppe. Zum Beispiel errang die Rothschild-Familie buchstäblich das Finanz-Imperium in Europa (und indirekt in den Staaten), und sie ist eine wohlbekannte jüdische*

Familie. Aber um bei den Illuminati zur Macht aufzusteigen, muss ein Jude in der Nacht dem eigenen Glauben abschwören und seine Untertanentreue zu Luzifer und den Glaubenssätzen der Illuminati bezeugen. Baron Rothschild in Frankreich ist einer der 13 europäischen ‚Lords' oder ‚Könige', die die Gruppe in Europa führen, und er sitzt im Weltrat.“ Die „illuminierten“ Juden *„hegen Hass gegen ihre eigene Rasse. Sie hassen Israel, hoffen darauf, es eines Tages zerstört zu sehen und warten auf die rechte Zeit.“*

„Viele Illuminati sind auf das ‚Vierte Reich' programmiert. Die Illuminati sind Rassisten und haben ein sehr ‚arisches' Aussehen. Sie glauben streng an das Gesetz des ‚Reinen' und ‚Intelligenten' nach ihrer Definition, und in ihren Zeremonien werden bei Gelegenheit (Angehörige von) Minderheiten getötet. Sie versuchen, mit ihren Kindern und Abkömmlingen eine ‚genetisch überlegene' Rasse zu züchten, die herrschen soll. Sie sind Anhänger von Platos ‚Republik', und sie glauben, dass sie diejenigen sind, die mit der Neuen Weltordnung in diese ‚utopische' Herrschaft führen. In ihrem Utopia wird die Intelligentsia herrschen, und die Schafe – die Massen – werden ihren Führern folgen.“

Was die USA angeht, so sind *„die Illuminati. präsent in jedem größeren Stadtzentrum der Vereinigten Staaten. Sie bauen auf die Kontrolle eines Gebiets durch Banken und finanzielle Einrichtungen (Raten Sie mal, wie viele in den Bankausschüssen sitzen? Sie werden überrascht sein) und durch lokale Regierungsbehörden: Raten Sie mal, wie viele in die lokalen Stadträte gewählt werden?“* (www.suite101.com).

Das ist das Bild einer Krake, die Tausende von Tentakeln ausstreckt, um das Land unter Kontrolle zu halten, und zugleich die Beschreibung eines Modells, dessen weltweite Ausdehnung außer Zweifel steht.

„Die Illuminati praktizieren ein Glaubensbekenntnis, das ‚Erleuchtung' genannt wird. Es ist luziferisch, und sie lehren ihre Nachkommen, dass ihre Wurzeln zurückgehen auf die alten Mysterienreligionen in Babylon, Ägypten und den keltischen Druidismus. Sie

haben davon übernommen, was sie für das ,Beste' halten. und vereinigten dies in einer strengen okkulten Disziplin. Viele Gruppen der lokalen Ebene verehren antike Gottheiten wie ,El', ,Baal', ,Astarte', ebenso ,Isis und Osiris' und ,Seth'. Ich weiß, dass diese Leute das Böse lehren und praktizieren."

Im Jahre 1996, als sie die Illuminati verließ, „*waren annähernd 1 Prozent der US-Bevölkerung entweder Mitglied der Illuminati, sympathisierten mit ihnen*" oder waren als „*Opfer von mind control*" willfährige Mitläufer.

Die Illuminaten und die Freimaurer „*sind ,Hand im Handschuh'. Der Freimaurertempel in Alexandria/Virginia (die Stadt selbst wurde nach Alexandria/Ägypten benannt und ist eine Brutstätte von Illuminati-Aktivitäten) ist im Gebiet von Washington DC ein Zentrum für Schülerschaft und Lehrtätigkeit. Ich wurde immer wieder zu Prüfungen, für den Aufstieg zur nächsthöheren Ebene, zur Ausbildung und für hohe Zeremonien dort hin gebracht. Die Führer in dieser Freimaurergruppe waren ebenfalls Illuminati. Dies trifft zu für jede größere Stadt, in der ich lebte. Die führenden Freimaurer waren ebenso führende Illuminaten. Meine Großeltern mütterlicherseits waren beide hochrangige Freimaurer in der Stadt Pittsburgh/Pa. (Präsident des ,Eastern Star' und 33. Maurergrad), und beide waren zugleich führende Illuminati in diesem Gebiet.*"

Sind alle Freimaurer Illuminati? „*Nein. Speziell auf den niederen Ebenen – so nehme ich an – weiß niemand etwas über die Praktiken, die in der Nacht in den größeren Tempeln statt finden. Viele sind wahrscheinlich feine Geschäftsleute und Christen. Aber ich habe vom 32. Grad aufwärts niemanden kennen gelernt, der kein Illuminat war. Die Gruppe half bei der Schaffung der Freimaurerei als ,Front' für ihre Aktivitäten.*"

Ebenso wie die Freimaurer sind auch die Mormonen und die Zeugen Jehovas längst „übernommen" und CIA und FBI unter Kontrolle*: „CIA, FBI sind alle infiltriert. Ebenso die Mormonen usw.. Die Mormonen schlossen sich in den Fünfziger Jahren während eines Treffens mit den Illuminati-Führern an. Ebenso*

Jehovas Zeugen. Viele Verwaltungsbeamte und Direktoren des FBI sind ebenfalls Illuminati. Der CIA half dabei, nach dem II. Weltkrieg deutsche Wissenschaftler herüber zu bringen. Viele von ihnen waren ebenfalls Illuminati-Führer in ihrem eigenen Land, und sie wurden von der US-Gruppe mit offenen Armen willkommen geheißen. Sie leiteten alle Informationen, über die sie verfügten, an die Illuminati.“

Darüber hinaus haben die Illuminati eine kaum überschaubare Zahl von Organisationen, Bruderschaften, Gruppen und Komitees geschaffen, die sämtlich als Vorschalt- und Frontgruppen, als Rekrutierungsfelder oder Exekutivorgane dienen. Hierzu gehören die Trilaterale Kommission, der Council on Foreign Relations („Rat für auswärtige Beziehungen“), das Komitee der 300 und die italienische Geheimloge P2, um nur einige zu nennen.

Die Lebenskarrieren fast aller männlichen Mitglieder der amerikanischen Präsidentenfamilie Bush an der Yale-Universität liefen durch die rassistische „Skull-and-Bones“-Bruderschaft, deren Markenzeichen ein Totenkopf mit gekreuzten Knochen ist. Mitglieder der „Skull and Bones“ finden sich im Top-Management aller großen amerikanischen Öl-, Rüstungs- und Finanzkonzerne, und es ist nicht verwegen zu behaupten, dass diese Firmen sämtlich unter fester Illuminati-Kontrolle stehen.

Ein bekanntes Illuminati-Forum, das allerdings die Öffentlichkeit scheut wie der Teufel das Weihwasser, sind die „Bilderberger“. Der niederländische Prinz Bernhard rief diese Geheimorganisation im Mai 1954 ins Leben, und die erste Zusammenkunft einer erlesenen Schar von Führungspersonen aus Hochfinanz, Großindustrie, Politik und Medien fand im Hotel „de Bilderberg“ im niederländischen Ooosterbek statt – rund 120 Personen aus Westeuropa, den USA und Kanada. Prinz Bernhard, so sickerte später durch, formulierte damals als Hauptziele dieser „pressure group“ die Bildung einer Weltregierung bis zum Jahre 2000 sowie die Schaffung einer globalen Armee im Rahmen der

Vereinten Nationen. Dieses Ziel ist dank der Macht der göttlichen Allianz nicht erreicht worden.

Die Bilderberger besitzen einen Lenkungsausschuss, dem 24 Europäer und 15 Amerikaner angehören. Dieser Ausschuss entscheidet, wer zu den jährlichen Treffen eingeladen wird. Als Auswahlkriterium gilt die Loyalität zu den Spitzen-Illuminatenfamilien Rockefeller und Rothschild. Die Bilderberger sind oft als die „geheime Weltregierung" bezeichnet worden. Dies aber ist unbestreitbar der „Welt-Rat" der Illuminati. Die Bilderberger-Treffen dienen hauptsächlich dazu, die Eingeladenen auf jenen Kurs einzuschwören, der von den Top-Illuminati abgesegnet worden ist.

An den Bilderberger-Treffen nahmen im Laufe der Jahrzehnte die meisten US-Präsidenten sowie – bis auf Adenauer – sämtliche deutschen Bundeskanzler teil, einschließlich der SPD-Kanzler. Das Bilderberger-Treffen von Salarium am 10. Juni 2002 zählte offiziell 113 Personen. Ein Blick auf die Teilnehmerliste spricht Bände: Alan Greenspan, Chef der Federal Reserve Bank, die sich im Privatbesitz der Familien Rockefeller, Rothschild, Warburg und Windsor befindet; Henry Kissinger, amerikanischer Ex-Außenminister und Jahrzehnte langer Mitgestalter dieses Forums; David Rockefeller in seiner Eigenschaft als Mitglied des JP Morgan International Council; Donald Rumsfeld, US-Kriegsminister; Richard Perle, Mitglied des Council on Foreign Relations (Rat für auswärtige Beziehungen), wegen seiner erbarmungslos harten außenpolitischen Haltung „Fürst der Finsternis" genannt; James D. Wolfensohn, Chef der Weltbank; dazu Minister, Konzernfunktionäre und Presseleute aus den USA, Kanada und Europa von Portugal bis Russland.

Nach Svali war es nicht Adam Weishaupt, der die Illuminati begründete: *„Sie wählten ihn vielmehr als Gallionsfigur und sagten ihm, was er über sie schreiben soll. Die Finanzleute, deren Geschichte zurück geht auf die Zeiten der Tempelritter, die die frühen Könige finanzierten, schufen die Illuminatenbewegung."*

Svali beschreibt die Zustände in der US-amerikanischen Illuminati-Hierarchie, doch lässt sie keinen Zweifel daran, dass diese ihre Wurzeln in Europa haben: *„Hier war ihr Machtfundament seit jeher. Ich erinnere mich, dass mir schon als Kind davon berichtet wurde, dass Amerika grundlegend als ‚Missionsfeld' und als ‚Land der Gelegenheiten' von jenen betrachtet wurde, deren Wurzeln Hunderte von Jahren oder mehr in die dynastischen Blutslinien Europas zurück reichen.*

Daher kommt es, dass ihre Machthierarchie rund um die Welt – ob in den USA, in Asien, in Australien, in Kanada oder irgendwo anders – stets zurück weist nach Europa. Hier residieren die 13 Herrscher, die auch ‚Lords' genannt werden. Jeder Herrscher repräsentiert ein Gebiet in Europa, das unter seiner Herrschaft steht, und jeder von ihnen vertritt eine alte dynastische Blutslinie.

Zum Beispiel ist die Habsburger Blutslinie (Merowinger) im verborgenen noch immer in Europa aktiv, ebenso die Rothschild- und Battenberg-Blutslinien. In vielen modernen europäischen Ländern sind die Nachkommen dieser Blutslinien immens mächtig und im Geheimen die ‚Macht hinter dem Thron', wenn sie nicht selbst die aktuellen Herrscher sind.

Das ist ein Grund dafür, warum zum Beispiel hochrangige Illuminati-Nachkommen in den USA ihre Abkunft auf Mitglieder der herrschenden Verschwörer in Europa zurück führen können. Mitglieder von Führungsräten in den USA sind stets direkte Nachkommen, ob legitim oder illegitim" (www.suite110.com).

Der nationale Führungsrat in den USA besteht aus *„einflussreichen Bankiers mit altem Geld wie die Rockefellers, die Mellon-Familie, die Carnegie-Familie, die Rothschild-Familie."* Der Oberste Welt-Rat („Supreme World Council") ist bereits eingerichtet als *„Prototyp jenes Rates, der nach Inkraftsetzung der Neuen Weltordnung herrschen"* soll. Der Welt-Rat *„tritt regelmäßig zusammen, um Finanzen, Leitungsfragen, Politik usw. zu diskutieren sowie zur Lösung aktuell auftretender Probleme. Wieder einmal sind dies Köpfe der Finanzwelt, altes Bankkapital. Die Rothschild-Familie in*

England und in Frankreich haben Herrschersitze. Ein Abkömmling der Habsburger Dynastie hat einen Geschlechter-Sitz. Ein Nachkomme der herrschenden Familien von England und Frankreich hält einen Geschlechter-Sitz. Die Rockefeller-Familie in den Vereinigten Staaten hält einen Sitz" (www.suite110.com).

„Die Illuminati-Führung betont, dass sie von königlichen Blutslinien abstammt, und sie verweist auf ihr ungebrochenes okkultes Erbe. Die Hannover/Habsburg-Abkömmlinge herrschen in Deutschland über die ‚Bruderheist'. Sie werden als eine der stärksten und okkultesten Linien betrachtet. Die britische Linie mit der königlichen Familie liegt direkt unter ihnen. Sie beherrschen definitiv die UK-Branche unter den Rothschilds im okkulten Reich, ebenso wie das Parlament das Land öffentlich beherrscht. In Frankreich besitzen Abkömmlinge der Königsfamilien ebenfalls Macht im okkulten Reich, doch die französischen Rothschilds halten die Herrschaft über alle. Die Abkömmlinge der früheren Herrscherfamilien sind ebenso wie die neueren in die okkulte Führung eingebunden" (www.suite110.com).

Bemerkenswert ist die Rangordnung, nach der die Illuminati-Führung die Staaten dieser Welt bewertet. Svali gibt an, dass die USA *„als niedriger und jünger betrachtet"* werden als die europäischen „Branchen". *„Deutschland, Frankreich und Großbritannien bilden ein Triumvirat, das im europäischen Kult herrscht. Russland wird als wichtig betrachtet, und es besitzt die stärksten militärischen Gruppen. Russland wird die Militärbasis und das Kraftzentrum der Gruppe sein, denn ihre Illuminaten-Militärkommandeure gelten als die besten der Welt und sind sehr, sehr diszipliniert. Russland ist der vierte Rang in der Neuen Weltordnung versprochen worden, vor den USA, da Russland über die Jahre hilfsbereiter und kooperativer bei der Förderung der Agenda war. China wird hinter Russland eingestuft, dann kommen die USA. Wegen seiner Wurzeln im östlichen Okkultismus und seiner großen Bevölkerung gilt China mächtiger als die USA."* (www.suite110.com).

Hieraus ergibt sich folgende Rangordnung:

1. Deutschland
2. Frankreich
3. Großbritannien
4. Russland
5. China
6. USA

Der sechste Rang der USA ist bemerkenswert. Denn diese einzige noch verbliebene Supermacht gilt ja weltweit als unbezwingbar. Doch scheinen die USA ein Koloss auf tönernen Füßen zu sein, und die Rangliste legt den Verdacht nahe, dass die Illuminati diesen Koloss solange als globale „Axt“ verwenden wollen, bis sie stumpf geworden ist – sprich: bis dieses große Land wirtschaftlich ebenso ausgelaugt ist wie jene Länder, die es in den letzten Jahrzehnten mit Krieg überzogen und/oder von sich abhängig gemacht hat.

Immerhin hat die im Jahre 2000 unter zweifelhaften Umständen an die Macht gekommene Bush-Regierung kein Hehl daraus gemacht, dass sie sich als Speerspitze zur Durchsetzung der Neuen Weltordnung (NWO) sieht. Der Bush-Clan fühlt sich in dieser „Elite-Rolle“ besonders berufen, die von den Illuminaten angestrebte Neue Weltordnung einzuführen oder ihr zumindest nahe zu kommen. Die Beweislage legt die Annahme nahe, dass die CIA die Zerstörung des World Trade Center am 11. September 2001 in den Vereinigten Staaten einfädelte und damit jenes prä-totalitäre Klima schuf, in dem vom permanenten „Terror“-Alarm bis zur Ausrufung des Kriegsrechts der Weg nicht mehr weit ist.

Betrachten wir also das Szenario, das die Illuminati-Führung anstrebt, um direkt zur Einführung der NWO überzugehen. Man geht davon aus, so Svali, *„dass unsere Regierung, wie wir sie kennen, ebenso wie die Regierungen der meisten Nationen rund um die Erde dazu verurteilt sind zusammen zu brechen. Das werden geplante Zusammenbrüche sein, und sie werden auf folgende Weise geschehen:*

Zunächst haben die Illuminati einen finanziellen Kollaps geplant. Im Vergleich dazu mutet die große Depression an wie ein Picknick. Dies wird geschehen durch Manöver der Banken und Finanzinstitute auf der Welt, durch Börsenmanipulationen und Wechsel der Zinssätze. Die meisten Leute werden verschuldet sein wegen Bank- und Kreditkartenschulden usw. Die Regierungen werden die (Steuer-) Schulden unverzüglich einfordern, doch die meisten Leute werden zahlungsunfähig sein und bankrott gehen. Das wird eine allgemeine finanzielle Panik hervor rufen, und zwar weltweit.“

Ist dieser Depressionspunkt erreicht, so „droht“ selbstredend Anarchie, der nur mit den äußersten Mitteln entgegen gewirkt werden kann: *„Dann erfolgt eine militärische Machtübernahme, Region für Region, wenn die Regierung Notstand und Kriegsrecht ausgerufen hat. Die Leute sind in Panik versetzt, und in den meisten Orten herrschen anarchische Zustände. So kann die Regierung ihre Maßnahmen als notwendig zur Kontrolle der Massenpanik rechtfertigen. Die vom Kult trainierten Führer und ihre Leute werden Waffen ebenso verwenden wie Massenkontrolltechniken, um den neuen Stand der Dinge einzuführen.“*

Doch gibt es noch ein weiteres Bedrohungsszenario, das Svali nicht erwähnt, das die Illuminati-Führung gleichwohl mehr als einmal ins Kalkül gezogen hat – allerdings vergeblich. Die Rede ist von einer „Invasion aus dem Weltall“, die von angeblich feindlich gesonnenen Aliens geplant werde und gegen die die ganze Menschheit „zusammenstehen“ müsse. Damit diese gemeinschaftliche Abwehraktion Aussicht auf Erfolg hat, ist die weltweite Ausrufung des Kriegsrechts oder zumindest des Ausnahmezustands unbedingt erforderlich. Ich zitiere hier die Sirius-Gruppe, die für die Galaktische Föderation des Lichts spricht:

„Bis in die Mitte eures letzten Jahrzehnts gab es zwei Gruppen Außerirdischer auf eurer Welt. Wir – die erste Gruppe – waren limitiert durch den Himmel und durch die vielen Auflagen unserer vorherrschenden Körperschaft. Die zweite Gruppe war eine finstere Allianz, die eine Reihe spezieller Pakte mit euren wahren geheimen

Herrschern, den Anunnaki, schloss und ihnen gestattete, mit deren irdischen Günstlingen Störmanöver zu inszenieren. Diese Aktionen führten zu Technologien, die für euch in einigen Fällen immer noch wie ‚Science Fiction' klingen mögen: fortgeschrittene magnetische Antriebe, Halbleiter-Elektronik, Drogen für Gedankenkontrolle, ‚Freie-Energie'-Generatoren, Klonen, Zeitreisen, usw. Um eurer geheimen Regierung zu erlauben, eine für die Zukunft geplante direkte Machtergreifung durchzuführen, wurde ein Entwurf erstellt, anhand dessen die damals noch finsteren Außerirdischen eure Weltbevölkerung hätte ‚scannen' können (‚abtasten' – hier: Kontrollüberwachung auf unterschiedlichen Ebenen).

Die Ergebnisse dieser Studien waren für die Pläne der finsteren Herren Wirklichkeit. Das von euren geheimen Regierungen angestrebte Endstadium war, eine Invasion aus dem äußeren Weltraum so hinzustellen, dass sie die Bevölkerung erzürnen würde, um dann später euren Regierungen zu erlauben, weltweites Militärrecht auszurufen. Die letzte Phase dieses Szenarios – eine geplante außerirdische Invasion – wurde bereits viele Male während der letzten beiden Jahrzehnte zu inszenieren versucht. Dies scheiterte in allen Fällen abgrundtief – als Resultat unserer direkten Einmischung unter genauester Oberaufsicht des Himmels" (Sirius-Botschaft vom 18. Juni 2002).

Bereits seit vielen Jahren hat, so Svali, *„jede Region der Vereinigten Staaten ‚Nervenzentren' oder Machtbasen für regionale Aktivitäten. Die Vereinigten Staaten wurden aufgeteilt in sieben geographische Hauptgebiete. In jeder Region befinden sich Ländereien mit eingezäunten Militärkomplexen, die vor Erkennung geschützt sind, isolierte Gebiete oder große private Anwesen. Diese Stützpunkte werden von Zeit zu Zeit dazu genutzt, um heranwachsende Illuminati in militärischen Techniken, im Nahkampf, in der Massenkontrolle, im Waffengebrauch und in allen Aspekten des Kriegshandwerks zu unterweisen und zu trainieren."*

Svali wurde, wie sie betont, nicht darüber im Unklaren gelassen, *„dass die kommende ‚Ordnung' oder Regierung eine harte diktatorische Militärregierung sein wird. Zur Durchsetzung dieser*

Politik gibt es ein ausgedehntes Training für die verdeckten militärischen Kräfte in allen Rängen. Warum? Weil nicht jeder ihre ‚erleuchtete' Herrschaft willkommen heißen wird, und weil es welche geben wird, die in Opposition gehen. Ihre Armee ist trainiert in Techniken der Massenkontrolle, und es sollen Lager errichtet werden, in die die Opponenten gebracht werden. Denken Sie an Hitler-Deutschland – das war ein Prototyp. Die Regierung wird hoch autoritativ und zentralisiert sein im Obersten Weltrat, unter dessen Kontrolle die nationalen und regionalen Räte stehen. Die Errichtung eines halb-marxistischen oder militärischen Sozialismus wird dann folgen unter dem Schirm der regionalen und nationalen Räte" (www.centrexnews.com).

Zur langfristigen Vorbereitung dieses Ziels wurde in den zwanziger Jahren des vergangenen Jahrhunderts der Gedanke der Vereinten Nationen lanciert, *„damit eine der größten Hürden für die Errichtung einer Eine-Welt-Regierung überwunden werden konnte. Die Barriere heißt Nationalismus bzw. Nationalstolz. Die UN sind eine Vorbereitung, aber sie bilden keine wirkliche Macht in der Welt. Sie werden nach Errichtung der NWO verhältnismäßig unwichtig sein."*

Damit ist das Zieltransparent im Visier: Die Neue Weltordnung ist von den Illuminati konzipiert als totalitäres Eine-Welt-Regime, in dem die Milliarden Schafe einer militärbewehrten Intelligenz-Elite folgen müssen, die nicht zögern wird, jeden Abweichler ins Konzentrationslager zu stecken, um ihn dort mit „geeigneten Mitteln" anzupassen. Das gesellschaftliche Leben wird dann nach Prinzipien ausgerichtet sein, die bisher nur für die Illuminaten-Organisation selbst gelten. Was in dieser Neuen Weltordnung auf die Menschheit zukommen kann, wird deutlich, wenn wir den Erziehungsweg von Kindern in den Illuminatenfamilien betrachten. Svali berichtet aus ihrer Kindheit:

„So wurde es mit mir gemacht: Wenn das Kind zwei Jahre alt ist, sperre es in einen Metallkäfig mit dort angebrachten Elektroden. Versetze dem Kind einen schweren Schock.

Hol das Kind heraus und gib ihm ein Kätzchen in die Arme. Sag dem Kind, es soll jetzt dem Kätzchen den Hals umdrehen. Das Kind wird weinen und sich weigern. Setze das Kind wieder in den Käfig und gib ihm Elektroschocks, bis es betäubt ist und nicht mehr weinen kann.

Hol das Kind heraus und sag ihm wieder, es solle dem Kätzchen den Hals umdrehen. Jetzt wird das Kind sich durchringen – es wird weinen, aber es jetzt tun, aus Angst vor den Schmerzen. Das Kind wird anschließend in die Ecke gehen und sich erbrechen, während die Erwachsenen es für diese ‚gute Arbeit' loben.

Dies ist der erste Schritt. Die Tiere werden mit dem Alter der Kinder größer. Zu einem bestimmten Zeitpunkt werden sie angehalten, ein Kleinkind zu töten, entweder im Rollenspiel (‚set up'), in virtueller Realität oder tatsächlich. Im Alter von neun Jahren wird ihnen beigebracht, ein Gewehr zusammen zu setzen und auf Befehl ein Ziel ins Visier zu nehmen und zu feuern. Dann üben sie an realistischen Puppen und sodann an Tieren. Schließlich üben sie an ‚Verbrauchbarem' oder mit Hilfe virtueller Realität. Wenn sie ihre Sache gut machen, werden sie in höchsten Tönen gelobt, wenn sie versagen, werden sie gequält.

Je älter das Kind oder der Heranwachsende, umso mehr schreitet das Training fort. Im Alter von 15 Jahren werden die meisten Kinder zu körperlichen Zweikämpfen vor Zuschauern angehalten. Diese Kämpfe führen selten zum Tode, sie dauern gewöhnlich bis zum Zusammenbruch eines Kindes. Sie verwenden jeden vorstellbaren Waffentyp und lernen, um ihr Leben zu kämpfen. Verliert ein Kind, so wird es von seinem Trainer schwer bestraft, denn der ‚verliert sein Gesicht'. Gewinnt ein Kind, so wird es für seine ‚Stärke' und seinen gekonnten Umgang mit den Waffen sehr gelobt. Im Alter von 21 Jahren sind sie gut trainierte Kämpfer bzw. Tötungsmaschinen, und sie werden immer und immer wieder geprüft, ob sie auf Kommando gehorchen."

„Wenn sie ihre Kinder quälen, sagen sie ihnen: ‚Ich tue das, weil ich dich liebe.' Für sie ist es Ausdruck größter Liebe, wenn sie ihr

Kind ‚stark' machen, fähig zur Führung oder zum Aufstieg in der Gruppe. Wenn ein Führer ein Kind sieht und es sexuell gebrauchen will, geben es die liebenden Eltern weg, glücklich, dass es im Status aufsteigen wird. Ebenso betrachten sie Vertrauensbruch als das größte Gut. Sie verwenden Rollenspiel um Rollenspiel, um ihren Kindern beizubringen, niemandem offen zu vertrauen. Ich erinnere mich an Hunderte von qualvollen Rollenspielen und Vertrauensbrüchen, und wenn ich mich betrogen oder verletzt fühlte, so hörte ich: ‚Und so ist das Herz des Menschen'. Sie glaubten, sie vermittelten mir etwas von Wert, das mir hilft."

Mit dieser Schilderung zeigt Svali, was die Illuminaten wirklich im Sinn haben. Denn das, was sie als Erziehung praktizieren, ist tatsächlich eine systematische Korrumpierung der menschlichen Gefühls- und Gedankenwelt, in der alles, was einem göttlichen Wesen heilig ist, buchstäblich ins Gegenteil verkehrt wird. Was ein Aspirant Luzifers mühsam über viele Leben „erarbeiten" muss – die Pervertierung von Liebe, den Sadismus auf Befehl, den sexuellen Missbrauch Untergebener und die damit verbundene Koppelung von Sexualität und Unterwerfung, den systematischen Vertrauensbruch, die planmäßige Senkung der Hemmschwelle zum Töten –, das wird hier komprimiert in einer einzigen Inkarnation als Illuminat „gelernt".

Das Erziehungsprogramm der Illuminaten drückt sich vor allem in der systematischen Schändung des freien Willens des Menschen aus – das ist der Generalnenner. Und so können wir zusammenfassen und sagen: Die Organisation der Illuminati ist ein Durchlauferhitzer, eine Zuchtschule, eine Drillmaschine für die Kinder Luzifers. Und wenn es den Illuminati gestattet werden würde, ihre Neue Weltordnung nach ihren Vorstellungen zu errichten, so wäre diese Erde in wenigen Jahren oder Jahrzehnten eine wahre Hölle, auf der das Leben nicht mehr lebenswert wäre.

Das Programm der Illuminati zeigt in einer Deutlichkeit, die nichts zu wünschen übrig lässt, ein wahrhaft finsteres Konzept der Massenkorrumpierung, wie es vermutlich noch nie da gewesen ist. Wir erinnern uns, dass Shan, unsere Erde, vom Schöpfergott als besonderes Juwel eingerichtet wurde. Das Konzept der Illuminati, weltweit realisiert, würde die Erde der Finsternis preisgeben, und sie wäre als Schlüsselplanet erster Klasse verloren. Das aber lässt der Schöpfer nicht zu, und die Offensive der Göttlichen Allianz dient nicht zuletzt dazu, diesem schrecklichen Spuk ein würdiges Ende zu bereiten. Ich zitiere aus der Botschaft der Sirius-Gruppe vom 30. Dezember 2000:

„Im letzten Jahrzehnt eures 20. Jahrhunderts heckten sie einen Plan aus, mit dem sie ein weltweites Wirtschaftssystem schaffen wollten, das unter ihrer rigiden Vorherrschaft steht. Der Gipfel dieses intriganten Plans war, künstlich eine weltweite Rezession herbeizuführen, die in den meisten Nationen zu großem wirtschaftlichen Unfrieden führen und als Hintergrund für eine ‚neue Weltordnung' dienen sollte. Speziell ernannte Weltführer, deren abscheuliche Handlungsweise als die einzige Lösung gegen wachsendes wirtschaftliches und gesellschaftliches Chaos dargestellt werden würde, sollten diese ‚neue Weltordnung' deklarieren, was einen erklärten Zustand ‚militärischen Rechts' in jeder großen Staaten-Nation eurer Welt bedeutet hätte.

Eine Reihe bedeutender Faktoren vereitelte diesen Plan. Erstens gab es einen großen Bruch innerhalb eurer vielen weltlichen Kabalen. Zweitens sandten wir eine Botschaft an eure ‚geheimen Regierungen', dass solch ein ‚Kriegsrechts'-Zustand im Gegensatz zu den Vereinbarungen des Himmels stand. Schließlich bewegt sich eine riesige Raumflotte der Galaktischen Föderation in euer Sonnensystem hinein. Sie steht bereit, auf den Wink eines Augenblicks jeglichen Vorgang zu vereiteln, der zu weltweitem ‚Kriegsrecht' führen kann. In dieser Hinsicht wollen wir klarstellen, dass sie vollauf dessen gewahr sein müssen, dass das, was mit ‚Apollo 13' in der Tat passiert ist, auch mit ihnen passieren kann. Sie sind jetzt also vollständig gewarnt!.

Diese Wesen glauben, dass sie euch eure Schätze vorenthalten und eure kostbare Heimat, Mutter Erde, weiterhin verwüsten können; zu bestimmtem Zeitpunkt in der Zukunft könnten sie dann in einen anderen Teil des Sonnensystems fliehen, während sie euch auf einem sterbenden Planeten taumelnd und nach Luft ringend zurücklassen. Diese Strategie ist vollkommen absurd. Sie versäumt, die einfache Tatsache in die Rechnung einzubeziehen, dass wir existieren und diese wahrhaft üble Strategie nicht erfolgreich sein lassen werden. Gegenwärtig befinden sich insgesamt 33 ,Gefechts'-Planetoiden in unserer Flotte. Jeder von ihnen ist über 1600 Kilometer lang. Eine ihrer Aufgaben ist, eure Welt zu überwachen und sicherzustellen, dass kein bemanntes irdisches Raumfahrzeug euer Erde-Mond-System verlässt. Weiterhin bekräftigen wir eine frühere Warnung mit dem Landeverbot für diese Gruppe mit ihrem bemannten Raumfahrzeug auf dem Mond, was zu einer ziemlich abrupten Beendigung eurer bemannten Mond-Missionen führte.“

Die Illuminati haben ihr Ziel nicht erreicht, und alle weiteren Versuche, den Göttlichen Plan zu vereiteln, werden ebenso scheitern wie ihre bisherigen Bemühungen. Seitdem Meister St. Germain die Zügel der wirtschaftlichen Umgestaltung fest in Seine Hand genommen hat, wird die bisher so unangefochten und siegreich dastehende Organisation der Illuminati von zunehmender Panik erfasst. Eine wachsende Zahl von Mitgliedern aus den mittleren Führungsebenen sah seit dem Frühjahr 2003 keinen Ausweg mehr, und seitdem laufen mehr und mehr Illuminaten zu den White Knights über und geben wertvolle Informationen preis.

In den letzten Juni-Tagen des Jahres 2003 verlautete aus gut informierten Quellen, dass Meister St. Germain im Begriff sei, alle 46 amerikanischen Großbanken aufzukaufen. Mitte Juli 2003 waren alle 46 Großbanken bereits unter Kontrolle von White Knights aus dem US-Schatzamt. Und Mitte August 2003 wurden 400 der führenden Illuminaten-Familien, darunter in den USA und in Großbritannien, enteignet, und zwar in einer Größenordnung von vielen Trilliarden US-Dollars. Grundlage hierfür waren die von den White Knights in hohen Positionen gesammelten Beweise für die Verstrickung in die Anschläge vom 11. September sowie für die gefälschten Dokumentationen, mit denen die Bush- und die Blair-Regierung die Zustimmung ihrer Parlamente für den Irak-Krieg im Frühjahr 2003 erschlichen.

Ohne eigene Großbanken und ohne die gewohnten riesigen Geldmittel aber stehen die Illuminaten ohne jene Machtmittel dar, mit denen sie in den vergangenen Zeiten weltweit die Mehrzahl der Staaten dieser Erde und mit ihnen Milliarden von Menschen in wirtschaftliche Abhängigkeit gebracht haben. Seitdem aber die Göttliche Offensive direkt auf den physischen Plan und direkt auf die Vereinigten Staaten von Amerika zielt, können die Illuminaten den Fortgang der Transformation bestenfalls verzögern, aber keinesfalls mehr aufhalten. Denn, um erneut den Wahlspruch des Meisters zu bemühen: *Das Licht Gottes versagt nie!*

7. Die Göttliche Offensive ist unaufhaltsam

Die Transformation des Bewusstseins der Erde und der Menschheit hat unwiderruflich begonnen, und dieser größte Wandlungsvorgang seit Millionen von Jahren wurde eingeleitet von unserer aller Höchster Quelle – gemäß jenem Göttlichen Plan, nach dem die Sechste Schöpfung gegenwärtig ihre Abschlussphase durchläuft, um in die Siebente Schöpfung überzugehen. Wie ich bereits im 1. und 2. Kapitel dargelegt habe, ist die Aufmerksamkeit unseres Schöpfergottes gegenwärtig voll auf das irdische Geschehen gerichtet, und Lord Surea – eine der Drei Höchsten Manifestationen Gottes – hat Myriaden von Himmlischen Wesen eingesetzt, die Seine machtvollen Dekrete aus dem Höchsten Himmel durch unzählige Dimensionen und Vermittlungsstufen hindurch „nach unten“ auf den physischen Plan leiten, um jenes große Werk zu vollbringen, das die Bestimmung der Menschheit erfüllen wird, nämlich zu vollem Bewusstsein zu gelangen und die verantwortliche Hüterschaft über alles Leben auf Mutter Erde zu übernehmen.

„*Die Umwandlung eurer Realität ist eine vielschichtige Mission*“, so heißt es in der Botschaft der Großen Blauen Loge der Schöpfung vom 13. Mai 2000. „*Sie enthält zahlreiche Maßnahmen, die entsprechend einem genehmigten Zeitplan durchgeführt werden müssen. Eure lokalen Orden der ‚Herren der Zeit‘ (Time Lords) und eure lokale Spirituelle Hierarchie haben diesen Plan gebilligt. Er erhält zudem volle Unterstützung von zahlreichen himmlischen Administrationen, die diesen Bereich des Physischen so gütig führen. Mit diesem Plan in Händen kamen wir aus A-E-O-N. Später trugen auch die heiligen Dekrete Lord Sureas unsere Aktivitäten mit. Als Ergebnis unserer Aktivitäten kamen große Legionen göttlicher Wesen zu euch herab. Sie haben eure Welt mit Liebe erfüllt und kamen mit der göttlichen Absicht, sorgfältig mit euch gemeinsam eine ruhmreiche neue Realität zu erschaffen.“*

Es sieht ganz danach aus, als sei die gesamte menschliche Erfahrung während der vielen Jahrtausende der Finsternis außerordentlich lehrreich auch für den Himmel. Die Mehrheit der Menschen hat sich in hohem Maße in der Illusion der physischen Welt verstrickt, und deren Bindekraft hat sich als so stark erwiesen, dass selbst die qualifizierte Auswahl an Seelen, die die Menschheit in ihrer Gesamtheit bildet, der Welt der Illusion über so lange Zeit erlegen war und hierbei wahre Berge von negativer Energie angehäuft hat, die noch der Erlösung und des positiven Ausgleichs harren. Dieses Maß an karmischer Verstrickung hat das Wissen des Himmels über die Natur des Physischen offenbar nachhaltig bereichert.

„Ihr habt die Ansichten des Himmels über Physikalität außerordentlich verändert. Ihr habt für uns viel an nützlichen Erkenntnissen gesammelt und mit eurer wachsenden Weisheit viel Freude bereitet. Diese Weisheit könnt ihr für eure künftigen Verantwortlichkeiten gut verwenden. Dadurch seid ihr auf alle Möglichkeiten vorbereitet und werdet das, was ihr zu sein beabsichtigt: jene großartigen Wesen, die die Urnatur der gesamten Physikalität verändern können. Diese Metamorphose hat euch wahrlich als etwas Besonderes gekennzeichnet.“ So heißt es in einer Botschaft der Großen Blauen Loge der Schöpfung vom 11. April 2000.

Die Menschheit hat für den Schöpfergott eine Vielzahl wichtiger Erfahrungen gesammelt, und Er zeigt Sich dankbar, wie in der gleichen Botschaft betont wird: *„Daher habt ihr den Gefallen des Obersten Schöpfers gefunden und von Lord Surea viele Dekrete zu euren Gunsten empfangen. Außerdem habt ihr den Schutz eurer lokalen himmlischen Administration erlangt, und wir haben eure lokale Spirituelle Hierarchie umfassend erweitert. Kurz: Der Himmel hat zu euren Anstrengungen wohlwollend freundlich gelächelt.“*

Eine besondere Rolle in diesem energetischen Verbindungskanal zwischen Himmel und Erde spielen jene, die in sirianischer Sprache „Za Ma Ta Pak“ genannt werden: „die Mächtigen Göttlichen Botschafter des Himmels“. Sie wirken unter der Leitung von Lord Surea und Lady Assyria als Bindeglieder zwischen den Himmlischen Orden und den mehr physischen Wesen, die in den Transformationsprozess eingebunden sind.

In der Sirius-Botschaft vom 26. August 2000 heißt es zur Rolle der „Za Ma Ta Pak“: *„Während vieler Äonen haben diese Wesen eure Welt als sehr wichtigen Teil des Physischen betrachtet. Ihre Energien haben sich unerschütterlich auf euren Erfolg ausgerichtet. Diese heiligen Vorsätze haben es dem Himmel ermöglicht, die göttliche Intervention zu autorisieren, die jetzt im Gange ist. Diese Intervention ist wirklich etwas Besonderes. Sie wurde von Lord Surea als festes Vorhaben verfügt und in die Befehle des göttlichen Plans des Schöpfers einbezogen. Darüber hinaus beaufsichtigen der ‚Rat der Neun‘ und die ‚Blaue Loge der Blauen Flamme des heiligen Lichts der Schöpfung‘ all dies.“*

Der Menschheit am nächsten in dieser vielschichtigen Göttlichen Allianz sind naturgemäß die Aufgestiegenen Meister der irdischen Spirituellen Hierarchie, deren Rolle, Aufgabenbereiche und aktuelle Hilfsangebote ich im 3. und 9. Kapitel ausführlich darstelle. Doch all diese Bemühungen könnten nicht den angestrebten Erfolg herbeiführen, wenn es nicht jene verstärkte und ständig zunehmende Lichteinstrahlung höchster Göttlicher Qualität gäbe, die wir als Schwingungserhöhung bezeichnen. Sie ist die Basis dieses großen Transformationsprozesses.

In diesem Kapitel stelle ich weitere wichtige Allianzpartner und Aspekte der Göttlichen Offensive dar. Hierzu gehört vor allem die Galaktische Föderation des Lichts, die seit dem Vertrag von Anchara aus dem Jahre 1995 ständig Zuwachs aus den Reihen der fortgeschrittenen galaktischen Zivilisationen erhält. Die Galaktische Föderation ist mit einer Riesenzahl von Schiffen seit Jahren in unserem Sonnensystem anwesend, hilft den Aufgestiegenen

Meistern unserer Erde, Maßnahmen auf der physischen Ebene wie die Einführung des NESARA-Gesetzespakets durchzusetzen und zu schützen und darüber hinaus den Menschen zu helfen, volles Bewusstsein zu erlangen und damit zu verantwortlichen Galaktischen Menschen heranzureifen.

Hierzu gehört eine offizielle „First Contact Mission", die nach der Ausrufung von NESARA erfolgen soll – nicht unbedingt in engem zeitlichen Zusammenhang. Ist der Zeitpunkt des Ersten Kontakts herangerückt, so wird nach einem festgelegten Zeitplan verfahren. Zum Programm des Ersten Kontakts, der ausschließlich von humanoiden Außerirdischen getragen wird, gehören informierende TV-Sendungen, Massenlandungen in allen größeren Städten der Erde sowie riesige Freudenfeste, die der Wiedervereinigung der Menschheit mit ihren galaktischen Nachbarn sowie mit den Völkern von Agarthi im Innern der Erde gewidmet sind. Diese Ereignisse bilden gemeinsam mit den weltweiten Umgestaltungen der nächsten Jahre die Basis für die offizielle Aufnahme der Menschheit als Vollmitglied in die Galaktische Föderation des Lichts.

Die Galaktische Föderation und ihre Mitglieder

Die Galaktische Föderation des Lichts wurde, wie bereits im 6. Kapitel erwähnt, vor rund 4.5 Millionen Jahren gegründet, um zu verhindern, dass die interdimensionalen dunklen Kräfte die gesamte Galaxis erobern und ausbeuten. Zum Kern der Gründerzivilisationen gehörten die vollbewussten Gesellschaften in den Sternkonstellationen Lyra, Sirius, Zwillinge und Krebs. Das Vega-System im Sternbild Lyra gilt als Wiege aller menschlichen galaktischen Zivilisationen. Wir Menschen – wie auch die regelmäßig mit uns kommunizierenden Sirianer – stammen von Wasserprimaten ab, die vor etwa 7.3 Millionen Jahren im Vega-System zu voller Empfindungsfähigkeit gelangten.

Die Galaktische Föderation besteht in unseren Tagen aus über 200.000 Sternen-Nationen und Sternen-Ligen – sämtlich raumfahrenden Zivilisationen. Etwa vierzig Prozent von ihnen sind menschlich, der Rest besteht aus verschiedenartigsten intelligenten Lebensformen, etwa Reptil-, Frosch- oder Bärenartigen. Die meisten Mitglieder der Galaktischen Föderation sind vollbewusste Lebewesen. Das Hauptquartier der Föderation ist im Vega-System angesiedelt, und von hier aus wird die Arbeit der 24 regionalen Konzile koordiniert. Das für uns zuständige regionale Konzil ist auf dem vierten Planeten des Sirius-B-Systems angesiedelt. Sirius B ist die Heimat der Großen Blauen Loge der Schöpfung, die in unserer Galaxis höchste Achtung genießt, und die menschliche Zivilisation des Sirius B zählt in dieser Galaxis zu den „Säulen" der Galaktischen Föderation.

Der im Jahre 1995 irdischer Zeitrechnung geschlossene Vertrag von Anchara, den ich bereits mehrfach erwähnt habe, markiert einen epochalen Wendepunkt in den Beziehungen der galaktischen Völker. Denn mit diesem Friedensvertrag wurde ein über Millionen von Jahren andauernder Kriegszustand zwischen den Kräften des Lichts und den Kräften der Finsternis beendet. Von besonderer Bedeutung ist hierbei, dass die Initiative für den Friedensschluss von den dunklen Kräften ausging, deren stärkste Vertreter in den voraufgegangenen Zeiten eine allmähliche Wendung hin zum Licht durchgemacht hatten. Die reptoiden Sternnationen von Bellatrix wie auch die ehemaligen Anunnaki haben sich in einer Weise gewandelt, die ihrer Aufnahme in die Galaktische Föderation des Lichts den Weg gebahnt haben.

Im folgenden gebe ich einen Überblick über einige der Zivilisationen, die der Galaktischen Föderation angehören (vgl. www.paoweb.org). Vielleicht erinnert sich der eine oder andere Leser an seine alte Heimat, und in Gedanken rufe ich den Lesern mit den Worten der Sirianer zu: *„Nun streckt euch in Gedanken aus und begrüßt eure himmlischen Lieben. Erinnert euch der Himmel von Sirius B; erbebt angesichts der vielen empfindungsfähigen*

Sternen-Nationen, die aus dem Sternbild Andromeda stammen; und spürt die Wunder der vielen Sternen-Nationen im ‚Pegasus'. Diese Orte sind ebenso eure Heimat wie Mutter Erde, und die Galaxis ist eure wahre Nachbarschaft."

Die Andromedanischen Sternennationen

Diese Sternnationen leben im sogenannten Andromeda-Nebel, dessen Systeme 150 bis 4000 Lichtjahre von der Erde entfernt kreisen. Sie sind seit rund 3.5 Millionen Jahren Mitglieder der Föderation des Lichts und von humanoider Art, also den Erdenmenschen sehr ähnlich. Ihre Augen sind größer als die der Menschen, ihre Ohren aber kleiner und liegen tiefer am Kopf. Die Körpergröße der Männer liegt zwischen 1.70 und 2.12 Meter, die der Frauen zwischen 1.63 und 1.93 Meter. Diese wirken auf irdische Männer erotisch sehr anziehend.

Es gibt – von der physischen Erscheinung her – zwei Grundtypen. Der erste Typ ähnelt in der Variationsbreite dem Bewohner Europas vom blonden Typ im Norden bis zum dunkelhaarigen Typ im Mittelmeergebiet, und der zweite Typ erinnert an die Bewohner des Nahen Ostens. Die Sprache der Andromedaner erinnert im Tonfall an die italienische oder spanische Sprache. Sie schlafen durchschnittlich zwei Stunden pro Tag und gelten als vorzügliche Wissenschaftler.

Sternennation der Annanuki

Annanuki bedeutet „Die dem Licht Zugewandten". Diesen Namen tragen die ehemaligen Anunnaki der neuen Generation, seitdem sie sich dem Licht zugewandt haben und im Jahre 1995 Mitglieder der Galaktischen Föderation wurden. Die Annanuki sind von humanoider Art und den Erdenmenschen sehr ähnlich. Die

Männer erreichen Körpergrößen von 2 bis 2.20 Meter, die Frauen von 1.80 bis 2.20 Meter. Die Variationsbreite reicht vom blonden bis zum schwarzhaarigen Typ, bei Frauen gibt es auch den rotblonden Typ. Der tägliche Schlafbedarf liegt bei vier bis sechs Stunden.

Jamak, der Kommandant des Schiffes „Juntah" der Galaktischen Föderation, sagt über seine Nation: *„Das Volk der ‚Anunnaki' bestand in der dunklen Zeit, so wie jetzt auf der Erde, aus einem Teil von dunklen Kräften und einem Teil von hellen Kräften. Das Dunkle überwog. Jetzt sind alle Wesenheiten der Annanuki dem Licht zugewandt. Die Annanuki fühlen sich, nachdem sie jetzt im Licht leben, tief beschämt über ihre Vergangenheit. Diese dunklen Seelenaspekte hat jetzt jeder Annanuki bei sich transformiert."*

Über die Mission seines Volkes im Rahmen der „First Contact-Mission" sagt Jamak: *„Sie sind auf die Erde gekommen, um der Menschheit in die ‚5. Dimension' zu verhelfen. Das heißt: den Menschen zu helfen, den gleichen Weg zu gehen, wie ihn die Annanuki gegangen sind. In erster Linie helfen sie, dass die Menschen ihre Angststrukturen transformieren können. Diese Mission war eine Forderung der Galaktischen Förderation bei der Unterzeichnung des Vertrages von 1995. Ebenfalls ist es eine Wiedergutmachung an den Menschen auf der Erde für die Knechtschaft unter der Herrschaft der vormaligen Anunnaki. Die Annanuki bitten Euch eindringlich, dass ihr die Unterstützung positiv versteht, und dass ihr die Bemühungen anerkennt und mit ihnen zusammenarbeitet"* (www.paoweb.org).

Die Annanuki gelten als Meister psychologischer Strategien, besitzen besondere Kenntnisse im Bergbau sowie umfassendes Wissen auf dem Gebiet der Genetik. Ihr Wissen über Kriegswaffen stellen sie der Galaktischen Föderation für Verteidigungszwecke zur Verfügung. Mit Beginn des Galaktischen Neujahrs – seit Ende Juli 2003 – befindet sich der Heimatplanet der Annanuki, als Nibiru bekannt, in Erdnähe.

Die Arkturianische Konföderation

Diese fortgeschrittenen Nationen leben im Sternsystem des Arcturus im Sternbild Bootes, rund 36 Lichtjahre von unserem Sonnensystem entfernt, und sind seit rund 3.75 Millionen Jahren Mitglieder der Galaktischen Föderation des Lichts. Diese Zivilisationen sind nicht menschlich und ähneln irdischen Pferden. Sie gehen aufrecht und besitzen sehr muskulöse Körper, deren Größe zwischen 2.31 und 2.64 Metern bei den Männern und 2.11 und 2.49 Metern bei den Frauen variiert. Sie schlafen täglich zwischen ein und drei Stunden.

Ihre Hautfarbe liegt zwischen vanillefarben und dunkelbraun, über Kopf und Nacken zieht sich eine Mähne, sie besitzen einen sehr dünnen „Pferdeschwanz", und ihre Hände enden in vier langen, dünnen Fingern. Ihre Augen sind sehr groß und von hellblauer oder dunkelbrauner Farbe, ihre Ohren kleiner und runder als die irdischer Pferde. Ihre Sprache erinnert an asiatische Sprachen wie Chinesisch oder Vietnamesisch. Sie gelten in der galaktischen Gemeinschaft als bedeutende Wissenschaftler und Philosophen und sind berühmt wegen ihrer meisterhaften Beherrschung der Zeit. Von den Arkturianern stammt der Galaktische Kalender.

Die Sternennation von Bellatrix

Die Sternennation von Bellatrix zählt zu den ehemaligen Feinden der Galaktischen Föderation, war früher Mitglied der Orion-Liga und bildete das Hauptquartier der dunklen Union dieses galaktischen Sektors. Die reptoid-dinoide Zivilisation hat sich inzwischen dem Licht zugewandt. Sie gehörte zu den aktiven Kräften, die den Friedensvertrag von Anchara vorbereitete und im Jahre 1995 in die Galaktische Föderation des Lichts aufgenommen wurde. Die Zivilisation siedelte vor rund 25 Millionen Jahren aus dem Gebiet des Schützen nach Bellatrix um. Dieses Sternsystem liegt über 112 Lichtjahre von uns entfernt, ist aber mit bloßem Auge gut zu erkennen, denn Bellatrix ist der helle Stern rechts über dem Orion-Gürtel.

Die aufrecht gehenden Reptoiden besitzen eine schuppige, krokodilartige Haut von grüner, gelber, brauner oder roter Farbe, und der obere Teil des Kopfes ist umkränzt von einem knöchernen Kamm, der sich abwärts über die Wirbelsäule fortsetzt. Ihre großen roten oder mattgelben Augen erinnern an jene von Erdreptilien, ihre Nasen sind klein, und ihr schmallippiger Mund verläuft von einer Kopfseite zur anderen. Ihre dünnen Hände besitzen sechs lange klauenartige Finger, ihre Füße enden in fünf Zehen mit scharfen Krallen. Die Frauen besitzen eine Körpergröße zwischen 2.60 und 3.10 Metern, die Größe der Männer liegt zwischen 2.44 und 3 Metern.

Der durchschnittliche Schlafbedarf der Bellatricianer liegt – ähnlich wie bei den Menschen – bei fünf bis acht Stunden, ihre Sprache wirkt sehr grob mit vielen Kehl-, Knurr- und Zischlauten. Sie besitzen außerordentliche Führungsqualitäten – sie leiteten in den vergangenen sechs Millionen Jahren die gesamten Streitkräfte der Orion-Liga – und sind bekannt für ihre großen diplomatischen Fähigkeiten.

Die Große Sternenunion des Centaurus

Das Sternbild Centaurus, zwischen den Konstellationen Lupus und Vela gelegen, ist ein ausgedehntes System, 4.3 bis 1000 Lichtjahre von unserer Erde entfernt. Zum Dreigestirn des Alpha Centauri gehört Proxima Centauri, mit einer Distanz von 4.3 Lichtjahren der erdnächste Stern. Die Centaurische Sternenunion wurde vor 1.1 Millionen Jahren Mitglied der Galaktischen Föderation und umfasst eine humanoide und eine reptoide Lebensform, die seit langen Zeiten friedlich zusammenarbeiten.

Die humanoiden Centaurier gleichen weitgehend den irdischen Menschen. Die Männer, sehr muskulös und gut proportioniert gebaut, besitzen eine Körpergröße von 1.80 bis 2.40 Meter, die Frauen von 1.65 bis 2.10 Meter. Die Hautfarbe variiert zwischen dunkelbraun und weiß. Die gutturalen Elemente ihrer Sprache erinnern an die deutsche Sprache, doch der Klang ähnelt dem Chinesischen.

Die reptoiden Centaurier besitzen einen schuppigen, echsenähnlichen Körper mit grün- und blaufleckiger oder rot- und grünfleckiger Färbung. Ihre schmalen Hände enden in sechs Fingern mit scharfen runden Klauen. Männer und Frauen sind über zwei Meter groß, die etwas größeren Frauen erreichen eine Körpergröße von knapp 2,40 Meter. Die Sprache der Reptoiden besitzt viele Kehllaute und ist gespickt mit Eigenheiten, die das Erlernen dieser Sprache für Menschen sehr erschweren.

Die Centaurier schlafen zwei bis vier Stunden pro Tag. Beide Lebensformen auf Centaurus sind geübt darin, friedlich und harmonisch mit ihren Nachbarn umzugehen. Sie gelten in der Galaktischen Föderation als große Strategen und dienen erfolgreich als Verbindungsratgeber.

Die Konföderation von Fomalhaut

Diese Könföderation, ehemals zu den Neutralen gehörig, wurde im Jahre 1995 in die Galaktische Föderation des Lichts aufgenommen. Fomalhaut ist der hellste Stern in der Konstellation der „Südlichen Fische“ (Piscus Austrinus), die zwischen den Sternbildern Aquarius und Grus liegt. Die Entfernung zu unserem Sonnensystem beträgt rund 23 Lichtjahre.

Die Konföderation wird von zwei verschiedenen Lebensformen gebildet, einer humanoiden und einer dinoid-reptoiden Art. Die menschliche Zivilisation entstammt einer Rebellengruppe aus den Plejaden, die vor etwa 250.000 Jahren den dritten und vierten Planeten von Fomalhaut besiedelten. Die Reptoiden stammen ursprünglich aus dem Bellatrix-System und siedelten sich vor rund 200.000 Jahren auf dem zweiten Fomalhaut-Planeten an. Beide Zivilisationen lieferten sich eine Reihe verheerender Kriege, bis sie vor etwa 20.000 Jahren zu einem friedlichen Miteinander fanden und schließlich eine Konföderation gründeten.

Die Humanoiden bestehen aus zwei Gruppen, deren eine den Skandinaviern und deren andere dem mediterranen europäischen Typus ähnelt. Bei beiden Gruppen erreichen die Männer eine Körpergröße von etwa 1.85 Meter, die Größe der Frauen liegt zwischen 1.68 und 1.83 Meter. Die Sprache der Humanoiden wirkt gefühlvoll und wird von Kehllauten dominiert. Die reptoide Lebensform auf dem zweiten Planeten gleicht in Körperbau und Aussehen ihren Verwandten aus dem Bellatrix-System. Auch ihre Sprache wird beherrscht von Kehllauten. Die Bewohner Fomalhauts brauchen zwei bis sechs Stunden Schlaf pro Tag. Beide Lebensformen gelten als gute Naturwissenschaftler.

Sternennationen von Mintaka

Mintaka ist einer der drei hellen Sterne des Orion-Gürtels und liegt etwa 233 Lichtjahre von der Erde entfernt. Die Mintaka-Union besteht überwiegend aus einer amphibischen Art sowie einigen reptoiden und dinoiden Lebensformen und war einst Mitglied der Orion-Liga. Die Zivilisationen wandten sich dem Licht zu und wurden im Jahre 1995 in die Galaktische Föderation aufgenommen.

Die Hauptgruppe der Mintakans ähneln irdischen Fröschen und Kröten – allerdings von riesigen Ausmaßen. Sie gehen aufrecht, und die Frauen erreichen eine Körpergröße von 2.29 bis 2.59 Meter und die Männer eine solche von 2.13 bis 2.44 Meter.

Ihre Haut ist weich und haarlos und weist alle Regenbogenfarben auf. Ihre Köpfe wirken im Vergleich zum Rumpf übermäßig groß, Rumpf und Gliedmaßen sind sehr kräftig. An Händen und Füßen haben sie vier Zehen mit Schwimmhäuten. Sie sprechen eine klang- und kehllautreiche Sprache und benötigen vier bis sechs Stunden Schlaf pro Tag.

Die Mintakans verfügen über einen großen naturwissenschaftlichen Wissensschatz, und die Aufzeichnungen in ihren Bibliotheken reichen 15 Millionen Jahre zurück. In der Galaktischen Föderation sind sie berühmt als tüchtige Psychologen, und sie verfügen über ausgedehnte Kenntnisse auf dem Gebiet der Gedankenbeeinflussung.

Die Pegasus Sternen-Liga

Die Pegasus-Konstellation – ein großer Sternhaufen mit über tausend Sonnen – liegt zwischen den Sternbildern Schwan (Cygnus) und Wassermann (Aquarius). Entfernung zur Erde: zwischen 200 und 3000 Lichtjahren. Die Sternen-Liga besteht aus drei Haupttypen von humanoiden Lebensformen und ging aus mehreren Kolonien hervor, die vor rund vier Millionen Jahren vom Sirianischen Regierungsrat gegründet wurden. Die Liga trat vor knapp 3.8 Millionen Jahren der Galaktischen Föderation des Lichts bei.

In der Liga dominieren drei Haupttypen von Humanoiden. Typ 1 gleicht in Größe und Aussehen den Sirianern, und es gibt wie auf dem Sirius Gruppen mit weißer oder blauer Haut und blondem bis hellbraunem Haar. Die Körpergröße der Männer liegt zwischen 1.98 und 2.24 Meter, die der Frauen zwischen 1.88 und 2.03 Meter. Typ 2 erreicht die gleichen Körpermaße wie Typ 1, besitzt jedoch eine eher hagere Statur mit roter oder orangefarbener Haut- und Haarfarbe, und die Augen ähneln denen von Katzen. Typ 3 stellt eine genetische Mischung aus Typ 2 und einer dinoiden Rasse dar. Die Haut dieses Typs ist schuppig, die Augen sind katzenartig, und der Körperbau ist kräftiger als der der Nachbarn. Die Körpergröße der Männer schwankt zwischen 2.13 und 2.44 Meter, die der Frauen zwischen 2.08 und 2.31 Meter.

Die Sprache der Humanoiden der ersten beiden Gruppen wirkt wohlklingend und harmonisch, die der dritten Gruppe recht rau, da sie von Kehllauten dominiert wird. Je nach Typ liegt der tägliche Schlafbedarf bei 1.5 bis 3 Stunden. In der Galaktischen Föderation haben sich die Wesen vom Pegasus einen guten Ruf als Erneuerer, Wissenschaftler und Diplomaten erworben.

Die Procyon-Sternennationen

Das Procyon-System liegt genau „über" dem Sirius, bildet einen Teil der Konstellation Canis Minoris und liegt 11.4 Lichtjahre von der Erde entfernt. Procyon ist ein Doppelsternsystem, und nur der „innere" Stern – A-Typ genannt – hat bewohnbare Trabanten. Procyon A wird von sechs relativ kleinen Planeten umkreist. Auf dem zweiten und dritten Planeten wohnen amphiboid-reptoide Mischwesen, die einst aus der Konstellation Krebs wegen dort tobender galaktischer Kriege flohen. Auf dem vierten Planeten lebt eine humanoide Art, die vor rund 3.8 Millionen Jahren, aus dem Sirius-B-System kommend, hier als Gruppe von Siedlern eintraf. Beide Nationen haben früh gelernt, harmonisch miteinander auszukommen, bildeten sodann eine interplanetarische Union und wurden vor 3.5 Millionen Jahren Mitglieder der Galaktischen Föderation des Lichts.

Die humanoide Lebensform ist von rein lyranischer bzw. sirianischer Art. Diese Menschen sind voll bewusst und blau- oder weißhäutig. Im Vergleich zu den Erdenmenschen sind ihre Augen größer und ihre Ohren kleiner. Ferner sind der obere und der hintere Teil des Kopfes deutlich größer, um dem größeren Gehirn Platz zu geben. Wie die Bewohner von Sirius-B sind die

Männer zwischen 1.83 und 2.24 Meter und die Frauen zwischen 1.93 und 2.13 Meter groß.

Die amphiboid-reptoiden Wesen besitzen einen muskulösen, echsenartigen Körper, und ihre schuppige Haut hat eine grüne, blaue oder braune Färbung. Ihre Augen, die sie unabhängig voneinander bewegen können, sind braun, gelb oder rot und sitzen weit auseinander, und ihre Gebirgskamm-ähnliche Nase weist schlitzähnliche Nasenlöcher auf. Ihr Mund wirkt wie ein dünner Schlitz, der von Ohr zu Ohr verläuft. Sie besitzen vier dünne und nagellose Finger sowie drei lange Zehen mit langen, scharfen Krallen. Der kleine Schwanz wirkt wie eine Verlängerung des Rückgrats. Die Frauen sind 2.13 bis 2.44 Meter groß, die Größe der Männer liegt zwischen 2.13 und 2.34 Meter.

Die Humanoiden brauchen täglich ein bis zwei, die Mischwesen drei bis vier Stunden Schlaf. Die Sprache beider Lebensformen ist klangvoll und enthält Kehllaute. Beide Procyon-Kulturen gelten als begeisterte Entdecker und sehr gute Wissenschaftler, und sie waren die Leiter bei einigen der erfolgreichsten Expeditionen in unentdeckte Gebiete unserer Galaxis und benachbarter Galaxien.

Die Sirianische Sternennation

Das Sirius-Sternsystem kreist ca. acht Lichtjahre von unserem Sonnensystem entfernt, ist also knapp doppelt so weit entfernt wie Alpha Centauri. Das Sirius-System ist aus zwei Gründen besonders wichtig für unsere Galaxis. Zunächst liegt im System um Sirius B der Sitz des Rates der Neun mit Lord Aescapulus an der Spitze sowie die Große Blaue Loge der Schöpfung – beide für die spirituelle Entwicklung unserer Galaxis von hoher Bedeutung.

Zweitens ist im System des Sirius B die Sirianische Sternennation angesiedelt, die ebenso wie die irdische Menschheit ursprünglich aus dem Vega-System in der Lyra-Konstellation stammt. Die Sirianer gehören mit den Veganern und den humanoiden Völkern aus den Konstellationen Zwillinge und Krebs zum Gründerkern der Galaktischen Föderation des Lichts und damit zu den Säulen dieser Vereinigung. Als vor 4.3 Millionen Jahren die ersten Siedlergruppen im Sirius-System eintrafen, erhielten sie von jenem hochspirituellen Volk von Leoniden oder Löwenartigen, die sich auf zwei Planeten von Sirius A niedergelassen hatten, die Erlaubnis, sich im Sirius-B-System anzusiedeln. Später kolonisierten die Neuankömmlinge auch die Systeme Sirius C und D.

Die Sirianer fühlen sich der Erdenmenschheit auf besondere Weise verbunden, und innerhalb der Galaktischen Föderation zählen sie zu unseren entschiedensten Mentoren. Auf ihr Betreiben entschied sich die Galaktische Föderation in den neunziger Jahren des vergangenen Jahrhunderts zu jener gigantischen „First-Contact-Mission“, von der wir später mehr erfahren werden.

Die Hauptwelt der Sirianer liegt auf dem dritten Planeten von Sirius B, einem bläulich-weißen Stern. Nach eigenem Bekunden (siehe Botschaft vom 5. März 2002) leben die Sirianer unter einem rot-orangefarbenen Himmel, über den gelegentlich spärliche blaue Wolken ziehen. Die Vegetation präsentiert sich vorwiegend in purpur-blauer Farbe, dazu kommen grüne, braune und orangefarbene Akzente. Der Planet ist etwa eineinhalb Mal größer als die Erde und besitzt etwa die gleiche Tageslänge wie die Erde, doch sein Jahr dauert 440 Tage. Es gibt einen großen Ozean, um den die Landmassen der Oberfläche sich gruppieren.

Die Hauptstädte befinden sich – wie in allen vollbewussten Hüterkulturen – unter der Oberfläche, und zwar in 80 bis 320 Kilometer Tiefe in gigantischen Kavernen. Auf der Oberfläche des Planeten befinden sich 144 Tempelanlagen, von denen aus die eigentliche Hüterarbeit geleistet wird. Der größte Tempel ist dem spirituellen „Krieger“-Clan gewidmet – der Tempel von

Atar, benannt nach einem Riesenadler, der eine Größe von über 1.80 Meter erreicht.

Dieser gewaltige Tempel wird in der Sirius-Botschaft vom 5. März 2002 so beschrieben: *„Seine Haupthalle enthält 576 Säulen, jede genau 288 Perdums (94,8 Meter) hoch. Das Dach ist mit speziellen Spitzen aus purem Gold besetzt, die die Majestät unserer Sonne hereinlassen. In den Bodenkacheln befinden sich Textinschriften aus dem ‚Großen Buch des Verstehens', in dem der Schöpfer der Menschheit den Entwurf des Physischen und die Weisheit zur Erfüllung dessen Potentials übergeben hat. Die Haupthalle ist höchst heilig. Der übrige Tempelkomplex ist dazu entworfen, die darin praktizierten Rituale zu unterstützen und zu beherbergen. Genau in der Mitte dieser sehr großen Halle befindet sich der Haupt-Energieknotenpunkt unseres Planeten. Der Tempel ist auf einem riesigen Kliff erbaut, das einen unserer großen Seen überragt. Die Energie, die hier jeden Tag austritt, formt einen Ring aus goldenem Licht um den Tempel. Während der Nacht, vom Ozean aus gesehen, scheint dieses Licht wie ein großes Leuchtfeuer, das Schiffen weit draußen als Zeichen dient."*

Die Sprache der Sirianer heißt Akonowai, was soviel wie „Heiliger Pfad des Lichts der Schöpfung" heißt. Auf der Erde haben sich einige Lehnwörter erhalten, die der Akonowai-Sprache entstammen. So ist der Begriff „Solis" („großes Licht") das Stammwort für Sol, die Sonne. Die Körpergröße der Männer liegt zwischen 1.83 und 2.24 Meter und die der Frauen zwischen 1.93 und 2.13 Meter. Die Sirianer erreichen ein Alter von 3.000 bis 4.000 Jahren.

Was ihre Spiritualität, ihr gesellschaftliches Leben sowie ihre Technologie angeht, so können wir sie als unsere Vorbilder betrachten. Denn ihre Kultur besteht seit 4.3 Millionen Jahren, ohne je eine nennenswerte Krise erlebt zu haben. Nach dem bewährten Muster der Sirius-Kultur wird auch die künftige Kultur der Erdenmenschheit ausgebildet sein. Hierüber mehr im 8. Kapitel.

Tau Ceti liegt 11.8 Lichtjahre von der Erde entfernt und ist der erdnächste Stern in der Konstellation Cetus (Wal). Die Urbewohner – bärenartige Wesen – sind seit rund 2.5 Millionen Jahren Mitglied der Galaktischen Föderation des Lichts. Sie gestatteten vor 2.4 Millionen Jahren einer Gruppe von humanoiden Siedlern aus der Hercules-Konstellation, sich auf dem vierten Planeten von Tau Ceti niederzulassen.

Die aufrecht gehenden Bärenartigen oder Ursoiden – bei Körpergrößen zwischen 2.74 und 3.66 Meter für unsere Begriffe riesig – tragen braune, schwarze oder blonde Pelze und einen kleinen pelzigen Schwanz. Ihre Schnauze ist kürzer als die irdischer Bären, und ihre Zähne wirken humanoid. Die Hände sind tatzenartig und enden in fünf stummelförmigen Fingern. Ebenso sitzen an den sehr kurzen Füßen fünf stummelartige Zehen.

Die Humanoiden besitzen eine braune, rote oder grüne Hautfarbe und entsprechend variierende Haar- und Augenfarben. Die Körpergrößen der Männer liegen zwischen 2.13 und 2.59 Meter und die der Frauen zwischen 1.98 und 2.40 Meter. Die Sprache der Humanoiden klingt sehr kehllautartig wie das Deutsche oder Arabische. Die Sprache der Ursoiden klingt ähnlich, doch tiefer und noch kehliger. Beiden Arten reichen ein bis zwei Stunden Schlaf pro Tag.

Die Nationen von Tau Ceti gelten als hervorragende Konstrukteure hochentwickelter Raumschiffe, und sie werden zu den besten Piloten und Navigatoren der Galaxis gezählt.

Die galaktische Flotte – drei Ringe um die Erde

Die Erde befand sich wegen der besonderen „Lernsituation" während des Kali-Yuga in einer Jahrtausende währenden Quarantäne, und es gab keine offiziellen Kontakte zwischen der

Menschheit und Mitgliedern der Galaktischen Föderation. Zwar schwirrte in der Antike der Himmel über der Erde von Flugzeugen und Raumfähren (siehe mein Buch „Die Himmlischen und ihre Kinder"), und in den indischen Überlieferungen werden sogar verschiedene Rassen erwähnt, deren Vertreter von irdischen Potentaten wie Indra (Zeus) empfangen wurden, doch handelte es sich hier um Besucherverkehr mit einer herrschenden Klasse, die von den Anunnaki-Fürsten ausgehalten wurde wie Drohnen und deren luxuriöser und hochtechnisierter Lebensstil nichts mit dem Leben der „normalen" Menschen zu tun hatte.

Kontakte dieser Art rissen über die Jahrtausende nie ab, und im 20. Jahrhundert gab es sogar eine Zunahme von Besuchen außerirdischer Kulturen. Doch zählten die meisten Besucher – wie die Großen Grauen von Beteigeuze oder die Kleinen Grauen von Ceta Reticuli – zu den dunklen Kräften, die sich auf Geheimkontakte mit den Illuminati-kontrollierten USA und anderen größeren Mächten konzentrierten. Die zunehmenden Besuche von dunklen Kulturen hatten vor allem den Zweck, den Prozess der Transformation zu blockieren oder wenigstens zu stören. Die Weltöffentlichkeit wurde naturgemäß von der Kenntnis solcher Kontakte völlig ausgeschlossen.

Als dann die Zeit heranrückte, in der die Transformation unmittelbar auf der Tagesordnung stand, zeigte sich, dass die Dunkelkräfte auf Erden es auf eine Machtprobe ankommen lassen wollten. Dies wird vor allem deutlich an der schleichenden Machtübernahme der USA durch die Illuminaten im Verlaufe des 20. Jahrhunderts sowie besonders an der rigiden Durchsetzung des US-Weltherrschaftsanspruchs durch die von düsterem Verschwörergeist beseelte Bush-Adminstration. Dies war einer der Gründe, weshalb die Galaktische Föderation auf Geheiß des Himmels um die Jahrtausendwende ein starkes Flottenaufgebot in unser Sonnensystem beorderte.

Doch grundsätzlich handelt es sich hierbei um eine „First Contact Mission" – eine „Erste-Kontakt-Mission". Eine solche

Mission wird stets dann von der Galaktischen Föderation eingeleitet, wenn eine globale Kultur einen zivilisatorischen Status erreicht hat oder zu erreichen im Begriff ist, der eine Aufnahme in die Föderation rechtfertigt. Angesichts der politisch-militärischen Kräfteverhältnisse kann dieser Status auf Erden allerdings nur unter Einsatz massiver Hilfe von außen erreicht werden. Hierbei richtet sich die Führung der galaktischen Flotte, wie immer wieder betont wird, strikt an die Anweisungen hoher Göttlicher Bevollmächtigter: *„Ein Repräsentant der himmlischen Administration, der für dieses Segment unserer Galaxis verantwortlich ist, überwacht jede Mission der Galaktischen Föderation des Lichts"* (Sirius-Botschaft vom 2. Juli 2002).

Wer die faszinierenden Botschaften der Sirius-Gruppe liest, fühlt sich unwillkürlich an bekannte TV- und Kinoserien wie „Star Trek" oder mehr noch an „Babylon 5" erinnert, wobei insbesondere der große epische Entwurf von „Babylon 5" bislang unerreicht blieb. Denn dort wie in der galaktischen Realität geht es um den entscheidenden Konflikt zwischen den Kräften des Lichts und den Mächten des „Schattens". Dies alles vor dem Hintergrund raumfahrender Kulturen, deren Schiffe mit unvorstellbaren Geschwindigkeiten die Weiten der Galaxis durcheilen. In der Sirus-Botschaft vom 23. April 2002 heißt es: *„Unsere Raumflotten enthalten Mutterschiffe, deren Größe von vielen Meilen zu vielen Tausend Meilen Durchmesser reicht. Unsere Technologie, die es uns gestattet, die Galaxis in wenigen Minuten zu durchqueren, macht wahrlich eine jede Sternennation zu unserem galaktischen Nachbarn."*

Bereits vom Planeten Nibiru hörten wir, dass er ursprünglich ein Kampfstern war, den die Anunnaki vor einer Million Jahren der Galaktischen Föderation entwendet hatten. Zudem war Nibiru ein fühlendes und liebendes Wesen, das buchstäblich starb, weil die kaltherzigen Anunnaki ihm nicht mit jener Liebe und jenem Respekt begegneten, auf die es angewiesen war. Als solche fühlenden Wesen werden alle Schiffe der galaktischen

Flotte beschrieben. In der eben zitierten Botschaft heißt es weiter:

„Unsere Raumschiffe sind lebende Wesenheiten, erfüllt von Schönheit und angetrieben von einer Mission, die es ihrer Crew erlaubt, erfolgreich zu sein, was immer ihre Aufgabe ist. Sie sind lebendig und vollständig willens, zu dienen, sogar: sich ihrer neuen Crew zu unterwerfen. Da gedeiht rasch eine wundervolle, positive symbiotische Beziehung zwischen unserem Flottenpersonal und seinen Raumschiffen. Für uns werden diese Raumflotten zu künstlichen Planeten oder gar Sonnensystemen. Da sie wahre ‚Heimat fern der Heimat' sind, haben wir sie extrem groß gemacht. Jedes Mutterschiff in dieser Raumflotte dient seinem eigenen Zweck. Einige sind lediglich Heimstätten, die die Umwelt unserer Heimatplaneten reproduzieren, während andere, im Design mehr für technische Nutzung, als unsere Arbeitsplätze dienen. Zusammen bilden sie eine Flotte. Hier leben wir, vollziehen unsere Rituale und erfüllen unsere Aufgaben.

Größe und Form eines jeden Raumschiffs erlaubt ihm, seine Funktion zu erfüllen. Mutterschiffe sind außerordentlich stolz auf ihre Fähigkeiten und darauf, wie gut sie ihrer Crew dienlich sind. Im Gegenzug hält ihre Crew die großen Legenden und das Ansehen in Ehren, die ihre älteren Mutterschiffe umgeben. Diese Wesenheiten haben eine Lebensspanne, die viele Jahrtausende umfasst, während derer sie viele Crews sicher beherbergt haben und zuversichtlich ihre zugewiesenen Missionen durchgeführt haben. Die Hingabe, Liebe und Loyalität dieser großartigen Raumschiffe des Lichts kann nicht hoch genug bewertet werden. Ihre Energie ist spürbar, wann immer ihr in ihrer Nähe seid. Vom ersten Augenblick, da sie euch begrüßen, bis zu dem, da ihr an Bord geht, wisst ihr, dass ihr euch in eine höchst unglaubliche 'Lady' begeben habt ...“

Und in der Botschaft vom 14. Mai 2002 heißt es ergänzend: *„An Bord eines solchen Raumschiffs zu sein, ist wahrlich eine einzigartige Erfahrung. Man spürt augenblicklich die Energien, die durch jedes Raumschiff zirkulieren. Ihr spürt, wie das Schiff euch fürsorglich*

‚umschmeichelt' und seine Energie liebevoll euren Energiefeldern anpasst. Dem begegnet ihr auf Schritt und Tritt und jeden Augenblick, den ihr euch dort aufhaltet. Das Schlüsselelement ist die Empfindungsfähigkeit, die sich in der Essenz der Crew und deren Mission ausdrückt.“

Die Raumflotte ist in drei Ringen um die Erde konzentriert. Der innere Ring umschließt Erde und Mond und besteht aus über einer Million Schiffen, deren Mehrzahl aus kleinen und unbewaffneten Aufklärungs- und Transportschiffen besteht. Ihre Aufgabe beschränkt sich auf Beobachtung und Überwachung sowie auf gewisse Transportaufgaben, bei denen Teleportation nicht möglich oder nicht angebracht ist. Mit diesen Transporten werden geheime Basisstationen versorgt, die sich unterhalb der Kontinente und Meere befinden und verbunden sind mit dem Reich von Agarthi sowie mit ausgedehnten Kristallstädten im Innern der Erde, auf die ich im 8. Kapitel näher eingehen werde.

„Eine weitere Gruppe von Basisstationen“, so heißt es in der Sirius-Botschaft vom 25. Juni 2002, *„befindet sich auf eurem Mond, der ein riesiges Netzwerk von Kommando- und Forschungs-Einrichtungen beherbergt. Diese Stationen halten uns die Einrichtungen bereit, mit denen wir die Ansammlung von Raum-, Zeit- und Interdimensional-Waffen eurer geheimen Regierung überwachen. Diese Waffen stellen keine potentielle Bedrohung für uns dar.“*

Der innere Ring von Schiffen ist durch „Speichen“ mit dem zweiten Ring verbunden. Hier befinden sich besondere Verbindungs- und Verteidigungseinheiten. Deren Zweck besteht vor allem darin, den Einsatz von Waffen seitens der Dunkelkräfte zu vereiteln, die die Umgestaltungsarbeit auf der Erde bedrohen könnten. Obendrein hat die Föderation interplanetare Stationen eingerichtet, *„die jegliche interdimensionale Sternentore schließen und sorgfältig jede künstlich erzeugte Verzerrung in den natürlichen Wellenbewegungen der Zeit überwachen.“* Denn die Illuminati verfügen über ein umfangreiches Arsenal von äußerst „utopischen" Waffen und Technologien zur Manipulation der Zeit, die sie von außerirdischen Dunkelkräften erhalten haben.

Die Kommandostruktur des zweiten Ringes galaktischer Schiffe ist auf dem Mars eingerichtet worden, und hier sind vorwiegend nichthumanoide Gruppen der Föderation eingesetzt. Die Kommandostruktur besteht aus einem Netzwerk von Basisstationen, die teils auf, teils unter der Oberfläche eingerichtet wurden. Zum zweiten Ring gehören kleine planetoidenförmige Mutterschiffe, in denen die eingehenden Informationen aus dem ersten Ring ausgewertet werden, vor allem bezüglich der dunklen Waffentechnologien.

Die Verbindung zwischen diesem zweiten und dem dritten, äußeren Ring besteht aus einer großen Zahl planetenförmiger Kommandoschiffe der Wissenschafts- und Forschungsflotten. Diese *„werden als hauptsächliche Kommandoschiffe für diese ‚Erste-Kontakt-Mission' dienen"*, heißt es in der bereits zitierten Sirius-Botschaft. *„Eine Standardprozedur ist, diese Raumschiffe zu tarnen und sie so vor den neugierigen Augen eurer vielen Raumteleskope zu verbergen, deren wesentliches Ziel es ist, uns ausfindig zu machen. Von Zeit zu Zeit enttarnen wir sehr kurzzeitig einige dieser Mutterschiffe, um eurer geheimen Regierung zu zeigen, dass wir noch da sind und nicht beabsichtigen, wegzugehen. Wir wissen, dass unregelmäßige Sichtungen dieser Raumschiffe durch eure Astronomen in euren Reportagen unberücksichtigt bleiben. Sie befürchten Repressalien, entweder seitens ihrer Berufsgenossen oder durch jene, die ihnen ihre Zuschüsse gewähren. Eure geheime Regierung fürchtet diese Raumschiffe am meisten, da sie sich völlig im Klaren über die Leistungsfähigkeit einer solchen Raumflotte und die Geringfügigkeit jeglicher Reaktion sind, die sie dagegenhalten könnten."*

Der äußere Ring dieses gigantischen Flottenaufgebots enthält die weitaus größte Zahl an Schiffen – *„Millionen unermesslich verschiedenartiger Raumschiffe, die von Mutterschiffen der Größe* *großer Ozean-Linienschiffe bis zu solchen der annähernden Größe von Uranus oder Neptun rangieren"*. Diese Schiffe dienen vor allem als Rückendeckung der „Operation Shan". *„Sie künden allen potentiellen Widersachern, dass Mutter Erde und euer Sonnensystem eindeutig eine Transformation durchmachen, die kein Wesen, ob nun körperlich oder nicht-körperlich, verhindern kann."* Die zweite Hauptaufgabe der Schiffe des dritten Ringes besteht in der Regelung des interplanetaren und des interstellaren Verkehrs.

Im Namen des Kommandorats der galaktischen Flotte heißt es in der Sirius-Botschaft vom 25. Juni 2002: *„Wir verstehen zutiefst, dass die Notwendigkeit, über euch zu wachen, eine unserer größten Herausforderungen, aber auch eine unserer größten Freuden ist. Jedes medizinische und planetare Team ist sich vollkommen dessen bewusst, was Mutter Erde und ihr durchmachen. Wir haben sorgfältig darüber gewacht und, wenn der Himmel es erlaubte, eingegriffen. Jede Aktion unserer Raumflotte entsteht aus Ereignissen, die auf eurer Welt geschehen. Unser gesamtes Team wartet auf den ‚Ersten Kontakt' und das, was er bedeutet: Der Startpunkt des nächsten großen Schritts in der Geschichte unserer Galaxis."*

Hieran wird erneut deutlich, dass der Transformationsprozess auf Erden eine Schlüsselrolle von einer Tragweite spielt, derer wir Erdenmenschen uns erst allmählich bewusst werden. Doch der gewaltige Aufwand, den die Galaktische Föderation auf Weisung Lord Sureas treibt, trägt keinem anderen Umstand Rechnung als dieser Tatsache, und deshalb ist die „First Contact-Mission" zur Erde auch für die Galaktische Föderation von einzigartiger Bedeutung: *„Eine derartige riesige unterschiedliche Raumflotte zu beherrschen, ist höchst ungewöhnlich für eine ‚Erste-Kontakt'-Operation. Normalerweise vollführt eine einfache Wissenschafts- und Forschungsflotte diese Mission in sehr kurzem Verlauf. Diese Mission jedoch ist einzigartig und von lebenswichtiger Bedeutung. Sie hat größte Aufmerksamkeit erregt und weit länger als üblich gedauert."*

Der Erste Kontakt rückt heran

„Über euch befinden sich die großen Raumflotten der Galaktischen Föderation. Sie erwarten feierlich unsere Entscheidung, die ihnen gestattet, einen massenhaften Ersten Kontakt mit eurer Gesellschaft herzustellen. Dieser Prozess, sie als unser letztes Mittel gegenüber euren geheimen Herrschern und zugleich als lebenswichtige Helfer in unserem Transformationsprozess einzusetzen, hat sie durch viele eigene Transformationen geführt. Dieser Erste Kontakt mit euch ist der dramatischste, der jemals von der Galaktischen Föderation durchgeführt wurde. Während der laufenden Aktionen sind sie, die Mitglieder, gewachsen und wurden fähig, diese Galaxis auf eine Weise zu solidarisieren, wie man es vorher nie für möglich gehalten hätte. Ihr wart einerseits Gegenstand ihrer Studien, zugleich aber auch ihre größten Lehrer." So heißt es in der Sirius-Botschaft vom 11. April 2000.

Der genaue Zeitpunkt des direkten Kontakts ist noch nicht bekannt. Wir können aber als sicher annehmen, dass zunächst die Einführung einer neuen Weltwirtschafts- und Währungsordnung stattfinden wird, die mit der Ausrufung des NESARA-Gesetzespakets in den USA unwiderruflich eingeläutet wird. Die rechtskräftige Ausrufung von NESARA in den USA wird als weltweites Signal für die dramatische Schwächung der Illuminati betrachtet werden können. Denn wenn die Dunkelkräfte gezwungen sind, ihre stärkste Bastion aufzugeben, so ist zu erwarten, dass der dann folgende Siegeslauf von NESARA rund um die Erde ihnen auch die letzten Throne der Macht entreißen wird.

Dennoch ist die Möglichkeit nicht auszuschließen, dass die Illuminati in einem letzten Aufbäumen versuchen könnten, in einer dramatischen Verzweiflungsaktion Furcht, Schrecken und Zerstörung über den Globus zu bringen – in einer Größenordnung, die die vom CIA durchgeführten Terroranschläge gegen das World Trade Center am 11. September 2001 möglicherweise übertreffen könnte. In diesem Falle würde die Galaktische Föderation sofort reagieren und mit ihren Schiffen massenhaft intervenieren. Damit würden die Dunkelkräfte den Ersten Kontakt erzwingen und ihren eigenen Untergang maximal beschleunigen.

Wahrscheinlicher aber ist jene Option, die die Meister St. Germain und Sananda (Jesus) im Namen und Auftrag der Spirituellen Hierarchie offenbar favorisieren: die Illuminati strengstens beobachten, sie einkreisen, ihre Macht und Bewegungsfreiheit Zug um Zug einschränken, bis sie schließlich – an die Wand gedrückt – ihren letzten Widerstand aufgeben müssen.

Den Illuminati-Führern ist klar und deutlich mitgeteilt worden, dass sie unwiderruflich von diesem Planeten entfernt werden, wenn sie ihre Sabotage an der Einführung der Galaktischen Ordnung auf Erden fortsetzen. Und das würde für sie heißen, dass sie neben ihrer Macht auch noch ihr gesamtes Vermögen verlören und ihre Familien zurücklassen müssten.

So ist mit dem Ersten Kontakt eine gewisse Zeit nach der Einführung von NESARA zu rechnen. Für das Szenario dieses beispiellosen historischen Ereignisses gibt es einen „Fahrplan", den wir nun näher betrachten wollen. Diese Agenda veröffentlichte die Sirius-Gruppe am 2. Juli 2002. Hiernach sind zunächst offizielle Regierungserklärungen geplant, durch die die Menschen weltweit auf die Massenlandungen vorbereitet werden. In diesen Erklärungen sollen insbesondere die wohlwollenden Absichten der Föderation betont werden, um möglichen Ängsten entgegenzuwirken.

Daraufhin soll das Szenario für den Ersten Kontakt so ablaufen:

„Erstens: Unsere speziell geschulten Verbindungsleute werden eine Reihe von Radio- und Fernsehübertragungen machen. Diese werden zusammenfallen mit einer Reihe gleichzeitiger Überflüge durch unsere Begleitraumschiffe über viele städtische Regionen eurer Welt.

Zweitens: Unsere Verbindungsteams werden viele Landungen vornehmen, um uns euch persönlicher vorzustellen. Hier ist unser Ziel, die Massenlandungen so lange hinauszuzögern, bis die Zeit gekommen ist, euch in eure neuen temporären Wohnstätten im Innern der Erde zu bringen" (Hierüber gebe ich ausführliche Informationen im 8. Kapitel.) *„Der Himmel hat einen Zeitraum zur Verfügung gestellt, der von wenigen Wochen bis zu 14 Monaten reicht und als Übergang dienen soll.*

Drittens: Wir werden als Lehrer und Führer für dieses letzte Stadium vor eurer Rückkehr ins vollständige Bewusstsein agieren."

In diesem letzen Übergangsstadium werden speziell qualifizierte Gruppen die Menschen über die fortgeschrittenen galaktischen Gesellschaften unterrichten und erläutern, wie und nach welchen Grundsätzen diese funktionieren. Besonderes Gewicht wird hierbei auf das Training der „Fließenden Gruppendynamik" gelegt, denn *„es ist wichtig für euch, den besten Gebrauch dieser Prinzipien zu erlernen und lokale unterstützende Gruppen zu bilden, die eure Souveränität und Freiheit fördern"*.

Die so entstehenden Kerngruppen werden in freier Verantwortung dafür zu sorgen haben, *„ihre großzügigen Ressourcen zu nutzen, um Armut zu beenden, die Umwelt zu sanieren und Pläne für den örtlichen Gebrauch der euch übergebenen Technologie zu entwerfen"*. Hierbei wird *„eurer Freiheit und souveränen Entwicklung eures Bewusstseins der Vorrang eingeräumt werden"*.

Es liegt auf der Hand, dass in diesem Prozess ein enormer Schub an neuem Wissen auf die Menschen einströmen wird. Die Galaktische Föderation wird, um diesen gewaltigen Lernprozess zu vereinfachen, *„eine Technologie bereithalten, die dieses Wissen direkt in das Gedächtnis eures Gehirns und die Abrufsysteme ‚herunterladen' kann"*. Diese Informationen, so heißt es in der Sirius-Botschaft vom 2. Juli 2002, *„werden euch ein besseres Verständnis darüber vermitteln, wie die Galaktische Föderation eure Welt kolonisiert hat und wie es zu eurem begrenzten Bewusstsein kam. Sie werden ausführlich detailliert beschreiben, wie es dazu kam, dass ihr hier seid. Und sie werden euch die wesentlichen Lehren vermitteln, die der Schaffung von Realitäten und der Funktionsweise des Physischen zugrunde liegen"*.

Darüber hinaus werden diese Kerngruppen Belehrungen durch die Aufgestiegenen Meister erhalten *„hinsichtlich des Gebrauchs eurer Fähigkeiten, eine neue Wirklichkeit zu manifestieren, zum vollständigen Bewusstsein zurückzukehren und eure lebendige Heimwelt – Mutter Erde – zu unterstützen. Sie werden euch darauf vorbereiten, vollständig flügge – physische Engel zu werden. Hier werdet ihr Liebe, göttliche Gnade und das Ausführen Göttlichen Willens erlernen"*.

In der Tat hat die Spirituelle Hierarchie unserer Erde in den vergangenen Jahrzehnten den Zugang zu uraltem Wissen in einem bisher nie da gewesenem Umfang frei gegeben (siehe 9. Kapitel). In der Schrift „Grundlegende Instruktionen – Über die Lehren der Meister der Weisheit" heißt es hierzu: *„Der Grund, dass uns die Großen dieses Wissen vermitteln ..., liegt in der Kürze der Zeit, die uns noch zur Verfügung steht, und in der möglichst viel von der Dunkelheit beseitigt werden soll, bevor das ganze Planetensystem bei seinem Umlauf um die Große Zentral-Sonne in ihren Strahlungsgürtel eintaucht und die Schwingung sich spürbar beschleunigen wird."*

NESARA – Transformation auf der physischen Ebene

In der Geschichte der Menschheit hat es gewiss noch niemals ein Gesetz gegeben, dessen Anlass so gravierend und dessen Folgen so weitreichend sind wie das „National Economic Security And Reformation Act" (NESARA), dessen Grundzüge der US-amerikanische Supreme Court, der Oberste Gerichtshof der USA, bereits im Jahre 1993 auf den Weg brachte. NESARA heißt auf deutsch so viel wie „Nationalökonomisches Sicherheits- und Reform-Gesetz" und wurde am 9. März 2000 geheim vom US-Kongress verabschiedet und am 10. Oktober 2000 vom damaligen Präsidenten Clinton unterzeichnet. Das Gesetz wurde im Januar 2003 vom Kongress erneut im Geheimverfahren verabschiedet, um die im November 2002 neu gewählten Abgeordneten einzubinden. Das Gesetz schreibt der amerikanischen Regierung vor, solche Gesetze zu annullieren und künftig zu verhindern, die in *betrügerischer Absicht* beschlossen wurden.

Insbesondere als betrügerisch erkannte der Supreme Court jene Gesetze, auf deren Grundlage zahllose amerikanische Farmer im Laufe der vergangenen Jahrzehnte durch ihre Banken buchstäblich enteignet worden waren, indem diese den Farmern den Hypothekenvertrag kündigten. In letzter Instanz stellte der Supreme Court im Jahre 1993 in einem Urteil fest, die Banken hätten sich unter gesetzgeberischer Mitwirkung des Staates des Betruges schuldig gemacht. Das Urteil allein aber reichte wegen der Schwere und Tragweite der Straftatbestände nicht aus, um als juristisch stabile Grundlage für eine entsprechende Umstrukturierung des Wirtschafts-, Währungs- und Steuersystems zu dienen. Deshalb wurde auf Weisung des Supreme Court das NESARA-Gesetzespaket formuliert.

Die Brisanz des Gesetzes ergibt sich aus seiner klaren und unzweideutigen Frontstellung gegen die geheime Macht der Illuminaten, auch wenn diese nirgendwo in diesem Gesetz erwähnt werden. Ist NESARA öffentlich verkündet, dann bedeutet dies nicht weniger als die Beseitigung der wichtigsten finanz- und währungspolitischen Schlüsselpositionen und Machthebel auf der höchsten Ebene der internationalen Finanz. Denn die US-Währungshoheit wird der privaten „Federal Reserve Bank“, die von führenden Illuminaten-Familien betrieben wird, aus den Händen genommen und erstmals seit 1913 wieder unter staatliche Kontrolle gestellt. Ferner wird eine neue Dollarwährung, der „Rainbow-Dollar“, in Umlauf gebracht, deren Gesamtwert strikt an eine staatlich kontrollierte Gold- und Edelmetalldeckung gebunden wird.

Mit der NESARA-Ausrufung werden gewaltige Fonds geöffnet, aus deren Mitteln so gut wie alle US-Bürger weitgehend entschuldet werden können – seien es Schulden aus überzogenen

Kreditkartenkonten, aus Hypotheken- und Anschaffungsdarlehen oder ähnlichem. Zusätzlich können alle Bürger auf Antrag hohe Beträge aus sogenannten Wohlstandsfonds erhalten, die nicht zurück gezahlt werden müssen und ein finanziell sorgenfreies Leben ermöglichen.

Zugleich fordert NESARA die Rückkehr zum Geist der amerikanischen Verfassung, die Krieg gegen andere Völker nicht vorsieht. Und schließlich ist die Ausrufung dieses revolutionären Gesetzes mit der sofortigen Inhaftierung der gesamten Regierung Bush einschließlich einer Reihe hochrangiger Illuminaten in führenden Positionen von Wirtschaft, Politik, Verwaltung und Geheimdiensten verbunden. Bereits Anfang April 2003 sind im Auftrag des Supreme Court an über tausend Redaktionen aller Medien in den USA Dossiers verteilt worden, die Beweise über die unmittelbare Verstrickung der Mitglieder der Bush-Regierung in den Anschlag gegen das World Trade Center am 11. September 2001 enthalten.

Der Aufgestiegene Meister St. Germain erklärte noch am gleichen Tage dieses beispiellosen Verbrechens durch das Channel-Medium Ingrid Keminer: *„Dieses Gewaltpotential, das sich z.Z. in der sogenannten ‚Neuen Welt' entlädt, ist nichts weiter als das, was bereits in vielen Jahrzehnten von diesen Machthabern der sogenannten Freiheit ausgesandt und gesät worden ist. Amerika befindet sich z.Z. am Rande eines Kollaps in jeder Beziehung. Diese Aggressoren benutzen die Zeitqualität, um jetzt die Dinge in Gang zu setzen, die sich schon lange verdeckt im Inneren abgespielt haben. Nicht mehr länger ist zu vertuschen, dass Amerika ein großer Aggressor ist, der in keiner Weise in friedfertiger und friedvoller Absicht kommt, sondern der im Grunde genommen immer wieder Krisenherde auf der Welt unterschwellig bestückt, um dann sein gesamtes Kriegspotential oder seine Kriegsmaschinerie in Gang zu setzen. Diese nach außen hin als ‚Freunde' erscheinenden Machthaber des sogenannten amerikanischen Pioniergeistes sind nichts weiter als verbrecherische, gewaltvolle Machtinstrumente eines in sich gewalttätig eskalierenden*

Staates. Wir, die geistige Welt, beobachten dies schon seit langer Zeit. Die neuen freiheitlichen Ideen, die sich in der ‚Neuen Welt' realisieren sollten, haben sich komplett ins Gegenteil verwandelt. So zeigt sich jetzt im Äußeren, was unterschwellig tief verdeckt schon lange zu schwelen begann."

„Jene letzten Kabalen haben illegale Kontrolle über eine große Regierung an sich gerissen", so heißt es in einer Botschaft aus Führungskreisen der Zivilisation im Sirius-B-System vom 19. März 2002 auf www.paoweb.org. *„Vor mehr als sechs Monaten hat eben diese Kabalengruppe eine hochspezialisierte Aktion angezettelt, ausgeführt von den Geheimdiensten der dunklen Operateure, die dann einen Ring internationaler Terroristen dafür verantwortlich machte, den sie früher selbst geschaffen und lange Zeit finanziert hatten."*

Der Hintergrund dieses einzigartigen Kapitalverbrechens: Am 11. September 2001 um 10 Uhr Ostküstenzeit sollte NESARA ausgerufen und Präsident Bush abgesetzt werden. Im 1. und 2. Geschoss des World Trade Center, in einem renovierten Flügel des Pentagon sowie in einer unterirdischen Anlage in Pennsylvania befanden sich die Kommando- und Computerzentralen der Weißen Ritter, denen die geheime Vorbereitungsarbeit für NESARA oblag. Genau diese Ziele waren von den Terroranschlägen betroffen. Diese Vernichtungsschläge warfen die NESARA-Ausrufung um Jahre zurück und stärkten, wenigstens vorübergehend, die Position der Bush-Gruppe, die sich selbst als „Speerspitze" der Illuminaten versteht.

Die gewaltigen Veränderungen, die NESARA fordert und in Gang setzt, haben den Supreme Court bewogen, alle in den Vorbereitungsprozess einbezogenen Entscheidungsträger – einschließlich der eben genannten Redaktionen – unter striktes Geheimhaltungsgebot zu stellen, und ein Verstoß wird als Hochverrat verfolgt. Auf diese Weise soll sichergestellt bleiben, dass vor der Ausrufung von NESARA weder Chaos noch Anarchie um sich greifen.

Von allergrößter Bedeutung ist, dass die mit NESARA verbundene Entmachtung der Illuminaten wie auch die wirtschaftlichen Verbesserungen für die Bürger weltweite Geltung erhalten sollen. Wenige Monate nach Inkraftsetzung der Reformen in den USA sollen nach dem Willen der Spirituellen Hierarchie gleichartige Veränderungen Zug um Zug in allen Ländern der Erde stattfinden.

Denn NESARA wird von der Spirituellen Hierarchie als ein globales Werkzeug zur Aushebelung der Finanzmacht der Illuminaten betrachtet und ist unmittelbar gegen deren Strategie der weltweiten Verschuldung gerichtet. Die Einführung von NESARA, so heißt es in der Sirius-Botschaft vom 8. April 2003, *„betrifft die Wirtschaftssysteme Nord-Amerikas und der Welt. Wenn NESARA verkündet ist, wird das einen globalen ‚Domino-Effekt' bewirken, der nahezu alle persönlichen Haftungen und die meisten internationalen Schuldenlasten beenden wird".*

Zugleich leitet die Inkraftsetzung von NESARA eine Phase beispielloser Intensivierung jener Großen Transformation ein, die bereits seit Jahren auf den inneren Ebenen vorwärts rollt. Meister St. Germain erklärte durch das Channel-Medium Kara Kincannon (Übersetzung: Martin Gadow) am 1. September 2003: *„... NESARA enthält die Schlüssel zum Goldenen Zeitalter allen Lichts ... Die ‚Alte Welt', die ihre Macht durch ihre Lügen aufrecht hielt, ist zusammengebrochen. ‚Macht' wurde nicht als die Energie miteinander geteilt, die eigentlich universell und für alle da ist. Die Autoritäts-Strukturen der ‚Alten Welt' zerbröckeln, die Hallen dieser ‚Alte-Welt'-Regierungen werden leergeräumt werden, und die Ankündigung von NESARA hat dieses Chaos herbeigeführt. Doch aus diesem Chaos kommt das Konzept all dessen zum Vorschein, was sich nun ändert. Das ist NESARA. Und alles darüber wurde euch von mir über viele Kanäle (channels) mitgeteilt. NESARA IST MEIN GÖTTLICHER DIENST für Amerika und für die gesamte Welt. Die ‚Alte-Welt'-Strukturen hatten Jahrtausende lang die scheinbare Notwendigkeit äußerer Autoritäten ‚festgefroren'... Innere Autorität* *ist es, was die alten Formen durch euch, die Lichtarbeiter, gewandelt hat. Das Chaos verschafft euch endlich die Gelegenheit, eure innere Verbindung mit der Quelle Gott/Göttin in euch herzustellen und euch auf heilige Weise als eine globale und galaktische Familie des Lichts zu manifestieren ...“*

Die Vorbereitung der NESARA-Einführung wäre ohne die „White Knights“, die „Weißen Ritter“, nicht möglich gewesen. Den Mitgliedern des Supreme Court war bewusst, welch revolutionäre Konsequenzen die Einführung des Gesetzes nach sich ziehen würde, und sie hielten frühzeitig Ausschau nach Kräften, die genügend machtvoll, kompetent, integer und verfassungstreu waren, um die Vorbereitungen voranzubringen und sie zugleich geheimzuhalten und zu schützen.

Sie fanden diese Kräfte in der Militärführung, bei pensionierten Generalstäblern, in mehreren Militärgeheimdiensten, bei den Navy Seals, beim US Patriotic Military, beim US-Schatzamt, im US-Kongress, in den mittleren und höheren Ebenen der Ministerien und den Verwaltungen, im Management der Banken, unter Richtern, Rechtsanwälten, Finanz- und Währungsexperten, allen voran Alan Greenspan, dem man dies als Direktor der „Federal Reserve Bank“ zunächst einmal nicht zutraut. Ähnlich sehen die Qualifikationen der Weißen Ritter weltweit in mehr als 180 Ländern aus. Diesem riesigen Netzwerk aufrechter Menschen ist es am Ende zu verdanken, dass NESARA nicht nur in den USA, sondern weltweit die Lebensbedingungen der Menschen verbessern hilft.

Spätestens seit dem Anschlag vom 11. September 2001 wurde die Arbeit der Weißen Ritter zunehmend von den „Forces“ unterstützt, Spezialeinheiten der Galaktischen Föderation, die mit überlegenen technischen Mitteln vielfach eingegriffen haben, um die Weißen Ritter, ihre Kommunikationsstrukturen und geheimen Zentren zu schützen oder geplante Terroranschläge der dunklen Kräfte in amerikanischen Städten zu verhindern, die als Vorwände für die Verschärfung der „Inneren Sicherheit“ dienen sollten.

Im Frühjahr 2003 schließlich, nachdem den Weißen Rittern in den USA mehrfach neue Anläufe zur Ausrufung von NESARA misslungen waren, schalteten sich mehr und mehr die Aufgestiegenen Meister ein – allen voran St. Germain und Sananda. Nachdem Sie die Leitung der Vorbereitungen in Ihre Hände genommen hatten, kam die NESARA-Lokomotive spürbar in Fahrt, und Mitte Juli 2003 waren sämtliche 46 US-Großbanken unter Kontrolle der Weißen Ritter. Obendrein verpflichteten sich 410 Kongressabgeordnete, 48 Senatoren, die Gouverneure von 42 US-Bundesstaaten und die Bürgermeister von fast 150 der größten amerikanischen Städte, NESARA nach der Ausrufung öffentlich zu unterstützen.

Und schließlich verankerte die Spirituelle Hierarchie am 28. Juli 2003 ein Lichtsprachen-Muster in der ätherischen Ebene, das helfen sollte, genügend Energien zu mobilisieren, um NESARA bis zum 15. Dezember 2003 in die physische Realität zu rufen. Die Meister St. Germain und Sananda ließen durch das Medium Nancy Tate eine entsprechende Erklärung verbreiten:

„Meine Lieben: Wir sind zu einem Zeitpunkt in dieses Land gekommen, da wir erklären müssen, dass wir nun nicht länger darauf warten, dass Freiheit und Gerechtigkeit vorankommen und verkündet werden! Deshalb ist heute eine Erklärung abgegeben worden, dass es ein Eintreten für die Verwirklichung von NESARA geben wird, sobald die Bewilligung dieser Manifestation vorliegt.

Ich verkünde nun den Vereinigten Staaten von Amerika und der Welt, dass NESARA somit unverzüglich in Händen der Bevölkerung der Vereinigten Staaten von Amerika ist, und dass dieses Volk sich im Prozess befindet, dieses verkündete Gesetz aus der ätherischen Ebene, in der die Absicht dieses Gesetzes bereits manifestiert wurde, in die direkte Manifestation zu bringen. Dies ist geschehen durch die energetische Intention eines Musters von Licht-Sprache, das aufgezeichnet und eingerichtet wurde am heutigen Tage des 28. Juli 2003.

So tragen wir an diesem heutigen Tag des Jubels das Versprechen weiter, das von euren Vorvätern abgegeben wurde, das Rechtswissen um dieses Gesetz in jedes Heim und jedes Leben der Bürger dieser Vereinigten Staaten von Amerika und aller Bürger der Welt zu bringen. Dies erklären und befehlen wir im Namen Gottes, des Schöpfers, und aller Wesen, die sich zu dieser Zeit in der Existenz befinden. Denn in diesen Wesen lebt die Essenz Gottes, des Schöpfers, und damit lebt in ihnen die Bürgerschaft der Existenz-Ordnung des Universums …

Das Licht-Sprachen-Muster wurde am 26. Juli 2003 errichtet und hat seine Vollendung erreicht und wurde festgelegt an diesem Tage des 28. Juli 2003. Es bedurfte des Zeitraums von drei Tagen, damit sich diese Energie manifestieren und die Intention sich festsetzen konnte. Es ist getan; es ist getan!

Dem Muster wurde der 15. Dezember 2003 eingetragen, zu dem Zweck, dass der Wille des Volkes innerhalb dieses Zeitraums dieses Gesetz aus den ätherischen Bereichen in die Zeit hinein manifestieren kann. Seid euch klar, dass dies ein vorgeschlagenes Datum ist, das vom physischen Reich inspiriert wurde, und daher wird es vom Göttlichen Willen der Völker dieses Planeten Erde beeinflusst. Es liegt in ihrer Macht, die Kluft der Zeit zu schließen und es bereits zu diesem 28. Juli 2003 voranzubringen, was bedeutet: JETZT.

Unter Autorisierung von Meister St. Germain und Meister Sananda Kumara …"

Doch letztlich zeigte sich, dass die Menschheit noch nicht genügend umwandelnde Energie aufzubringen vermochte, um den Durchbruch zu ermöglichen. Der Bewusstseinswandel vor allem in der amerikanischen Öffentlichkeit hatte noch nicht jenen Grad erreicht, der erforderlich war, um das System der Massenmanipulation der tragenden Medien zu durchschauen.

Dazu kommen ganz konkrette machttaktische Aspekte. Denn es geht ja darum, innerhalb des bestehenden Systems – sowohl in den USA wie auch weltweit – eine Gegenmacht von solcher Stärke aufzubauen, dass die Dunkelmächte und ihre ausführenden Agenten in einen Zustand weitgehender Handlungsunfähigkeit getrieben werden. Nur so ist gewährleistet, dass der mit der Ausrufung von NESARA verbundene Machtwechsel so reibungslos wie irgend möglich über die Bühne gebracht werden kann. Die Meister, die Kräfte der Galaktischen Förderation und die Weißen Ritter müssen also das Kunststück vollbringen, die „Burg" in dem Augenblick zu erstürmen, da der öffentliche Druck als genügend stark und der Zustand der alten Regierung als genügend schwach eingeschätzt werden kann.

Dass NESARA kommen wird, daran lassen die Aufgestiegenen Meister keinen Zweifel. Dennoch sollten wir uns vor Frustrationen hüten, falls ein angekündigter Termin nicht eingehalten werden sollte. Stattdessen sollten wir unsere ganz persönlichen Bemühungen verstärken, bei uns und in unserem Umkreis für jene Geisteshaltung und jene Verhältnisse zu sorgen, die NESARA erlauben, auf fruchtbaren Boden zu fallen.

Die mit der Ausrufung von NESARA verbundene Ausschüttung riesiger Vermögenswerte gilt nicht nur für die USA, sondern weltweit. Rund um den Globus werden alle Menschen auf Antrag große Geldsummen erhalten, die ihnen ermöglichen, ein Leben in freier Selbstbestimmung zu führen. Die Mittel für diese weltweite individuelle Wohlstandssicherung stammen aus einem unvorstellbar großen Vermögen, das nach Angaben der „Taube der Einheit" (www.fourwinds10.com) das Mehrfache einer 1 mit 45 Nullen in Dollar ausmacht. Rechnerisch würde hiernach jeder Mensch dieser Erde mehrfacher Millionär werden können, ohne dass dieses Vermögen nennenswert strapaziert wäre.

Diese gigantischen Vermögenswerte stammen aus uralten Staatsschätzen der versunkenen Reiche von Rom, Persien, Indien und China und aus mehreren antiken Imperien Süd- und Mittelamerikas. *„Den brillanten Strategien, die vor vielen Jahrhunderten in Gang gesetzt wurden durch die Aufgestiegenen Meister Graf Saint Germain, Meister Hilarion, Serapis Bey und Saint*

Paul, dem Venezianer," ist es nach der Sirius-Botschaft vom 15. April 2003 zu verdanken, dass durch die Jahrhunderte hindurch diese Schätze sicher gehütet und in jüngerer Zeit schließlich in einen Treuhand-Fonds überführt wurden.

Dies bedeutet, dass die Meister bereits vor vielen Jahrhunderten nach einem Generalplan verfuhren, der heute, in unseren Tagen, in die physische Realität eindringt. *„Diese heiligen Wesenheiten waren fähig, ein finanzielles und monetäres System in dieses Reich zu bringen, dessen geheimer Zweck es war, zum geeigneten Zeitpunkt die Ausschüttung großen Reichtums zu ermöglichen."*

Eine weitere Quelle, die zugunsten der wirtschaftlich Schwachen sprudelt, wird von ebenfalls riesigen Vermögenswerten gespeist, die eine Gruppe „Weißer Schafe" aus den reichsten Familien der Welt im Laufe des 20. Jahrhunderts heimlich in Treuhandfonds transferiert hat. Diese Rebellen gehören überwiegend den jüngeren Generationen des internationalen Geldadels an, die den Weg ihrer Eltern nicht mitgehen wollten.

NESARA bildet gleichsam die materielle Basis für den Transformationsprozess, und seine Ausrufung setzt eine Dynamik in Gang, die die weltweite Wandlung wahrlich in Galopp versetzen wird. Innerhalb weniger Jahre werden die Menschen gemeinsam mit den Aufgestiegenen Meistern unsere Welt umgestalten. *„Diese neue Welt ... hat dann Ereignisse in Bewegung gesetzt, die eure gegenwärtigen finanziellen, regierungstechnischen und kulturellen Perspektiven unwiderruflich ändern wird"*, so heißt es in der Sirius-Botschaft vom 2. Juli 2002.

Denn ein mit NESARA verknüpftes Ziel ist die weltweite Sicherstellung von individueller Freiheit, Selbstbestimmung und persönlicher Souveränität. NESARA und die mit diesem Gesetz verbundenen Absichten werden weltweit zu öffentlichen Debatten über den künftigen Kurs des jeweiligen Landes führen, und diejenigen, die sich den Neuwahlen stellen, werden einen anderen Zuschnitt haben müssen als die verbrauchten, oft in moralische und finanzielle Korruption verstrickten Marionetten an den unsichtbaren Ketten der Geheimgesellschaften. Es geht darum, politische Führer in ihre Ämter zu wählen, denen bewusst ist, dass die globale Gesellschaft in Richtung einer galaktischen Erdennation geführt werden muss.

„Ihr werdet plötzlich großen finanziellen Reichtum erfahren. Danach werden viele neue Regierungen ihre Ämter übernehmen, und viele neue Weltführer werden plötzlich vor euch in Erscheinung treten. Verheerende Kriege, die euch in eine katastrophale Zerstörung zu führen schienen, werden rasch zu Ende sein. Harmonie und ein Niveau globaler Kooperation, wie eure Welt es nie zuvor gesehen hat, wird zur Norm werden. Zu diesem Zeitpunkt wird eine Anzahl regionaler Organisationen die Führung übernehmen. Die ‚Vereinten Nationen' (UN) werden neu organisiert werden, und ein neues internationales Mandat menschlicher Souveränität und Freiheit wird ausgerufen werden."

Und es wird hinzugefügt: *„Obschon euch dies alles unbegreiflich erscheinen mag: Es sind in der Tat geheime Abkommen unterzeichnet worden, dass so verfahren werden soll."* Und in der Botschaft vom 8. April 2003 heißt es ergänzend: *„Neu eingesetzte Regierungen, die im ‚Kielwasser' von NESARA geschaffen werden, werden eine breitgestreute Enthüllung unzähliger, lange unterdrückter Technologien unterstützen ... Wir erwarten zudem, dass die mit NESARA ‚geborenen' Regierungen eine prompte und vollständige Enthüllung unserer Existenz und unseres Wohlwollens verbreiten."*

Neben der Umstrukturierung der Regierungssysteme wird es mit Sicherheit auch eine Neuordnung der internationalen Wirtschaftsbeziehungen geben, die bislang ausnahmslos auf dem Prinzip des ungleichen Tauschs beruhen und fortwährend die armen Länder ärmer und die mächtigen multinationalen Konzerne noch reicher machen. Die skrupellose Selbstsucht und Expansionsgier dieser Konzerne wird ebenso gebrochen werden wie die der Großbanken, und es werden Regelungen eingeführt werden, auf deren Basis ungerechtfertigte Profite in die Förderung sozialer und ökologischer Projekte geleitet werden.

Zu diesen „lange unterdrückten" Technologien gehören vor allem solche, die sich aus sogenannten „Freien Energien" speisen. Das sind Technologien, die – salopp ausgedrückt – kosmische Energiequellen anzapfen, die unerschöpflich sind, die Umwelt nicht belasten, nicht monopolisierbar sind und kostenlos eingespeist werden können. Diese Technologien ermöglichen jedem Haushalt, mittels eines kostengünstigen Konverters kostenlos elektrischen Strom und Heizenergie zu beziehen. Auf gleiche Weise können die Antriebe von Fahrzeugen zu Lande, zu Wasser und in der Luft arbeiten – leistungsstark, umweltneutral, leise und kostenlos.

Der bekannteste Erfinder auf diesem Gebiet war Nicola Tesla, der bereits Ende des 19. Jahrhunderts in Buffalo Springs eine drahtlose Übertragung von elektrischer Energie entwickelt hatte, die ihrerseits über einen Konverter aus dem „Äther" bezogen wurde. Andere Erfinder wie T.H. Moray oder Lester Hendershot hatten in den USA auf ähnlichen Prinzipien arbeitende Energiewandler entwickelt, doch ihre Patente verschwanden auf Druck der Illuminaten in geheimen Panzerschränken.

Denn diese dunklen Machthaber setzten aus zwei Hauptgründen auf Primärantriebe, die auf die Einspeisung von Erdölprodukten wie Dieselöl oder Benzin angewiesen sind. Wer Erdölquellen besitzt, der verfügt über ein Monopol, das an Marktmacht gewinnt, je knapper die Vorräte werden. Und zweitens war das Konzept der planmäßigen Umweltvergiftung seit vielen Jahrzehnten fester Bestandteil der Strategie der Illuminaten. Dieses Ziel ist mit den Milliarden Verbrennungsmotoren, die seit Jahrzehnten Luft, Boden und Wasser verpesten, fast erreicht worden. Wir erinnern uns, dass die Großen Grauen aus dem Beteigeuze-System spätestens im Jahre 1998 als „Umweltretter" auftreten wollten, um dann mit den Illuminaten im Kielwasser eine „Neue Weltordnung" zu installieren.

Neben den „sauberen" Antriebstechnologien wird es freilich auch um die Freigabe, Produktion und Anwendung solcher

Technologien gehen, mit deren Hilfe die Menschheit im großen Maßstab das Wasser, den Boden und die Atmosphäre unseres Planeten gründlich reinigen kann. So werden die mit der Ausrufung von NESARA frei werdenden Finanzmittel in besonderem Maße dafür verwendet werden müssen, in weltweiten Initiativen Netzwerkprojekte in Gang zu setzen, die Mutter Erde helfen, sich von jenen Giften zu befreien, mit denen wir sie wegen der vorenthaltenen Alternativen allzu lange belastet haben. Wir können davon ausgehen, dass unsere Verbündeten aus der Galaktischen Föderation uns bei diesem gigantischen Wiedergutmachungsprojekt tatkräftig zur Seite stehen werden.

Die Kommandeure der sirianischen Schiffe nennen das Gesamtpaket aus Reichtum und Freiheit, das auf die Menschheit zukommt, „Upat Umshan", was soviel heißt wie „Projekt Erden-Geschenk". Es wird gänzlich an uns liegen, ob wir uns dieses grandiosen Geschenks würdig erweisen.

8. Auf dem Wege zum Solis-Nationenbund

Die Große Transformation, so sahen wir, hat ein klar definiertes Ziel: das Bewusstsein der Menschheit auf eine neue Schwingungshöhe zu bringen, so dass ihr Gewahrsein und ihr Handlungsspielraum zwei Dimensionen mehr umfasst als bisher. Die Grundlage für die Entwicklung dessen, was in galaktischen Maßstäben volles Bewusstsein genannt wird, ist die Erweiterung unserer genetischen Grundausstattung von zwei auf sechs DNS-Doppelstränge. Ohne diese Erweiterung ist die Integration des Lichtkörpers schwerlich möglich.

Die Menschheit befindet sich auf einem Pfad, dessen Großartigkeit, Würde und Einzigartigkeit dem Göttlichen Selbst jedes Menschen bewusst ist, jedoch bislang das persönliche Selbst nur weniger Menschen berührt. Das wird sich in der kommenden Zeit drastisch ändern. Die Einstrahlung Göttlichen Lichts nimmt dramatisch zu, und jeden Tag erwachen zunehmend mehr Menschen und beginnen, ihr inneres Licht und das ihrer Nächsten verstärkt wahrzunehmen. Dieser Pfad zur Erleuchtung ist den Menschen in den vergangenen Jahrtausenden bereitet worden durch all Jene, die vor ihnen den Weg zur spirituellen Meisterschaft durchschritten haben – die Aufgestiegenen Meister.

Hart und oft leidvoll fiel für viele unserer Erleuchteten Brüder und Schwestern dieser Weg aus, und es war Ihr selbstloses Opfer, das uns Heutigen, die wir Ihnen nachfolgen, so manche Prüfung erspart. Vor uns liegt ein Weg zur Erleuchtung, der ohne den enormen Konzentrationsaufwand und ohne die selbstverleugnende Hingabe eines Großen wie Gautama Buddha beschritten werden kann. Denn der heutigen Menschheit wurde *„ein spezieller Pfad eröffnet, der an dieses Ziel führt. Er kommt von* *jenen spirituellen Meistern, die diesen Pfad in großartiger Weise bereitet und manifestiert haben. Wenn ihr ihm folgt, ihr Lieben, habt ihr die Führung des Himmels. Wir tun alles, was für euch wirklich nötig ist, um euren Erfolg zu sichern. Dafür hat Lord Surea viele mächtige Legionen aus den heiligen Reichen von A-E-O-N zur Verfügung gestellt"* (Sirius-Botschaft vom 23. September 2000).

Das gesamte Sonnensystem transformiert sich

Die allgemeine Schwingungserhöhung ist jener Vorgang, auf dessen „Brandungswoge" all jene Veränderungen stattfinden, aus der eine irdische Menschheit mit begrenztem Bewusstsein zu einer galaktischen Zivilisation mit vollem Bewusstsein erwächst. Auch Lady Virgo, die wir Mutter Erde nennen, transformiert ihr Bewusstsein in die fünfte Dimension, und sogar die „feste Materie" wird in eine höhere atomare Schwingungsfrequenz erhoben.

Dies betrifft unser gesamtes Sonnensystem. Die Hyperaktivität der Sonne, beobachtbar bereits seit den neunziger Jahren des 20. Jahrhunderts, ist ebenso ein Zeichen der Transformation wie die Zunahme der Erdbebenaktivität und das Anwachsen weltweiter Wetteranomalien auf unserem Planeten. Was Mutter Erde anbelangt, so haben unsere himmlischen Helfer, die Lenker der Elemente, die Myriaden von Elementarwesen sowie die Spezialteams der Galaktischen Föderation alle Hände voll zu tun, um die umfassende Umwandlung, deren Lady Virgo und Ihre elementaren „Hüllen" bedürfen, über eine gewisse Zeit derart zu dämpfen, dass die Menschheit an der Oberfläche nicht übermäßig in Mitleidenschaft gezogen wird.

Doch können diese dämpfenden Maßnahmen nur über eine gewisse Zeit aufrechterhalten werden. Diese wenigen Jahre müssen von der Menschheit genutzt werden, um in der Zeit nach der weltweiten NESARA-Einführung und den damit zusammen hängenden Umgestaltungen ihre eigene Transformation auf der

Oberfläche voranzutreiben und das ihre dazu beizutragen, die Elemente von Mutter Erde von jenen Schadstoffen zu reinigen, die Erde, Wasser und Luft in unerträglicher Weise belasten. Dann aber – gewiss noch vor dem Jahre 2012 – muss Lady Virgo „freie Bahn" erhalten für jenes gigantische Umgestaltungswerk, an dessen Ende Sie auferstehen wird wie Phoenix aus der Asche – als eine Neue Erde, die sich frisch zugerichtet zeigen wird als strahlende Trägerin einer reif gewordenen galaktischen Zivilisation.

Diese Umgestaltungen auf der Oberfläche unseres Planeten werden keinen Flecken unberührt lassen, und den Gewalten, die Lady Virgo einsetzen wird, um ein neues Erdenrund zu schaffen, wird kein Mensch gewachsen sein – gleich, ob er sich auf die Ozeane, in die Atmosphäre oder auf die höchsten Berggipfel flüchtet. Wohin also mit den Menschen, wenn Mutter Erde beginnt, sich zu „häuten"? Unsere Spirituelle Führung hat im Verein mit unseren Geschwistern der Galaktischen Föderation und dem Volk von Agarthi vorgesorgt. Tief im Innern der Erde wartet ein einzigartiges Geschenk auf die Menschen: riesige lebendige Kristallstädte voller technischer Wunder, errichtet in den weiten Ländern von Agarthi, unter dem milden Licht jenes einzigartigen Kristalls, der als „innere Sonne" im Zentrum der Erde schwebt.

„Anfänglich, als Ergebnis einer Reihe göttlicher Verfügungen, hatten die Bewohner der Inneren Erde ihre Einmischung auf einem Minimum gehalten", so heißt es in der Sirius-Botschaft vom 2. April 2002. *„Nun aber haben sie eine beinahe endlose Reihe von Wohnungen für euch bereitgestellt. In diesen ‚Garten-Eden'-ähnlichen Bereichen werdet ihr eure Transformation in vollbewusste Wesen vollenden. Eure Geschwister der Inneren Erde haben die Aufgabe übernommen, euch bei diesem nächsten Schritt anzuleiten, wie er in die Tat umgesetzt werden kann."* Zugleich werden, wie in der gleichen Botschaft mitgeteilt wird, *„massive Evakuierungen der gegenwärtigen Flora und Fauna von Mutter*

Erde in bestimmte Abteilungen unserer Mutterschiffe erforderlich sein".

Die Menschen von Agarthi leben gänzlich in der Tradition des Reiches von Lemuria, das vor 25.000 Jahren von den Atlantiden zerstört wurde. *„Jeder Einzelne lebt dort in einer Welt, die die ursprüngliche Natur des Oberflächenbereichs von Mutter Erde widerspiegelt. Hier existiert der Himmel im Einklang mit den Wünschen der Bewohner. Hier sind die Behausungen im Einklang mit den Wünschen eines jeden Lebewesens. Diese Welt ist ein Paradies, das innerhalb des ‚Kokons' aus Energie schwebt, aufrechterhalten durch deren Technologie. Es ist ein Land der Wonnen. Es ist nicht etwa in einer dunklen, beschränkten Höhle erbaut, sondern vielmehr vom Verlangen seiner Bewohner, von Mutter Erde und vom göttlichen Plan. Innerhalb der vielen Energiefelder, die es hervorbringen, gibt es Kristallstädte von exquisiter Schönheit"* (Sirius-Botschaft vom 14. Mai 2002).

Während die Menschen in dieser vitalen Umgebung unter Anleitung ihrer fortgeschrittenen Geschwister zu vollem Bewusstsein erwachen, wird nach den Bekundungen unserer sirianischen Mentoren das gesamte Sonnensystem einschließlich der Oberfläche der Erde ein neues Antlitz erhalten. Seit Anfang des neuen Jahrtausends haben Wissenschaftsteams der Galaktischen Föderation Terraforming-Maßnahmen auf Venus und Mars eingeleitet, die diesen Planeten wieder zu blühendem Leben auf der Oberfläche verhelfen soll.

Beide Planeten wurden im Verlaufe des großen Krieges zwischen der Galaktischen Föderation und den Kräften der Anchara-Allianz vor einer Million Jahren derart in Mitleidenschaft gezogen, dass Leben auf ihren physischen Oberflächen nicht mehr gedeihen konnte. Die Venus-Atmosphäre wurde völlig vergiftet und dämmert in überhitztem Zustand, während auf dem Mars durch die Einwirkung einer undämpfbaren Schwingung die Atmosphäre in den umgebenden Raum gepumpt wurde und sich so immer mehr verdünnte.

Doch damit nicht genug: Die Wissenschaftsteams der Galaktischen Föderation sind bereits darangegangen, den Asteroidengürtel zwischen Mars und Jupiter zu bearbeiten, um den ehemaligen Planeten Maldek neu zu bilden. In der Sirius-Botschaft vom 5. Februar 2002 heißt es: *„Wie vielen eurer Astronomen bereits bewusst ist, haben die Bewegungsverläufe verschiedener Asteroiden während der letzten paar Jahre eine Reihe seltsamer Drehungen genommen. Ferner verändert sich die Beschaffenheit des Asteroidengürtels, die Wechselbeziehung seiner Bestandteile untereinander, sowie die Neigung seiner Umlaufbahn. Dieses Geschehen konnte mit den euch bekannten Konzepten orbitaler Mechanik nicht vorausgesagt werden. Überdies tauschen Jupiter und Saturn jetzt auf höchst ungewöhnliche Weise magnetische und gravitations-relevante Signale untereinander aus. All diese Vorgänge bereiten euer Sonnensystem auf das Wiedererscheinen des Planeten ‚Maldek' vor."*

Auch im inneren Sonnensystem kündigen die Botschaften vom Sirius dramatische Veränderungen an: *„Merkur zeigt Anzeichen abnormaler Störungen. Außerdem driftet er auf etwas dahin, was eure Astrophysiker als anomale Welle bezeichnen, die von eurer Sonne herrührt. Dieses Phänomen bereitet das plötzliche Wiedererscheinen eures innersten Planeten vor, den eure Astronomen ‚Vulkan' benannten"* (5. Februar 2002).

All diese Veränderungen werden sich freilich nicht innerhalb weniger Jahre manifestieren. Manche Prozesse werden Jahrzehnte, wenn nicht Jahrhunderte dauern. Auch die Umgestaltung der Erde wird kein Vorgang sein, der „von heute auf morgen" beendet sein kann. Doch am Ende der Erd-Transformation wird es keine Nord-Süd-Polarisierung mehr geben, sondern eine solche, in der das Erdzentrum den Nordpol und die gesamte Oberfläche den Südpol bilden wird.

Das heißt, dass die gesamte Erdoberfläche monopolar ausgerichtet sein wird. Darin wird die vielbeschworene „Umpolung" der Erde bestehen, und der Grund für die monopolare Ausrichtung der Oberfläche liegt darin, dass die Erde zusätzliche „höher dimensionale" Körper aufbaut. *„Der Himmel nimmt diese Änderungen vor, um eine lebendige Wesenheit bereitzustellen, die zum wahren Dreh- und Angelpunkt zwischen der dritten, vierten und fünften Dimension wird"* (Sirius-Botschaft vom 18. November 2000).

Als zentraler Aktivator wirkt hierbei die „innere Sonne" der Erde, jener Göttliche Kristall, der vor 50 Milliarden Jahren sogar die „Startzündung" für die Bildung der gesamten Galaxis übermittelte. Die Frequenz seiner Schwingung hat sich seit dem Jahre 1995 dramatisch gesteigert. *„In weniger als sieben Jahren"*, so heißt es in der Botschaft vom 24. Dezember 2002, *„steigerte sich dieser Puls von 7,8 zu fast 13 Zyklen, was eure Sonne einem verstärkten ‚Druck' aussetzte, um euer Sonnensystem für seine Rückkehr ins vollständige Bewusstsein bereitzumachen"*.

Und wenn der Mensch der Zukunft auf diesen Planeten blicken wird, so wird seine „Landkarte" nicht mehr vergleichbar sein mit jenem Bilde, das uns Heutigen so vertraut ist. In der Sirius-Botschaft vom 29. Januar 2000 wird das künftige Antlitz der Erde so beschrieben:

„Ihr Lieben, es ist ein Reich, das für die Voll-Bewussten bestimmt ist und für jene, die für ihre Handlungen volle Verantwortung zu übernehmen in der Lage sind. Es ist ein Ort, wo die Präsenz eures Wahren Selbst sowohl willkommen als auch erforderlich ist. Es ist, wo der Himmel vollständig zu Erde herabgekommen ist und wo das goldene göttliche Paradies geschaffen wurde. Dieses Reich ist jetzt ein Traum für euch; doch es wird in sehr naher Zukunft zur Wirklichkeit werden.

Dieses neue Reich ist in der Tat ein höchst erstaunlicher Ort. Alles in ihm ist lebendig, und jeder Aspekt in ihm weiß dies, als unbestreitbare Tatsache. Die Wunder eures Planeten schließen ein: ein halbtropisches Klima, ein großartiges Firmament und einen Oberflächenbereich, dessen Merkmale neun Kontinente und vierzehn Seen und Ozeane sind. Vom Weltraum aus gesehen ist das Antlitz von Mutter Erde dann gänzlich verschieden von dem, das euch gegenwärtig noch geläufig ist. Euch bekannte Bergketten werden zu Binnenseen oder großen Binnenmeeren geworden sein. Prächtige Meere wie das Mittelmeer werden wieder zu schönen Flusstälern, während viele Wüsten wie die Sahara zu fruchtbaren Regionen werden, bestimmt von großen Meeren oder Binnenseen. Eure Erde ist dann ein unglaublich schöner Platz. Nachts werden die zwei Firmamentschichten euch mit bloßem Auge Sterne erkennen lassen, für die zuvor Ferngläser oder Teleskope nötig waren. Zu dieser wunderschönen Ansicht werden sich zwei Monde gesellen, die euren Himmel zieren. Diese Monde werden Phasen haben wie gegenwärtig manche künstlichen Satelliten, die euch umkreisen."

Die vollbewusste Menschheit wird dann wieder zu jener Hüterschaft über die irdische Flora und Fauna zurückkehren, die sie 25.000 Jahre lang, seit der Zerstörung des Reiches von Lemuria, nicht mehr wahrnehmen konnte. Allerdings wird sie – wie alle vollbewussten Kulturen – ihre Wohnstätten nicht mehr auf der Oberfläche des Planeten errichten, sondern im Innern der Erde, mehrere Meilen in der Tiefe: *„Eure vielen städtischen und ländlichen Siedlungen werden in mehreren großen unterirdischen Kavernen errichtet werden, mit dem Aussehen und dem Lebensgefühl der früheren, auf der Oberfläche von Mutter Erde erbauten. Sie werden jedoch mit phantastischen technologischen Wundern angefüllt sein."*

Auf der Oberfläche der Erde werden sich, vergleichbar mit der Sirius-Kultur, auf den jeweiligen Knotenpunkten der irdischen Kraftlinien – bekannt als „Ley-Lines" – Tempelanlagen befinden, von denen aus die höheren Energien auf alles pflanzliche und tierische Leben verteilt werden. Zu den Tempelanlagen werden Ansiedlungen gehören, in denen jene Menschen wohnen, zu deren Aufgaben der tägliche Dienst in den Tempeln gehört. In gewissen regelmäßigen Abständen werden die Menschen in größerer Zahl zur Oberfläche emporsteigen, um in großen Zeremonien den Tempeldienst zu unterstützen und die einfließenden hohen Energien zu konzentrieren und in rechter Weise zu lenken.

Die Menschheit wird dann ein geehrtes Mitglied der Galaktischen Föderation sein, und die Grundlagen des sozialen Miteinander werden durchdrungen sein von ihrer Rolle als Mittler zwischen Himmel und Erde. Unsere als Sol bekannte Sonne heißt in der Akonowai-Sprache der Sirianer „Solis", was soviel heißt wie das „Große Licht". Unsere Mentoren vom Sirius schlagen deshalb vor, die menschliche galaktische Zivilisation „Solis-Sternen-Nation" zu nennen (5. März 2003).

Diese neue Rolle der Menschheit erfordert viele Neuerungen und den Abschied von allem Alten, das nicht mehr hinreichen wird, um den neuen Anforderungen zu genügen. So stellen selbst die fortgeschrittensten Verfassungen unserer Tage nicht mehr dar als die schriftliche Garantie für die Unantastbarkeit der Würde des Menschen und der daraus abgeleiteten Grundrechte. Die künftige Verfassung der Menschheit wird aus wenigen Grundsätzen bestehen – jenen Gesetzen, die seit Millionen von Jahren in den vollbewussten Zivilisationen unserer Galaxis anerkannt und gelebt werden.

Das sind die Vier Sozialen Grundgesetze oder auch die Vier Großen Gesetze, die auf Erden bereits eine 900.000 Jahre alte Tradition besitzen, aber nur wenigen Eingeweihten auf der Erdoberfläche bekannt sind. *„Eure antike lemurische Zivilisation brachte sie auf die Erde, und sie wurden verankert von deren Nachkommen – den Bewohnern des Reichs der Inneren Erde, bekannt als Agartha"* (Sirius-Botschaft vom 5. März 2003).

Die Vier Sozialen Grundgesetze enthalten alles, was eine vollbewusste und ethisch hochstehende Kultur an Richtlinien braucht, um gegenseitige Fürsorge, harmonisches Miteinander und spirituelles Wachstum zu sichern und zu fördern. Die Vier Großen Gesetze beruhen vor allem auf zwei Prinzipien:

1. die Anerkennung der Bedeutung des geistigen Wachstums jedes Einzelnen, das sowohl auf der Verbindung mit dem

eigenen Gott-Selbst wie auf dem Dienst für den Nächsten beruht

2. die Anerkennung der Einzigartigkeit jedes Menschenwesens, die sich in einem unverwechselbaren Seelenlicht ausdrückt und sich als elementarer Bestandteil jenes größeren Musters versteht, das sich in der gesamten Menschheit ausdrückt

Die hierauf beruhenden Vier Großen Gesetze wurden einstmals von den Herren der Zeit formuliert und von den Spirituellen Hierarchien bestätigt. Diese Gesetze sind kein Menschenwerk, sondern spirituelle Regeln, die in völligem Einklang mit dem Göttlichen Plan stehen. Im folgenden stelle ich diese vier Gesetze vor, wie sie in „Der Photonenring" von den Sirianern Washta, Teletron, Sirai und Mikah dargestellt werden:

Das Gesetz des Einen: *„Das Ziel jedes Wesens ist es, seinen Seelenweg zum Zwecke seines persönlichen Wachstums und zum Dienen zu entdecken"*. Der spirituelle Weg dieses Gesetzes wird von den Sirianern „Kha" genannt: Seelenkraft oder Seelenweg. Das dazugehörige Ritual heißt „Kha Ahn". Das Gesetz des Einen ist *„ein Konzept, das die persönliche Realität mit der Einheit allen Lebens verbindet"*.

Das Gesetz der Zwei: *„Die Kraft der Schöpfung kann durch liebende Nähe zu einem anderen Wesen benutzt werden. Durch diese enge Beziehung zueinander und die Sorge füreinander entsteht ein tieferes Wissen um die Hüterschaft"*. Der spirituelle Weg dieses Gesetzes heißt auf Sirius „Shree": Energie persönlicher Nähe. Das hierzu gehörige Ritual wird „Shree Ahn" genannt. Das Gesetz der Zwei wird auch „Beziehungsgesetz" genannt, und es bildet *„die Grundlage für gemeinsames Dienen innerhalb der Hüterschaft durch eine Partnerschaft von Liebe und Fürsorge."*

Das Gesetz der Drei: *„Das Band, das durch die enge Beziehung zu sich selbst, zu Freunden, Familie und Clan erschaffen wird, entwickelt das Netz globaler und planetarischer Interdependenz"*. Der spirituelle Weg dieses Gesetzes heißt in sirianischer Sprache „Koo'Shree": Energie von Familie und planetarischem Gruppenwissen. Das entsprechende Ritual heißt „Koo'Shree Ahn". Das Gesetz der Drei formuliert vor allem die Verbundenheit aller Beziehungen innerhalb einer planetarischen Gemeinschaft.

Das Gesetz der Vier: *„Das Gesetz der Vier ist das Gesetz der Drei, auf größere Gruppen ausgedehnt, also von Clan zu Clan und von planetarischem System zu Sonnen-(Sternen-) System"*. Der spirituelle Weg „Khas'Koo" beinhaltet solares, galaktisches und universelles Gruppenwissen, und das begleitende Ritual trägt die Bezeichnung „Khas'Koo Ahn". Das Gesetz der Vier beinhaltet das Bewusstsein von der Verwobenheit des Einzelnen mit dem Andern, mit der Familie, der Gruppe, dem Clan, der planetarischen, galaktischen und kosmischen Gemeinschaft.

Diese vier Gesetze bilden die Basis für eine galaktische Zivilisation auf einem Planeten wie der Erde. Auf diesem Quartett planetarischer Gesetze basiert wiederum das Gesetz der Sieben, das interplanetarische Gültigkeit besitzt und das Gesetz der Vier (4-5-6-7) auf eine höhere Schwingungsebene hebt. Hierauf wiederum beruht das Gesetz der Zehn (7-8-9-10), das sich, auf einer nochmals höheren Schwingungsebene, auf interdimensionale Realitäten bezieht.

Aus dieser knappen Beschreibung wird, wenigstens in Umrissen, ersichtlich, um wie viel erhobener, würdevoller und verantwortlicher es in einer reifen galaktischen Zivilisation zugeht, und wie viel Liebe, Weisheit und Entwicklungskraft sowohl im Entwurf wie in der gelebten Anwendung der Vier Sozialen Grundgesetze liegen. Die vorhin genannten sirianischen Botschafter beschreiben eine äußerst aktive Zivilisation, in der es weder Verbrechen gibt noch Gefängnisse, weder Staaten noch Steuern, weder Parteien noch politische Programme, weder industrielle Warenproduktion noch Währungen oder Wirtschaftskrisen, weder Unterdrückung, Ausbeutung oder Krieg. Es gibt schlicht und einfach nichts, was Sorgen bereitet.

Eine galaktische Zivilisation mit vollem Bewusstsein hat stattdessen eine Fülle von dem zu bieten, was man Gelegenheit zu spirituellem Wachstum nennen kann. Verbundenheit mit und Verantwortung gegenüber dem Schöpfer und den Spirituellen Hierarchien sowie liebevolle Fürsorge und verantwortlicher Umgang mit allem, was da lebt und webt – davon ist jedes Mitglied einer reifen galaktischen Gesellschaft durchdrungen. Und oft reicht lediglich ein einziges spirituell voll ausgeschöpftes Leben mit einer Dauer von 3.000 bis 4.000 Jahren, um das Menschsein völlig hinter sich zu lassen und in die Reihen der Aufgestiegenen Meister aufgenommen zu werden, die in der Sirianischen Kultur „Galaktische Präsenzen" genannt werden.

Der Galaktische Kalender – ein Energiewegweiser

Was ebenfalls auf die reif gewordene Menschheit zukommen wird, das ist ein gänzlich anderes Bewusstsein des Zusammenhangs von Zeit und Kalender-Rhythmus. Wir sind es gewohnt, den Gregorianischen Kalender zu verwenden, und diese Jahrhunderte lange Gewohnheit hat uns buchstäblich aus dem „galaktischen Tritt" gebracht. Dieser Kalender ist verbunden mit dem uns anerzogenen linearen Begriff von Zeit und degradiert das dynamische Gewebe aus Bewusstsein, Licht, Zeit, Raum und Realität zu einer toten Kulisse, vor deren scheinbar teilnahmslosem Hintergrund sich mechanisch Tat an Tat, Termin an Termin, Tag an Tag, Woche an Woche, Monat an Monat, Jahr an Jahr reiht.

Der Gregorianische Kalender reduziert Zeit zur bloßen Kulisse von Ereignissen, *„anstatt sie als Mitschöpferin anzuerkennen"*, so heißt es in der Sirius-Botschaft vom 5. Dezember 2000. *„Die geheiligten Aspekte der Zeit wurden erniedrigt. Die Rhythmen, die so wichtig sind für euer inneres Wachstum, wurden beiseite geworfen, insbesondere, um eure spirituelle Amnesie zu verstärken und* *eure ständigen Nervenverbindungen zum Unendlichen reduzieren zu helfen.“*

Im Verein mit anderen Bemühungen der Kräfte der Finsternis, die geistige Orientierung der Menschheit in enge Kerkermauern zu sperren, hat der Gregorianische Kalender beträchtlich dazu beigetragen, unsere galaktischen Wurzeln auszutrocknen. Bereits im 1. Kapitel erwähnte ich jenen Kalender, den der Große Tahuti einst den in Mittelamerika ansässigen Maya übergeben hatte. Tahuti, ein Sohn des Ptah (sumerisch: Enki), zählte zu den wenigen Lichtgestalten unter den Anunnaki-Fürsten, und Sein Wirken war eng verbunden mit den lichtfördernden Bestrebungen der Sirius-Kultur, die seit der Zerstörung von Lemuria hauptsächlich aus dem unsichtbaren Hintergrund auf die irdische Entwicklung Einfluss nahm.

Der Kalender der Maya hilft, den Galaktischen Kalender zu verstehen. *„Zeit nutzt Licht und erschafft Realität“* – mit dieser knappen Formel beschreiben unsere sirianischen Mentoren die mitschöpferische Rolle der Zeit (5. Dezember 2000). Und sie fügen hinzu: *„Eure antiken und eingeborenen Kulturen verstanden diesen fundamentalen Aspekt der Zeit. Sie ehrten die Zeit, indem sie Kalender anfertigten, die diese Natur des Physischen repräsentierten, und verbanden dies mit der wahren Rolle der Zeit als wesentliche Mitschöpferin des Physischen. Kalender erhielten sodann besondere sakrale und rituelle Funktionen.“*

Der Galaktische Kalender teilt Tage und Monate in Zyklen ein, die mit dem Geburtsdatum, den inneren Energien eines Menschen sowie mit den wechselnden energetischen galaktischen Rhythmen in Zusammenhang stehen. *„Das beendet euer inneres Chaos und eröffnet euch einen neuen Weg, der euch hilft, dieses Chaos zu ordnen und Muster zu bilden, die sich mehr eurer Wahl anpassen. Wenn dieses Sortieren vorankommt, werdet ihr besser zu verstehen beginnen, wie ihr eure Umgebung beeinflusst und wie sie euch beeinflusst. Dieser Prozess kann euch auch helfen, das Ausmaß eures inneren Wachsens zu erkennen. Der galaktische Kalender* *erlaubt euch, hinter eure begrenzte Realität zu blicken. Mit ihm könnt ihr den Rhythmus der Zeit erfassen und ihre multidimensionale Funktion entdecken. Zeit ist damit nicht mehr nur eine Maßeinheit, sie erhält ihre geheiligte Rolle zurück. Sie dient dann als weiterer innerer Führer eures ständig wachsenden Bewusstseins."*

Der von den Sirianern vorgestellte Kalender besteht aus zwei Kalendern, die harmonisch ineinander greifen und am 26. Juli Gregorianischer Zählung beginnen. Der erste Kalender zählt 18 Hauptmonate zu je 20 Tagen, die ihrerseits in vier Fünftage-Wochen unterteilt sind. Die restlichen fünf Tage bilden einen „kurzen Monat", der dem Gedenken an den Geist, die Erde, die Vorfahren, die Gesellschaft und an die eigene Wesenheit gewidmet ist. Die ersten achtzehn Monate, so erläutern die Sirianer, ehren das untergegangene Reich Lemuria, das ein solares Jahr von 360 Tagen kannte. Sie ehren zudem die achtzehn Zivilisationen, aus denen die Kolonisatoren für die Erde stammten. Und ein jeder 20-Tage-Monat spiegelt den Lebenszyklus von zwanzig Phasen, die der Mensch von der Geburt bis zum physischen Lebensende durchläuft.

Die zweite Zählung umfasst 260 Tage mit 20 Einheiten zu je 13 Tagen und orientiert sich *„an der Tageszählung eurer ursprünglich zwei (!) Monde und der ursprünglichen Umlaufbahn von Planet Venus."* Dieser Zyklus umschreibt die Energien, die die von der Sonne herein kommenden Lebens- und Informationsenergien unterstützen. Dieser zweite als besonders heilig betrachtete Kalender interpretiert den ersten. *„Seine spezifische Tageszählung besteht aus bestimmten Glyphen, einer Reihe von Farben und einem Tonus. Die Tonschwingungen umfassen einen 13-er Zyklus, der sich in den 20 Glyphen und vier Hauptfarben: rot, weiß, schwarz und gelb, konstant wiederholt. Jeder Ton–Zyklus besitzt überdies 13 Pastellfarben, die mithelfen, die vier Hauptfarben zu erreichen."*

In diesem Doppelkalender besitzt jeder Zählintervall – ob Monat, Woche oder Tag – eine bestimmte Energie. Auf diese Weise kann die spezifische Energie eines jeden Tages von jedem

Menschen individuell interpretiert werden, wobei jene Energie, die am jeweiligen Tag der Geburt herrschte, als Deutungsanker verwendet wird. *„Wie ihr seht, ist der galaktische Kalender sowohl Lernstoff als auch ein aufregendes Abenteuer für das Bewusstsein."*

Wenn wir den Kalender der Maya studieren, so fällt es uns nicht schwer, den Galaktischen Kalender zu begreifen. *„Die Menschen müssen allmählich verstehen"*, so heißt es in „Der Photonenring", *„wie wichtig es für sie ist, die galaktische Zeit zu studieren und zu erfahren, und der Kalender der Maya eignet sich sehr gut als Ausgangspunkt dafür"*.

Der Solis-Nationenbund – künftiger Führer der Galaxis

Bereits mehrfach wies ich darauf hin, dass die vollbewusste Menschheit ihre verlorene Rolle als Hüter des irdischen Lebens wieder aufzunehmen hat. Diese Rolle wird sie allerdings nicht allein wahrnehmen, sondern gemeinsam mit den Cetacäen und den Völkern von Agarthi in einem gemeinsamen Nationenbund. Wie die Sirius-Gruppe in ihrer Botschaft vom 6. Mai 2003 mitteilt, bereitet die Galaktische Föderation *„eine Reihe von Regeln hinsichtlich der Regierungsform eurer Union mit Agartha (dem innerirdischen Reich) und der Cetacäen-Nation (den Walen und Delphinen) vor"*.

Die Kommunikation mit den Walen und Delphinen hat in den vergangenen zwanzig Jahren große Fortschritte gemacht. Ausnahmslos alle menschlichen „Trainer" von Delphinen oder Orcas in den Delphinarien rund um den Globus machten in den vergangenen Jahrzehnten zunächst die Erfahrung, dass es letztlich die Wasserwesen waren, die als Lehrer agierten. Nachdem die Wesen jeweils eine Zeitlang den oft läppischen Trainingsprogrammen und „Intelligenztests" willig gefolgt waren, begannen sie den Spieß umzudrehen und ihrerseits den Trainern Lektionen zu erteilen – die diese freilich oft nicht verstanden, weil die Kommunikations- oder Spielvorschläge sie schlicht überforderten.

Es ist über die Jahrzehnte nicht gelungen, die komplexen Lautsignale der Cetacäen auch nur halbwegs hinreichend zu deuten, obgleich diese sich alle Mühe gaben, sowohl analoge wie auch digitale Kommunikation vorzuschlagen. Doch in den neunziger Jahren des vergangenen Jahrhunderts gab es einen Durchbruch. Seitdem funktioniert der Gedankenaustausch mittels Telepathie. Zu den menschlichen Kommunikatoren gehört Dianne Robbins, die uns folgende Botschaft des Volkes der Orca übermittelte (Übersetzung: Gerd Estrup):

„Grüße von den Ozeanen der Erde! Wir sind die Cetacäen in den Meeren, die heute telepathisch mit Euch kommunizieren, so, wie wir es schon seit vielen Jahren tun. Wir laden alle Menschen auf Erden ein, unsere Botschaften zu empfangen, Eure Herzen zu öffnen und durch Eure Gedanken mit uns zu kommunizieren. Ganz gleich, wo Ihr lebt auf Erden, wenn Ihr an uns denkt und uns ruft, so werden wir Euch hören, wir werden wissen, wer Ihr seid und wo Ihr Euch befindet. Bitte verbindet Euch mit uns in dem Bewusstsein, dass wir uns diesen Tag schon seit Äonen herbeisehnten, den Tag, an dem die Menschheit wieder beginnen würde, telepathisch mit uns zu sprechen.

Wir haben alle Antworten für die komplizierten Probleme Eurer Zivilisation, und sehr gern möchten wir Euch diese Antworten vermitteln. Wir können Euch sagen, wo die Landminen eingegraben liegen, so dass Ihr sie entfernen könnt. Wir können Euch sagen, wie Ihr die Luftverschmutzung reduzieren könnt, genau so, wie das Wasser zu reinigen ist. Wir können Euch auf alle Fragen Antwort geben.

Wir sind die Hüter der Erde, wir haben Eure Biosphäre schon seit Äonen beschützt. Doch heute ist es an der Zeit, dass Ihr diese Erd-Verwaltungsaufgabe von uns nehmt, denn diese Aufgabe liegt zurecht in Eurer Verantwortung.

Wir sind geistig sehr hoch entwickelte Wesen und haben immer in Frieden gelebt mit jedem Wesen in den Ozeanen. Unsere Familien sind eng verbunden. Seit unserer Ankunft hier auf Erden vor Millionen von Jahren lebten wir immer in Frieden und Harmonie. Wir können Euch so viel von friedvollem Leben auf der Erde vermitteln – es gibt so viele Wege, wie wir Euch helfen können, Euer Leben harmonischer zu gestalten.

Bitte kontaktiert uns in Euren Gedanken, so dass wir jetzt beginnen können zu kommunizieren. Denn bis jetzt ist noch Zeit genug, die Ozeane der Erde vor der durch Menschen verursachten Verschmutzung zu retten.

Bon Voyage unseren Brüdern und Schwestern. Wir erwarten Euren Ruf."

Im Rahmen dieses Nationenbundes mit den Völkern von Agarthi und den Völkern der Cetacäen wird die Menschheit sich auf jene Planeten ausbreiten, die nach Auskunft der Sirianer als neue Träger von Leben vorbereitet werden. Das sind die Venus, der Mars sowie der Planet Maldek. „*Gemeinsam werdet ihr eine höchst großartige galaktische Gesellschaft bilden, die auch die jetzt noch verwüsteten Planeten Mars und Venus wieder bevölkern werden – sowie die restaurierte Welt des Planeten Maldek*" (Sirius-Botschaft vom 6. Mai 2003).

Diese Entwicklung, auf die die Menschheit hinsteuert, wird von der Großen Blauen Loge der Schöpfung als das „*bedeutsamste Ereignis*" betrachtet, „*das im Physischen in den letzten zehn Milliarden Eurer Jahre geschehen sein wird*". So heißt es in der Sirius-Botschaft vom 11. Januar 2000. Denn der Bewusstseinsaufstieg der Menschheit wirkt über das Resonanzverhalten des Göttlichen Kristalls im Erdzentrum realitätsverändernd in die gesamte Galaxis hinein. „*Dieses neue ‚Image' wird durch euer Potential gesteuert. Diese neue Wirklichkeit wird vielen Reptoiden, Dinoiden und Insektoiden ebenfalls zu Lichtkörpern verhelfen. Sie wird eine gewaltige Größe an Licht hereinbringen. Dieser Augenblick ist wahrlich ein Wendepunkt in der Entfaltung der Schöpfung.*"

Die Menschheit stellt eine Mischung aus allen humanoiden Rassen dar, die diese Galaxis bevölkern, und obendrein befindet sie sich auf einem Planeten in einem Sonnensystem, das in der gesamten physischen Schöpfung eine ganz besondere Rolle einnimmt. *„Der Himmel hat diese Galaxis – und besonders Mutter Erde – mit einer Anzahl Gaben gesegnet“*, so heißt es in der Sirius-Botschaft vom 6. Mai 2003. *„Vor Äonen, als dieser Sektor der Schöpfung geformt wurde, wurde sie dazu auserwählt, der Haupt-Prototyp für diese Sechste Schöpfung zu sein. Der Himmel hat diese Galaxis sorgfältig beobachtet und spezielle lokale himmlische Administrationen für eure Welt und eure Galaxis gebildet. Finsternis in diese Galaxis zu bringen, wurde dem Reich Anchara nur deshalb gestattet, weil ihr ein solch einzigartiger Prototyp seid. Und aus diesem selben Grund wurde es eurer globalen Gesellschaft auch noch erlaubt, in begrenztes Bewusstsein zu ‚fallen‘.“*

Als vollbewusste Wesen werden die Menschen der nahen Zukunft Bindeglieder zwischen den geistigen und den physischen Reichen darstellen und zwischen beiden nach Bedarf hin- und herwechseln können. In der Sirius-Botschaft vom 29. Januar 2000 heißt es: *„Das ist eine besondere Aufgabe, die ihr dankbar übernommen habt und nach einiger Übung vollkommen meistern werdet. Euer großes Wissen wird euch befähigen, die vielen Orden, Räte und Administrationen des Geistes zu führen und auf diese Weise wunderbar zur Entfaltung des göttlichen Plans beizutragen. Diese Dinge sind nicht bloße große Träume, sondern in der Tat eure Bestimmung.“*

So haben all die komplexen Vorgänge, die in ihrer Gesamtheit die Transformation voranbringen, nach Auskunft der Großen Blauen Loge der Schöpfung ein bestimmtes Ziel – nämlich die Menschheit ihrer Bestimmung entgegenzuführen und sie darauf vorzubereiten, *„die Führung in dieser Galaxis zu übernehmen“* (Sirius-Botschaft vom 16. Mai 2000). Dies macht es erforderlich, unser gesamtes Sonnensystem *„unter die physische Rechtsprechung der Sirius-Sternen-Nation zu stellen“*, wie es in der Sirius-Botschaft vom 5. Februar 2000 angekündigt wird.

Doch nicht nur das. So unglaublich es in unseren Ohren klingen mag – die Große Blaue Loge der Schöpfung versichert uns:

„Bald werdet ihr euch näher zum Sirius bewegen und euren Platz in diesem Multi-Sternensystem einnehmen. Ihr seid dazu ausersehen, euch den großen Löwen-Wesen von Sirius A anzuschließen – und den menschlichen galaktischen Gesellschaften, die sich auf Sirius B und C finden. In Vorbereitung auf dieses Ereignis haben die Aufgestiegenen Meister von Sirius sich mit jenen von diesem (eurem) Sonnensystem verbunden. Gemeinsam mit dem ‚Rat der Neun' und den vielen unendlichen Räten von A-E-O-N haben sie ein heiliges Team gebildet, das euren Anstrengungen Beistand leistet und sich bereit macht, vor euch zu erscheinen, wo es erforderlich ist" (9. April 2002).

Der gewaltige Lichtzuwachs, den unsere sirianischen Mentoren erwarten, führt auch unsere Galaxis ihrer göttlichen Bestimmung entgegen, wie es in der Botschaft vom 6. Mai 2003 heißt, nämlich *„aus dem spiralförmigen in einen kugelförmigen Zustand überzugehen. Dies bedeutet, dass die Spiral-Arme eurer Galaxis sich ‚zusammenfalten' werden, um einen riesigen ovalen Ball zu formen, der in der Schöpfung lange Zeit als der ‚sternhelle Kreis des Wissens' bekannt war. Anders als ähnliche Galaxien wird die unsere mit kräftigem goldenen Licht glühen, der für alles Physische zum Pfad in Richtung Himmel werden wird."*

Während die Transformation begonnen hat, unsere gesamte Galaxis zu erfassen, greift das Zentrale Konzil der Galaktischen Föderation weit über die Grenzen unserer riesigen Welteninsel hinaus. Die Intergalaktische Union, zu der auch die Andromeda-Galaxis gehört, hat laut Sirius-Botschaft vom 9. Februar 2002 eine Reihe neuer Abkommen geschlossen, und das Ergebnis dieser Verträge ist, *„dass jetzt etwa 30.000 Mitgliedsgruppen zu uns gehören"*. Hat die Menschheit das „Klassenziel" der Transformation erreicht, dann wird auch sie in diesem intergalaktischen Konzert eine nicht unwesentliche Rolle spielen. Die irdischen Erfahrungen besitzen nämlich, wie ich zu zeigen versuchte, ein ganz besonderes Gewicht.

Und es ist gewiss nicht leichthin gesagt, wenn die Sirianer uns Versicherungen geben wie diese: *„Ohne dass ihr davon wusstet, hat* *euer Ruf das gesamte Physische durcheilt. Viele dieser feinsten, höchsten Seelen in der Schöpfung haben sich bereitwillig auf eurer Welt inkarniert. Ihr, liebe Herzen, seid ein beträchtliches Konglomerat aus großartigsten Wesen in dieser Galaxis und – in der Tat – im gesamten Physischen"* (30. Juli 2002).

Heute – mit unserem aktuellen Verständnisvermögen – können wir nur erahnen, welche Perspektiven sich uns in ihrer ganzen Fülle eröffnen werden. Doch gibt es offenbar einen Zusammenhang mit der Öffnung unseres Bewusstseins nach „oben" in die vierte und fünfte Dimension und der Möglichkeit, Bewusstsein, Handlungsspielraum und Verantwortungsfähigkeit noch weiter auszudehnen. Unsere sirianischen Mentoren erklären uns in ihrer Botschaft vom 24. September 2002:

„Statt auf drei Dimensionen beschränkt zu sein, umfasst diese dann Realitäten jenseits eurer Kenntnis. Ihr werdet eine Verknüpfung bilden, die euch in fünft-, sechst- und sogar acht-dimensionale Realitäten bringen wird. Und diese werden sich mit der euren vermengen. Mit dieser immensen Integration werden Sterne, Galaxien und sogar euch bisher unbekannte Aspekte der physischen Schöpfung integraler Bestandteil eurer Existenz werden. Der Himmel und seine großartigen Wesen und auch seine Vielzahl großartiger Räte werden ebenfalls ein wichtiger Bestandteil eures täglichen Lebens sein. Daraus werdet ihr eine einzigartige, kraftvolle galaktische Gesellschaft hervorbringen, die die gesamte Schöpfung an ihre Türen einladen wird! Vergegenwärtigt euch das alles, was ihr da wahrhaftig vollbringen werdet!"

Es ist unschwer zu erkennen: Der Himmel zeigt der Menschheit am Ende ihrer langen Nachtwanderung seine unendliche Liebe, Fürsorge und Achtung, und die Aussichten, die uns der Rat der Neun unter Leitung von Lord Aescapulus sowie die Große Blaue Loge der Schöpfung verheißen, öffnen unserem menschlichen Bewusstsein Fenster, von denen wir noch vor fünfzig Jahren nicht einmal geahnt hätten, dass sie existieren. Nur noch wenige Jahre trennen uns vom „Ende aller Zeit", dem magischen Datum, das in der Sprache des Gregorianischen Kalenders 21. Dezember 2012 heißt.

Das Zeitfenster von der Jahrtausendwende bis zum Anbruch der Siebenten Schöpfung scheint so eng, dass fast jeder Mensch es bequem in seiner Lebenszeit unterbringen kann. Und doch markiert dieses Jahrzehnt einen Zeitraum, der wahrlich Äonen, ja ganze Schöpfungsepochen miteinander verbindet. Wir stehen buchstäblich am Horizont eines Jahrmilliardensprungs. Und während wir dieses Jahrzehnt durchschreiten, wird es vielen Menschen erscheinen, als durcheilten sie die gesamte Jahrtausende lange Kindheit der Menschheit gleichsam in Siebenmeilenstiefeln.

Die Reifungsprozesse, die wir in diesen Jahren, teils freudig, teils schmerzhaft, zu durchleben haben, werden uns noch vor dem „Ende der Zeit" in einen Bewusstseinszustand bringen, von dem aus wir gewiss mehr als einmal kopfschüttelnd zurück blicken auf jene ferne und fast versunkene Zeit unserer kindlichen Blindheit, in der wir die Jahrtausendwende mit Raketen und Böllerschüssen feierten, während wir zugleich angstvoll in den Nachthimmel blickten und in unseren Herzen Gott anriefen und ihn anflehten, uns einen Weg zu zeigen, wie wir unsere allfälligen globalen Krisen denn nun lösen könnten.

Dabei hatte unser Schöpfer, Der uns so sehr liebt, Seine Antwort längst gegeben. Uns fehlten lediglich Licht und Stille, Seinen Ruf zu vernehmen. Denn Dunkelheit und das Getöse der Welt verstellten unsere Sinne. Doch nun, an der Schwelle zum Goldenen Zeitalter, da wir ungleich klarer zu hören vermögen, hallt das Echo der Stimme des Schöpfers nach, und dieses Echo wird niemals verklingen – nicht in alle Ewigkeit:

Das Licht Gottes versagt nie!

9. Das Portal ist weit geöffnet

In den bisherigen Kapiteln habe ich versucht, einen Überblick über die galaktischen und globalen „Frontstellungen“ und die Tendenz ihrer Entwicklung, über den Zweck und die Zielrichtung der Großen Transformation sowie über die Zukunft der Erde und der Menschheit zu geben. Aus unterschiedlichen Blickwinkeln und in wechselnden Zusammenhängen habe ich immer wieder auf die Bedeutung des eigenen Handelns eines jeden Menschen hingewiesen. Denn wer annimmt, den beschleunigten Geschichtsverlauf unserer Jahre gleichsam als Zuschauer „in der ersten Reihe“ verfolgen zu können, der hat etwas Grundlegendes noch nicht verstanden – nämlich dies: Die Große Transformation ist kein Ereignis wie ein Kinostück oder ein Fußballspiel, das man nach Belieben anschauen oder ignorieren kann. Die Große Transformation ist ein Vorgang vom Format eines Jahrmillionen-Ereignisses, und sie betrifft ausnahmslos jeden einzelnen Menschen auf diesem ehrwürdigen Planeten.

Es ist kein Zufall, dass in dieser gewaltigen Übergangsperiode fast sieben Milliarden Menschen inkarniert sind. Denn es wollen so viele Göttliche Wesen wie nur irgend möglich in physischer Gestalt an diesem Prozess teilnehmen. Es sei an die „Eintrittsqualifikation“ erinnert, die jedes Wesen erbringen musste, um die Berechtigung zu erhalten, in einer Periode finsterster Zustände auf diesem Planeten zu inkarnieren. Jetzt wollen unzählige dieser Wesen ihre „Ernte“ einbringen – sie wollen die „Trampolin-Wirkung“ der Schwingungserhöhung nutzen, um das Rad des Karma zu verlassen. Und viele streben an, ihr Menschsein vollständig zu überwinden und in die Reihen der Spirituellen Meister aufzusteigen.

Gewiss werden diese Göttlichen Pioniere des Aufstiegs nicht nach Milliarden gezählt werden, auch nicht nach Millionen. Doch sicher ist, dass eine unabsehbare Zahl von Menschen im Verlaufe der Transformation zu vollem Bewusstsein aufsteigen wird, und besonders hierin wird sich ein Quantensprung der spirituellen Entwicklung der Menschheit ausdrücken. Hierbei gibt es allerdings eine bedeutende Hürde zu überwinden. Denn das volle Bewusstsein, über das das Göttliche Selbst des Menschen verfügt und immer verfügt hat, reicht bei der überwältigenden Mehrheit der Menschheit noch nicht hinab ins Bewusstsein des persönlichen Selbst.

Doch gerade dieses persönliche Selbst ist es, das in diesen Zeiten des Übergangs besonders gefordert ist. Das persönliche Selbst des Menschen muss begreifen, dass es teilzunehmen gilt. Teilzunehmen in zweierlei Weise. Zum einen geht es darum, aktiv an der Verbindung zum eigenen Göttlichen Selbst zu arbeiten, zum anderen, den vielen förderungsbedürftigen Nächsten zu helfen, ihrerseits das Licht in ihren Herzen zu hellem Leuchten zu bringen. Und den Schlüssel zu dieser doppelten Tätigkeit hat uns die Spirituelle Hierarchie unseres Planeten überreicht: Es ist die Arbeit an jenem Werk, das der Mächtigen Göttlichen ICH BIN-Präsenz hilft, durch jeden Menschen weitgehend uneingeschränkt zu wirken.

Die große Zeit der Wandlung, in der wir uns befinden, erlaubt der Spirituellen Führung, der Menschheit in einem bisher nie erlebten Maße entgegenzukommen. Wo auch immer das Licht eines menschlichen Herzens an Leuchtkraft gewinnt, da beginnen die Meister mit ihrer Hilfe, um dieses Licht anzufachen und zu verstärken. Uns sind 29 Lichtstätten auf Erden bekannt – vier davon sind große Lichtstädte, und dazu gibt es 25 Lichtbrennpunkte in großen Tempelanlagen rund um den Globus, die von Aufgestiegenen Meistern, Elohim, Erzengeln und großen Devas geleitet werden. Erstmalig in der Menschheitsgeschichte sind diese Tempel für alle, die ernsthaft nach Reinheit und

Erleuchtung streben, weit geöffnet. Die Portale der Geistigen Welt stehen offen!

So habe ich in diesem abschließenden Kapitel eine Reihe von Anleitungen und Ratschlägen zusammengestellt, die uns von St. Germain, anderen Aufgestiegenen Meistern, Elohim, Erzengeln und großen Devas gegeben werden. Befolgen wir diese Empfehlungen, arbeiten wir an der Reinigung unserer vier niederen Körper, befreien wir uns vom Ballast unseres hergebrachten Denkens, Fühlens und Handelns, arbeiten wir an der Erhöhung unserer Eigenschwingung, der Öffnung unseres Bewusstseins nach „oben" – so werden die Meister zur Stelle sein und uns genügend Schubkraft verleihen, die uns hilft, uns mit unserer individuellen Göttlichen ICH BIN-Präsenz dauerhaft zu verbinden.

Wie man die vier niederen Körper reinigt

„Es gibt verschiedene Dinge", so lehrt Meister St. Germain, *„die im Gehirn einen Stoff zurücklassen, der zuerst ausgemerzt werden muss, wenn die ganze Vollkommenheit der ‚Mächtigen ICH BIN-Gegenwart' durch das persönliche Bewusstsein ausgelöst werden soll. Es sind dies, in der Reihenfolge ihrer Schädlichkeit:*

Betäubungsmittel
Alkohol
Fleisch
Tabak
Zucker im Übermaß
Salz
und Bohnenkaffee

Hat die Persönlichkeit in der Vergangenheit diese Fremdstoffe in den physischen Körper gebracht und möchte sie Gehirn und Körpergewebe davon reinigen, so hat sie die eigene ‚Mächtige ICH BIN-Gegenwart aufzurufen, ihre Violette Verzehrende Flamme durch Gemüt und Leib strömen zu lassen. Die Worte können lauten:

Mächtige ICH BIN-Gegenwart!
Treibe Deine Verzehrende Flamme Göttlicher Liebe durch mich!
Nimm dieses triebhafte Begehren aus mir!
Verbrenne seine Ursache und Wirkung für Vergangenheit,
Gegenwart und Zukunft!
Ersetze sie durch die Fülle Deiner Selbst zu Deiner vollen
Zufriedenheit,
und behalte auf ewig in mir Deine bestimmende Oberhoheit!"

Diese Empfehlung gab Meister St. Germain im Herbst 1930 an eine Gruppe von Schülern (King, Enthüllte Geheimnisse). Und Er fügte hinzu: *„Diese befehlende Bekräftigung kann für jedes Teilziel eingesetzt werden, und immer wird das Ergebnis wunderbar und dauernd sein. Sodann haltet euch wenigstens dreimal am Tage einige Augenblicke frei, damit jeder sich innerlich in seiner Violetten Flammensäule stehen sieht, die von den Füßen über den Kopf hinauf in die Höhe schießt und sich wenigstens drei Fuß weit um den Körper ausbreitet. Haltet dieses Bild fest, solange es euch leicht fällt und fühlt die Flamme, diese reinigende Kraft Göttlicher Liebe, jede Zelle eures Körpers durchdringen. Dieses löst alle unreinen und unnötigen Stoffe in den Körperzellen auf und klärt und erleuchtet das Bewusstsein."*

Es ist wichtig, die Violette Flamme durch die Füße nach oben zu ziehen. Denn der Quell der Flamme liegt im Zentrum der Erde, in jenem Göttlichen Kristall, der alle Strahlen, die aus den höheren kosmischen Ebenen kommen, zunächst aufnimmt und dann in herabtransformiertem Zustand wieder abgibt. Das dort zuständige Hohe Lichtwesen trägt den Namen Pelleur, die Zwillingsflamme unserer Mutter Erde, Lady Virgo. Lady Amethyst sagt hierzu: *„Ihr wisst, dass der geliebte Pelleur einen Brennpunkt des Violetten Feuers im Mittelpunkt dieser Erde hat. Seht es gleich* *einer mächtigen Fontäne aufsteigen und durch eure Füße, durch euren Körper und in die Atmosphäre hinauf lodern*" (Die umwandelnde Kraft der Violetten Strahlung).

Neben dem physischen Körper, für dessen Reinigung wir soeben aus berufenem Munde eine seit Urzeiten erprobte Empfehlung erhalten haben, sollten auch der Vital- oder Ätherkörper, der Astral- oder Emotionalkörper sowie der Mentalkörper regelmäßig gereinigt werden. Auch hierfür ist die Violette Flamme bestens geeignet und sehr zu empfehlen. Es sollte hier dringend beachtet werden, dass vor der Arbeit mit der Violetten Flamme eine Anrufung zur Vergebung gesprochen werden sollte. Hier eine Empfehlung, die aus der von der Großen Weißen Bruderschaft autorisierten Schrift „Anrufungen und Lieder" stammt:

Geliebte Allmächtige Gegenwart Gottes ICH BIN in mir
und geliebtes heiliges Christ-Selbst!
Blickt auf den ganzen Strom meiner Leben zurück
Und seht, was ich noch gutzumachen habe!
Zieht mit Euren liebenden Lichthänden
Aus meinem Kausalkörper die Energien hervor,
die notwendig sind,
um jede Schuld auszugleichen!
Ich danke Euch und nehme es als jetzt geschehen an.

Erzengel Zadkiel und Lady Amethyst empfehlen folgende kraftvolle Anrufung (Die umwandelnde Kraft der Violetten Strahlung) zur Reinigung mit der Violetten Flamme, die alle niederen Körper umfasst:

Im Namen und mit der Autorität der Gegenwart Gottes
ICH BIN
rufen wir Euch an:
Geliebte Kosmische Wesen und Aufgestiegene Meister,
die Ihr mit dem Violetten Feuer und dem Siebenten Strahl

für unsere Erde wirkt –
besonders Euch, Erzengel Zadkiel und Heilige Amethyst:
Lodert das Violette Feuer der Umwandlung in, durch und um
meinen physischen Körper!
meinen Ätherkörper!
meinen Fühlkörper!
meinen Denkkörper!
meine Aura und alle Energie, die zur Erlösung zu mir kommt!
meine Chakren und alle Energie, die meinen Stempel trägt!

Ich stehe in einem Pfeiler Violetten Feuers,
und ICH BIN frei,
ICH BIN frei,
ICH BIN frei
von jeder menschlichen Schöpfung –
jetzt und für immer!

Wie man die Verbindung mit dem Göttlichen ICH BIN fördert

Morgens und abends je 15 bis 30 Minuten

1. *Hülle deinen Körper in blendendes weißes Licht ein.*

2. *Halte während der ersten fünf Minuten dieses Bild fest.*

3. *Erkenne und fühle innig die Verbindung zwischen dem äußeren Selbst und deinem mächtigen Gottesfunken in dir.*

4. *Richte deine Aufmerksamkeit auf den Mittelpunkt des Herzens und stelle ihn dir als Goldene Sonne vor.*

5. *Als nächstes folgt die Anerkennung:*
   Freudig gebe ich mich nun der Fülle der mächtigen Gott-Gegenwart, dem Reinen Christus hin!

6. *Empfinde den großen Glanz des Lichtes und verstärke es in jeder Zelle deines Körpers während wenigstens zehn Minuten.*

7. *Schließe nun die Meditation durch den Befehl:*
   Ich bin ein Kind des Lichts
   Ich liebe das Licht
   Ich diene dem Licht
   Ich lebe im Licht
   Ich werde durch das Licht beschützt, erleuchtet, versorgt, gestützt
   Ich segne das Licht

Meister St. Germain, aus: King, Enthüllte Geheimnisse

Wer sich auf den Pfad begibt und diese Meditation regelmäßig praktiziert, wird bald entsprechende Resultate erleben. Zur Unterstützung dieser schrittweisen Öffnung zur eigenen ICH BIN-Präsenz, zum eigenen Gott-Selbst, ist die Konzentration der Aufmerksamkeit auf die oberen Chakren erforderlich, besonders auf das Herz-, das Kehl- und das Kronenchakra. Hierzu zitiere ich aus einer Ansprache, die ein Hoher Meister von der Venus am Jahresende 1930 in den Hallen des Königlichen Teton in Wyoming vor einer Versammlung Aufgestiegener Meister und fortgeschrittener Aspiranten hielt:

„Die Zeitalter wechseln, und wir erleben eine Neue Fügung der Vorsehung. In dieser neuen Ordnung wird die Schulung den Sucher befähigen und lehren, seine Aufmerksamkeit gänzlich auf die drei höchsten Zentren des Körpers gerichtet zu halten, und all sein Schaffen wird von diesen ausgehen. Es sind dies Herz, Kehle und Kopf, und nur sie werden bewusste Beachtung zu erfahren haben.

Die ganze Anstrengung des Bewerbers um höheren Aufstieg hat dieser Konzentration auf die höheren drei Zentren zu gelten; denn nur wer sich von den niedrigeren Zentren abwendet, kann sich aus Not und Begrenzung erheben. Die Mitte auf dem Scheitel des Hauptes ist der höchste Brennpunkt im Menschenleibe. Dort tritt das Wichtigste, was es für ihn gibt, in ihn ein: Der Silber-Strang ‚Flüssigen Weißen Lichtes', der ihm vom großen Quell der Schöpfung zuströmt.

Bleibt die Aufmerksamkeit des Geistes beharrlich auf diese drei Zentren gerichtet, so öffnet sich das Tor der Seele weit, und die Dreifache Tätigkeit des ‚Reinen Weißen Lichtes' umfasst die Linie über den Hüften und unter dem Sonnengeflecht und setzt für immer die zerstörerischen Tätigkeiten der Tiernatur im Menschen außer Kraft."

Aus: King, Enthüllte Geheimnisse

Wie man Verbindung zu den Aufgestiegenen Meistern erbittet

Ich will mich läutern, meistern, vervollkommnen,
Will ein Ausdruck göttlicher Liebe, Weisheit und Kraft werden,
damit ich den Aufgestiegenen Meistern
bei Ihrem hohen Werke mithelfen kann.

Dies wird mich ohne weiteres zu Ihnen hinziehen.

Ich will so stetig, so umfassend, so göttlich lieben,
dass die Stärke meines eigenen Lichtes
mir den Weg zu Ihnen öffnen wird
und Sie mich aufnehmen können.

Meister St. Germain, aus: King, Enthüllte Geheimnisse

Wie man Lichtdienste durchführt

Die Aufgestiegenen Meister ermutigen ausdrücklich zur Durchführung von Lichtdiensten, die in unserer Zeit die wirkungsvollste Methode darstellen, die Lichtfülle in der Menschheit zu erhöhen. *„Viele geistige Bewegungen lenken ihre Aufmerksamkeit und das Bewusstsein wertvoller Menschen auf die Wahrheit des Lebens, manche auch auf die Gegenwart der Aufgestiegenen Meister“*, so heißt es in der Schrift „Lichtarbeit – Unser Dienst für die Welt“, *„aber nur der unpersönliche und rhythmisch-beständige Dienst am Errichten von Brennpunkten des Heiligen Feuers ermöglicht das Übertragen der Gaben aus der universellen Quelle an die Menschen.“* Denn durch diesen Gruppen-Lichtdienst *„erreichen wir eine bewusste Arbeit mit Engeln, Aufgestiegenen Meistern, Menschen und Elementarwesen zum Segen allen Lebens auf Erden.“*

Denn das Licht, das durch regelmäßigen Gruppendienst in Bewegung gesetzt wird, sammelt sich in bestimmten feinstofflichen Speichern, von wo aus es von Hohen Wesen mittels eines mächtigen Kraftimpulses dorthin gelenkt wird, wo es am dringendsten benötigt wird. Auf diese Weise werden Lichtarbeiter zu direkten Mitarbeitern der geistigen Welt. Wohl mag ein inniges Gebet oder eine tiefe Meditation bedeutende Energien zum Nutzen des Einzelnen aus den höheren Ebenen herabziehen – doch eine kraftvoll gesprochene Anrufung oder ein begeistert gesungenes Lied im Rahmen eines Lichtdienstes *„stürmen sozusagen den Himmel und setzen Kräfte in Bewegung, die dem Fortschritt der gesamten Evolution der Erde dienen“*, betont der Maha Chohan Meister Paul in der eben bereits zitierten Schrift.

Zugleich hilft dieser Gruppenlichtdienst jedem einzelnen Teilnehmer in einer Weise vorwärts auf dem Pfad des Lichts, den er in dieser Intensität und in diesem Tempo niemals allein bewältigen könnte. Das bestätigt der fortgeschrittene Lichtarbeiter Franz Prein (Der Segen der Lichtdienste): *„Der Lichtdienst ist einer der* *wichtigsten Pfeiler der geistigen Entwicklung des Einzelnen in der heutigen Zeit.“*

Es ist im Rahmen dieses Buches nicht möglich, die praktische Durchführung eines Lichtdienstes zu beschreiben. Alle Lichtarbeiter, die hierüber mehr erfahren wollen, mögen sich bitte an die „Brücke zur Freiheit“ wenden, deren Adresse ich zwei Absätze weiter unten angebe. Die beiden hier zitierten Schriften helfen in jedem Falle zur ersten Orientierung.

Lichtstätten, die man anrufen und besuchen darf

In diesen Zeiten der Großen Transformation dürfen die Aufgestiegenen Meister den Menschen ein wesentlich größeres Stück entgegenkommen als in vergangenen Jahrtausenden. Gegenwärtig gibt es 25 Lichtstätten, die von Schülern und Aspiranten angerufen und im feinstofflichen Körper besucht werden dürfen. Die Regenten dieser Lichtstätten – Aufgestiegene Meister, Erzengel, Elohim und Große Devas – ermutigen die Suchenden ausdrücklich, mit ihnen Verbindung aufzunehmen. Denn Sie Alle haben in Ihrer großen Liebe ein gemeinsames Ziel: so vielen Menschen wie möglich zu helfen, ihrer Göttlichen ICH BIN-Präsenz so vollkommen wie möglich zu physischem Ausdruck zu verhelfen.

Wer diese Lichtstätten besuchen will, um sich von den Göttlichen Wesen schulen zu lassen, sollte folgendermaßen verfahren: Zunächst sollte der jeweilige Hierarch in feierlicher Form um Zugang gebeten werden; sodann sollte die eigene Gegenwart in diesem Lichttempel so genau wie möglich visualisiert werden. Aus Platzgründen aber kann ich die Lichtbrennpunkte nicht detailliert beschreiben. So empfehle ich allen ernsthaft Suchenden, die Broschüre „Lichtstätten der Großen Weißen Bruderschaft“ direkt bei der „Brücke zur Freiheit“ zu bestellen (Ballenstedter Str. 16 b, 10709 Berlin). Die Quellen für diese Übersicht:

www.bruecke-zur-freiheit.de; Lichtstätten der Großen Weißen Bruderschaft.

Shamballa

Sitz der Spirituellen Hierarchie der Erde
Ort: im Ätherreich über der Wüste Gobi
Hierarch: Lord Gautama, der Herr der Erde
Flammenfarbe: Rosa, Gold und Blau
Eigenschaften: Gleichgewicht und Mittlerer Weg
Erkennungsmelodie: 6. Symphonie, 5. Satz, Beethoven; Hindulied, Rimsky-Korsakoff

Shamballa ist das bedeutendste, größte und prächtigste Lichtzentrum auf unserem Planeten. Es wurde vor 18 Millionen Jahren auf der „Weißen Insel" in jenem Meer erbaut, aus dem später die Wüste Gobi wurde. Shamballa lag ursprünglich auf der physischen, heute auf der feinstofflichen Ebene. Sämtliche anderen Lichtstätten sind energetisch mit Shamballa verbunden. Der Hierarch Shamballas, Lord Gautama, hat Sein Hohes Amt von Sanat Kumara übernommen, der inzwischen zur Venus zurückgekehrt ist.

In Shamballa wird, so heißt es in „Lichtstätten der Großen Weißen Bruderschaft", *„der machtvolle Brennpunkt der Dreifältigen Flamme für die Erde gehütet, die für uns Menschen die Ausgeglichenheit des Mittleren Weges ausstrahlt, den Gautama lehrte, während er als Buddha auf der Erde weilte – das Gleichgewicht aller Kräfte, die von dieser Flamme ausgehen. In jedem Jahr am 30. November bringen die Menschen ihre ‚Ernte' in Shamballa ein. Alles, was sie an Lichtkräften gesammelt und aufgebaut haben, wird der Flamme Shamballas in einer besonderen Zeremonie hinzugefügt, um ihre Ausstrahlung zu stärken, die dann wieder der Erdenwelt zugute kommt. Die Schüler werden angehalten, sich eine Lichtbrücke vorzustellen, die die Dreifältige Flamme in ihren Herzen mit der Strahlung Shamballas auflädt."*

Lord Gautama spricht: „*Alles physische Leben ist dauernder Veränderung unterworfen. Einzig beständig bleibt der göttliche Kraftstrom, der alles Leben durchfließt. Diese Veränderungen in der irdischen Welt müssen sein, sonst wäre kein Fortschritt möglich, und so gibt es auch im Leben der Schüler immer wieder Veränderungen, die der jeweiligen Stufe angepasst sind. Dies muss so sein, und so sträubt euch nicht, wenn solche Veränderungen in euer Leben treten. Ein Schüler, der dem Lichtpfad folgt, wird oftmals in eine andere Umgebung gestellt, neue Aufgaben treten an ihn heran und fordern alle inneren Kräfte heraus. Gebt euch mit dem bisher Erreichten nicht zufrieden, strebt weiter, erringt neue Erkenntnisse, erweitert euer Bewusstsein, und Stufe um Stufe werdet ihr an immer stärkeres Licht herangeführt.*

Es liegen starke Kräfte in euch, die es hervorzubringen gilt, doch diese innere Kraft kann nur hervorströmen und sich in eure Welt ergießen, wenn das äußere Ich immer mehr zurücktritt. Dieses Ich ist noch immer ein Hinderungsgrund für das Einfließen der göttlichen Kräfte, und so lasst es euer Bemühen sein, dies miteinander in Einklang zu bringen. Ihr Schüler, wir schauen diese Kräfte in euren Herzen, und oft regen wir sie mit unserer Liebe und unserem Atem an, damit diese noch häufig flackernde Flamme ständig am Lodern erhalten wird."

Der Tempel des Trostes

Ort: Sri Lanka
Hierarch: Meister Paul, der Maha Chohan
Flammenfarbe: Rosa und Gold
Eigenschaften: Liebe, Trost und Frieden
Erkennungsmelodie: At Dawing, Cadman

Der Lichttempel des Maha Chohan gehört unter den Lichtstätten zu den wenigen Tempeln, die auf der physischen Ebene existieren und liegt auf der Insel Sri Lanka unterhalb einer Teeplantage, verborgen vor den Blicken Unbefugter. Der Maha Chohan ist der Höchste Strahlenregent auf Erden und verteilt Energie und Qualität der sieben Strahlen auf die Chohans oder Regenten der einzelnen Strahlen. Meister Paul erwartet von allen Schülern des Lichts, dass sie „ihres Bruders Hüter“ sind und ihren Mitmenschen Trost und Hilfe spenden.

„Ihr großen Herren des Lichtes, kosmische Wesen aus dem Universum, wir rufen euch an, eure mächtigen Strahlkräfte zur Erde zu senden und sie in die machtvolle aufwärtsstrebende Strahlung einzuhüllen, die dem Leben dieses Planeten Befreiung und Frieden bringt!“

Diese Anrufung empfiehlt der Maha Chohan allen Schülern auf dem Pfade des Lichts. Und Er spricht: *„Von den Erdenkindern muss dieser Ruf kommen. Sie alle, die ihre Schatten auf den Planeten gehäuft haben, die Leben um Leben versäumten und die alles, was heute ist, geschaffen haben, sie müssen ihre Energie hergeben, um die Lichtkräfte in Bewegung zu setzen, damit die großen Änderungen und Wandlungen eingeleitet werden können. Ich sage euch dies, geliebte Freunde, die ihr wieder in unserem heiligen Brennpunkt des Trostes zu Gast seid, damit ihr noch mehr der göttlichen Strahlenkräfte in Bewegung setzt, als dies bisher der Fall war. Wir nehmen euch erneut in unsere Schulung, wir sehen den guten Willen in euch und fachen ihn zu stärkerer Tätigkeit an, damit die schlafenden Kräfte in euch zur vollen Wirksamkeit kommen mögen, euer inneres Licht sich ausdehne und zur Erleuchtung der Erdenmenschheit beitrage.*

Ihr seid in eine Zeit hineingeboren, die dem Fortschritt jeder Seele günstig ist, und so nehmt diese Zeit wahr, regt die Schwingen, auf dass ihr weiter voranschreiten könnt und dem Leben eure Dienste anzubieten in der Lage seid. Viele werden sich euch noch anschließen, doch ihr seid die Vorläufer, die den Anfang gemacht haben, mit den göttlichen Schöpferkräften zu wirken und die Strahlung des Universums in Bewegung zu setzen. Ihr werdet weiter Beispiel bleiben und den Nachfolgenden immer ein wenig vorangehen. Des seid eingedenk, wenn ihr eure Arbeit tut.“

Der Tempel des Schutzes und der Kraft

Ort: im Ätherreich über Zürich
Hierarch: Elohim Herkules
Flammenfarbe: Blau
Eigenschaften: Stärke, Schutz und Macht
Erkennungsmelodie: 5. Symphonie, Beethoven

Der Große Elohim Herkules gehört zu den Weltenerbauern, und Er erschuf gemeinsam mit anderen Elohim unser Planetensystem. In Seinen Tempel strömen die Qualitäten aller anderen Lichtbrennpunkte auf Erden, und ihnen allen verleiht Herkules einen zusätzlichen Kraftimpuls, um sie anschließend wieder über unseren Planeten auszustrahlen.

Herkules spricht: „*In unserem Brennpunkt erhaltet ihr den notwendigen Antrieb, der eure inneren Kräfte anregt und die guten Impulse verstärkt. Legt euren Lehrern die Probleme vor, mit denen ihr zu tun habt; gemeinsam werdet ihr eine Lösung erarbeiten. Auch wenn ihr keine Erinnerung daran mitbringt, so werden doch die Weichen gestellt, die euch entsprechend handeln lassen. Es gibt keinen Erfolg ohne ausdauernde Arbeit dafür; das gilt für jede irdische Tätigkeit und noch mehr für den Lichtweg, dem ihr folgt. Mögen euch Stärke und Ausdauer zu weiterem Wachstum verhelfen!*“

Der Tempel des Göttlichen Willens

Ort: Darjeeling, Indien
Hierarch: Meister Morya, Chohan des Ersten Strahls
Flammenfarbe: Saphirblau mit kristallweißer Strahlung
Eigenschaften: Göttlicher Wille
Erkennungsmelodie: Pomp and Circumstances, Elgar

Der Lichttempel des Meisters Morya liegt, wie jener des Maha Chohan, auf der physischen Ebene, und zwar bei Darjeeling in

Nordindien mit Blick auf die schneebedeckten Gipfel des Himalaya. Der machtvolle Meister repräsentiert die Qualität des Göttlichen Willens, und so verlangt Er von Seinen Schülern, „dass sie selbst in all ihrem Denken und Tun klar und wahr sind, als Voraussetzung für das Erkennen des göttlichen Willens", so heißt es auf www.bruecke-zur-freiheit.de. „So wird jeder, der hierher kommt, einer Prüfung unterzogen und erhält auch im äußeren Leben entsprechende Schulungen, die seiner Läuterung dienen. Wenn der Schüler gewillt ist, sein Leben ganz in den Dienst des Lichtes zu stellen und sich den Bestrebungen der Geistigen Hierarchie anzuschließen, muss er lernen, als oberste Instanz für sein Tun stets den göttlichen Willen anzuerkennen." Die Strahlung im Tempel des Meisters ist äußerst kraftvoll und wirkt derartig anregend, dass jegliche Trägheit, die ein Schüler mitbringen mag, sehr rasch schwindet.

Meister Morya spricht: *„Des Bruders Hüter sein, heißt auch, alles zu tun, was in eurer Macht liegt, um ihm das Leben zu erleichtern. Es bedeutet weiter, selbst bei einer Konfrontation mit einem anderen dessen vielleicht im Zorn herausgeschleuderte Energien umzuwandeln - in Erbarmen für ihn, damit diese Energien nicht eines Tages auf ihn zurückprallen, und ihn in eure Liebe zu hüllen, auch wenn das oft unmöglich erscheint.*

So sollte der Lichtschüler stets seine Reaktionen kontrollieren und in Zucht nehmen. Seine Liebe muss so stark werden, dass es ihm nicht schwer fällt, etwaige Angriffe zu ertragen und dabei in Harmonie zu bleiben und überall, wo seine Aufgaben ihn hinstellen, ein Vorbild an Güte und Ausgeglichenheit zu sein. Das sind die Eigenschaften, die wir bei unseren Mitarbeitern auf der irdischen Ebene voraussetzen müssen, wenn sie eine echte und wahre Zusammenarbeit mit uns wünschen. Nur so kann die Schar der Suchenden wachsen und sicher zur Quelle, zum Ursprung geführt werden."

Der Tempel des erleuchteten Glaubens und Schutzes

Ort: im Ätherreich über Banff, Rocky Mountains, Kanada
Hierarch: Erzengel Michael
Flammenfarbe: Saphirblau
Eigenschaften: Glaube und Schutz
Erkennungsmelodie: Soldatenchor aus: Margarethe, Gounod

Wie etliche andere Lichtstätten war auch der Tempel des Erzengels Michael einstmals auf dem physischen Plan erbaut worden, wurde jedoch mit zunehmender Verdunkelung der Menschenwelt auf die ätherische Ebene gehoben. Als Erzengel Michael diese Verdunklung bemerkte, die mit dem Missbrauch des freien Willens einherging, schuf Er einst Sein Blaues Flammenschwert, um Glauben und Gottvertrauen kämpferisch zu verteidigen. Jene Schüler, die den Tempel dieses großen Erzengels besuchen, werden in ihrer Entschlossenheit bestärkt, am großen Werk der Befreiung von den Einflüssen der finsteren Kräfte teilzunehmen.

Erzengel Michael spricht: *„Kommt zum Kraftquell des Glaubens, der euch Festigkeit und Standhaftigkeit verleiht gegenüber allen Angriffen, die dem Unwissen und oft der Unduldsamkeit entspringen, und verstärkt eure Anstrengungen, um ein Mitstreiter für den Glauben zu werden, der die Legionen Michaels zur Seite hat. Das Gewicht eurer Tätigkeit für die Welt ist gewachsen, meine Freunde, seitdem die Hierarchie des Lichtes mit den Schülern Verbindung aufgenommen hat. Das ist der Grund, warum es uns möglich ist, immer mehr Licht in euren Lebensraum Erde einzuschleusen. Das Kosmische Gesetz lässt es nicht zu, dass die Lichtwesen allein dafür sorgen, sondern die Nachfrage muss von denen kommen, die das Chaos auf Erden geschaffen haben: von den Menschenkindern selbst!“*

Der Tempel der Erleuchtung und der Weisheit

Ort: Merida, Yucatan
Hierarch: Meister Kenich Ahan
Flammenfarbe: Gold
Eigenschaften: Erleuchtung und Weisheit
Erkennungsmelodie: Greensleaves, überliefert

Der Lichttempel des Meisters Kenich Ahan wird gebildet durch eine gigantische Grotte im Innern des Berges Uxmal, in deren Zentrum die „Goldene Flamme des Ewigen Lichts“ lodert. Von hier aus sendet sie die zwölf göttlichen Aspekte über die Erde. Meister Kenich Ahan regierte einst als Maya-König in Yucatan und leitete jene großen Zeremonien, in denen Sein Volk die „Goldene Flamme“ verehrte, die in kosmischen Höhen von Helios und Vesta gehütet wird.

Meister Kenich Ahan spricht:„*Geliebte Freunde, wir haben euch genügend beobachtet, um zu wissen, wie weit es euch möglich sein wird, in diesem irdischen Leben euer Ziel zu erreichen. Oft standet ihr zu Prüfungen hier, habt sie bestanden und auch nicht bestanden und seid wieder in eure irdische Welt mit all ihren Verlockungen entlassen worden. Ihr seid unserem Herzen so teuer, und wenn euch einmal die Erinnerung zuteil wird, kann auch alles Wissen wieder auferstehen, das euch in den Lichtbrennpunkten vermittelt wurde.*

Der heilige Sonnentempel hat starke Anziehungskräfte auf die Lichtschüler und auf viele andere, die einstmals hier verkörpert waren, und so seid ihr wieder hier, um den Segen der Strahlung aufzunehmen. Dieses Licht, das wir hüten, ist der stärkste Brennpunkt der großen Sonnenwesen Helios und Vesta hier auf Erden. Es steht auch euch zur Verfügung, herabgespannt jeweils eurer Aufnahmefähigkeit entsprechend.“

Der Tempel der Weisheit und des Verständnisses
Ort: Kashmir, Indien
Hierarch: Meister Kuthumi, der Weltlehrer
Flammenfarbe: Gold
Eigenschaften: Weisheit, Erleuchtung, Verständnis, Geduld
Erkennungsmelodie: Kashmiri-Song

Meister Kuthumi ist Meister Maitreya (Christus, heute Divino, Stellvertreter des Gautama) in das Amt des Weltlehrers gefolgt, und Sein Lichttempel in der reinen Atmosphäre der Bergwelt Kashmirs zieht all jene Schüler an, die in ferner Zukunft einmal in Seine Fußstapfen treten wollen. Die Goldene Flamme der Weisheit erhöht die Schwingungen jedes Gastes, und die Sanftmut des Erhabenen Lehrers hilft ihm zu verstehen, was verkörperte Weisheit bedeutet.

Meister Kuthumi spricht: „*O ihr Geliebten, die Geduld ist eine schwer erlernbare Eigenschaft, und doch ist sie eine der wichtigsten Voraussetzungen für den Fortschritt der Schüler. Wieviel Geduld und Liebe gehören allein dazu, die Menschen aus all den verschiedenen Völkern zu belehren und ihre Entwicklung zu lenken und zu leiten. Es ist ja mein großes und Zeitalter langes Anliegen, die Leiter für die Menschen auszubilden und zu überwachen. Mein Vorrat an Geduld ist durch diese Tätigkeit besonders groß geworden. So lade ich euch herzlich ein, lernt auch ihr diese unscheinbare und doch so wichtige Tugend.*“

Der Tempel der Erleuchtung
Ort: am Titicaca-See, Anden
Hierarchen: Meister und Meisterin Meru
Flammenfarbe: Gold und Rosa
Eigenschaft: Erleuchtung
Erkennungsmelodie: Faith of our Fathers, Hemy/Walton

Der Tempel der Erleuchtung in den Anden, behütet von dem Meisterpaar Meru, gehört zu den alten Lichtbrennpunkten auf Erden. Hier ist der weibliche Strahl verankert, das Gegenstück zum männlichen Strahl im Himalaya. Diese Lichtstätte liegt in dem sagenumwobenen Berg Meru. Der Eingang zu diesem Tempel liegt in einer unscheinbaren Hütte, von der aus ein Gang in ein hell erleuchtetes Hallengewölbe führt. Der Strahl der Erleuchtung steigt aus dem Erdinnern empor und flammt in einer großen goldenen Sonne auf.

Meister Meru spricht: *„Ein inniges Gefühl der Einheit mit dem Leben in jeder Form, mit den Wesen der Natur, den Elementen und der Brüderlichkeit zwischen den Menschen und der Tierwelt ist die Vorstellung und das Anliegen der Bruderschaft des Lichtes für den Erdenplaneten. Die Menschen, die gleich euch dieses Ziel anstreben, sind auf dem richtigen Weg, denn es ist keine Weiterentwicklung möglich, ohne die Einheit allen Lebens anzuerkennen und entsprechend zu handeln. Lenkt die Strahlung der Erleuchtung und Weisheit in die Welt, in die Herzen der Menschen, damit sie schneller aufwachen und vom Egoismus hinwegkommen zur Brüderlichkeit untereinander und mit der Natur. Die Verantwortung liegt bei jedem Einzelnen, der ein wenig von den Gesetzmäßigkeiten und Zusammenhängen des Erdenlebens weiß, also auch bei euch, ihr Schüler. Gewiss ist auch aktives Eingreifen erforderlich, aber ihr habt die Möglichkeit, mit Hilfe der Strahlenkräfte zur Wende beizutragen.“*

Der Tempel der Freiheit

Ort: Chateau de Liberté im Ätherreich über Südfrankreich
Hierarch: Lady Rowena, Chohan des Dritten Strahls
Flammenfarbe: Gold, Blau und Rosa
Eigenschaften: Freiheit, Toleranz und Liebe
Erkennungsmelodie: Marseillaise; Ach so fromm aus: Martha, Flotow

Den Tempel der Freiheit hütet die Meisterin Rowena, seitdem der vorherige Hierarch, Meister Paul, das Amt des Maha Chohan angetreten hat. Diese Lichtstätte wurde noch vor dem Untergang von Atlantis in der physischen Welt errichtet und wurde später auf die ätherischen Ebenen erhoben. Der Tempel der Freiheit ist energetisch mit dem Tempel des Siegreichen Vollbringens über den Britischen Inseln (Meister Victory) sowie mit dem Aufstiegstempel in Luxor (Meister Serapis Bey) verbunden.

Lady Rowena spricht: *„Die Schwingung der Klänge der Marseillaise ist erfüllt von den Freiheitsbestrebungen langer Zeiten und vieler Menschen, die jedoch oft falsch geleitet wurden; die Freiheit, die ihr, geliebte Schüler, anstrebt und deren Schwingung in dieser Melodie enthalten ist, geht weit über die menschlichen Begriffe der Freiheit hinaus. Diese Freiheit steht höher, sehr viel höher, es ist die Freiheit des Geistes und aller Bestrebungen, die den wahren Zielen der Menschheit dienen. Dies ist die Freiheit, die wir in euren Herzen pflegen möchten, die Freiheit von den Begrenzungen und Fesseln der Zeitalter, die ihr selbst geschaffen habt und die Menschen bedrücken und bedrängen. O ihr Freunde, werdet frei von all diesen Ketten, die euch an die niederen Ebenen gebunden halten, damit euer Geist sich frei entfalten kann."*

Der Tempel des Aufstiegs

Ort: im Ätherreich über Luxor, Ägypten
Hierarch: Meister Serapis Bey, Chohan des Vierten Strahls
Flammenfarbe: Kristallweiß
Eigenschaften: Reinheit, Aufstieg
Erkennungsmelodie: Liebestraum und Solitude, Liszt

Der Brennpunkt der Flamme des Aufstiegs pulsiert in den Ätherregionen über den Ruinen der alten Tempel von Luxor. Hierher werden jene Lichtsucher gezogen, die die letzten Stufen der Vollendung vor sich haben, bevor sie zur Meisterschaft aufsteigen. Die

Flamme des Aufstiegs enthält Energiefacetten von all jenen, die zuvor den Aufstieg bemeistert haben, und so werden die Aspiranten, die diesen Tempel aufsuchen, mit zusätzlicher Antriebskraft versehen. Haben sie ihrerseits ihren Aufstieg geschafft, so fügen auch sie der Aufstiegsflamme ein Quentchen ihrer Energie zu. Auf diese Weise wird allen Nachfolgenden der Aufstieg Mal um Mal erleichtert. Mittels Selbstbeherrschung und Aufmerksamkeit richtet der Schüler hier sein Bewusstsein auf sein Gott-Selbst, bis das Herzenslicht jene Stärke erreicht, die für den Aufstieg erforderlich ist.

Der Tempel des Aufstiegs ist energetisch mit dem Tempel der Freiheit über Südfrankreich (Lady Rowena) sowie mit dem Tempel des Siegreichen Vollbringens über Großbritannien (Meister Victory) verbunden.

Meister Serapis Bey spricht: *„Geliebte Schüler des Lichtes! Die unendliche Schönheit kosmischer Höhen lässt uns immer wieder wünschen, dass die nach Frieden und Geborgenheit Dürstenden bald die große Gnade erfahren dürfen, Teilhaber dieser Schönheit zu werden. So lasst uns hoffen, dass diese kommende Zeit euch dem großen Ziel einen beachtlichen Schritt näher bringt. Ihr Schüler habt einen Vorsprung gegenüber anderen, weil ihr laufend belehrt werdet über alles Wissenswerte, was euch irgendwie von Nutzen sein könnte, um zu eurem Ziel zu gelangen. Wir wissen euren Dank zu schätzen, den ihr am besten beweisen könnt, indem ihr euch bemüht, alles Erlernte anzuwenden. Wieder ist die Aufstiegsflamme von Luxor auch in diesem Jahr bereichert und verstärkt worden durch alle die Seelen, die ihre Vollendung vollzogen haben, die gleich euch als ‚Lehrlinge' begannen und als Meister die Beherrschung der Energie erreichten. Möge euch die Tatsache, dass viele in jedem Jahr als Vollendete durch die Tore von Luxor gehen, Ansporn sein zu gleichem Streben, das leichter wird, je weiter die Zeit voranschreitet und immer neue Hilfen den Wanderern auf dem Pfad zuteil werden."*

Der Tempel der Auferstehung

Ort: im Ätherreich über dem „Heiligen Land“
Hierarchen: Mutter Maria und Erzengel Gabriel
Flammenfarbe: Perlmutt
Eigenschaft: Auferstehung
Erkennungsmelodie: Pilgrim's Song of Hope, Batiste

Der große Krishna war es, der einst die Auferstehungsflamme über diesem geschichtsgeladenen Landstrich verankerte, und für Jesus geriet diese Heilige Flamme zum Beschleuniger Seiner Auferstehung. Der in Perlmuttfarbe selbstleuchtende Rundbau, in lichten Schwingungsebenen ruhend, wird von den Heiligen Wesen Mutter Maria und Erzengel Gabriel geleitet. Die Schüler lernen hier in konzentrisch angeordneten Schulungsräumen, auf den ätherischen, astralen und mentalen Ebenen große energetische Reinigungsaktionen durchzuführen, um die Fülle von Missklängen und dunklen Belastungen auf Erden abzubauen und zu mildern.

Mutter Maria und Erzengel Gabriel sprechen: *„Die Menschheit schreitet zu dieser Zeit einem besonderen Wachstums- und Reifeprozess entgegen, viel mehr als es noch in früheren Jahrhunderten der Fall war. Die große Zeitenwende lässt dieses Geschehen mit einem mächtigen Vorwärtsschwung einhergehen. Alles Leben hat sich dem einzufügen, wenn es nicht seine Daseinsmöglichkeit auf der Erde verlieren will. Dies betrifft jedoch hauptsächlich die Menschheit. Die Tiere und die niederen Lebensformen sind noch angeschlossen an den Strom aus ihrem göttlichen Ursprung. Sie nehmen automatisch an der Schwingungserhöhung teil. Doch viele Menschen haben sich abgeschnitten und ihren Ursprung vergessen. Ihnen wird es kaum möglich sein, diese Schwingungserhöhung mitzuhalten. Darum werden viele zurückbleiben und ihr Endziel nicht erreichen. Ihr Schüler, die ihr so intensiv für die Reinigung der Erdenmenschheit arbeitet, müsst euch keine Sorgen darüber machen, was aus solchen Menschenseelen wird. Ihnen wird genügend Zeit gelassen, um sich langsam weiterzuentwickeln, und ihre karmischen Belastungen werden* *auf lange Zeiträume ausgedehnt. Diese Verteilung sorgt dafür, dass alles das, was sie an Ungutem gesammelt haben, in späterer Zeit und in anderen Weltsystemen bereinigt werden kann, denn solche Seelen haben für alle Zeit den Anschluss an die Erdenentwicklung verloren. So legt alles beiseite, was eure inneren Kräfte verdunkeln und bremsen könnte. Lasst sie hervorfluten, angeregt durch die Flamme der Auferstehung, um in Fülle und Schönheit zu erstehen und eure Welt zu segnen."*

Der Tempel der Liebe und des Friedens

Ort: im Ätherreich über dem „Heiligen Land"
Hierarch: Meister Jesus, amtierender Kosmischer Christus
Flammenfarbe: Gold
Eigenschaften: Liebe und Frieden
Erkennungsmelodie: Pilgrim's Song of Hope, Batiste

Dieser Lichtbrennpunkt, geleitet von Jesus Christus (Sananda), ist erst vor wenigen Jahren eingerichtet worden, um – mit den Worten von Meister Morya – *„diesem Land und seinen Menschen klarzumachen, dass es zum Frieden mit den Nachbarn bereit sein muss. Der geliebte Jesus wird zunehmend seinen Friedens- und Liebeseinfluss ausstrahlen, um dies zu erreichen. Auch ihr Schüler werdet vermehrt darin geschult, immer mehr Frieden und Liebe in die Welt zu lenken als Voraussetzung für die kommende Zeit der Wandlungen."*

Über ein Medium der „Brücke zur Freiheit" gelangte am 20. Juni 2001 eine weitere Botschaft zu diesem Tempel in unsere Welt, aus der ich folgende Passage zitiere: *„Die Schwingung dieses in den letzten Jahren errichteten Tempels erstreckt sich weit über die Grenzen des Staates Israel. Das ganze unruhige Gebiet wird davon überstrahlt. Eine wichtige Aufgabe ist die Inspiration all der Menschen, die für die Zustände in dieser Region die Verantwortung tragen. Doch wir müssen ihren freien Willen respektieren, und auch das*

Karma der verschiedenen Kulturen muss seinen Lauf nehmen. Erst wenn die Menschen zu der Einsicht erwachen, dass mit Waffen kein Frieden zu erreichen ist, werden die nötigen Voraussetzungen für eine Wandlung zu Ruhe und Ordnung erreicht werden. So rufen wir die Schüler des Lichtes in aller Welt auf, ihre Bemühungen in den kommenden Wochen auf dieses Gebiet zu richten, um Frieden und Liebe in den Herzen der Menschen zu verankern, damit ihre Einsicht wächst."

Meister Jesus Christus spricht: *„'Alles ist gut', so heißt ein Spruch der Weisheitslehrer aller Zeiten. Meine Freunde, das chaotische Weltbild ist nicht dazu angetan, diese Worte anzunehmen, und trotzdem wiederhole auch ich: ‚Alles ist gut!' Das Leben jedes einzelnen Menschen ist eingebettet in den göttlichen Strom des Lichtes, aus dem sich niemand herauslösen kann. Dieser Strom treibt ihn vorwärts. Er bringt die Gelegenheiten in den Weg des Menschen, die ihm Lehre und Ansporn sind. Er führt ihn seinem selbstgeschaffenen Schicksal zu – und so nehmt auch ihr dieses alte Wort an: ‚Alles ist gut'.*

Unter der Decke der unvollkommenen äußeren Welt regt sich das Licht, in vielen Menschenherzen erwacht es, und wir erwarten von allen Schülern, die irgendwo auf ihrem Lichtweg wandern, dass sie das Licht der Liebe ausbreiten. An ihr ist die Welt noch arm. Viele Menschen haben noch nicht erkannt, dass allein die Liebe der Sinn ihres Lebens ist. Die Liebe versteht und duldet alles. Sie erkennt den göttlichen Strom, der alles Leben speist. Und so wird jeder Mensch, der die Liebe in sich entwickelt, eine Einheit mit allen anderen Lebensströmen. Dies ist der tiefe Sinn des Lebens, und der Schulraum Erde, in dem die Menschen dies zu lernen haben, bringt ihnen alle Gelegenheiten in den Weg, die Liebe wieder an die oberste Stelle ihres Lebens zu setzen. ‚Frieden und Liebe', diese reinen Eigenschaften sind es wert, von jedem bewussten Menschen gelebt zu werden."

Der Tempel der Harmonie

Ort: im Ätherreich über Madagaskar
Hierarch: Meister LaMorae
Flammenfarbe: Weiß
Eigenschaft: Harmonie
Erkennungsmelodien: Auf den Flügeln des Gesanges, Mendelssohn; Clair de Lune, Debussy

Der Tempel der Harmonie, geleitet von Meister LaMorae, wird überstrahlt von einer riesigen goldenen Sonne mit sieben funkelnden Lichtarmen, die jeweils einen der sieben Strahlen darstellen. Die Farbe aller Strahlen zusammen ergibt Weiß, und dieses weiße Licht durchstrahlt die gesamte Tempelanlage. Die Schüler dieser Lichtstätte werden mit intensiver harmonischer Strahlung aufgeladen, und sie alle helfen mit, die Schwingungserhöhung auf Erden zu unterstützen.

Meister LaMorae spricht: *„Das einfache Rezept für ein harmonisches Leben, geliebte Schüler, ist die Liebe. Wenn ihr in eurem Herzen die Liebe entwickelt und hinausfließen lasst zu euren Mitmenschen, kann kein anderer unharmonischer Gedanke in euch Fuß fassen. Wenn ihr Liebe denkt und Liebe lebt, seid ihr in der Harmonie, denn Liebe will nichts für sich selbst, sie will sich verströmen und alles Leben segnen. Der erweiterte Dienst, der sich aus eurer Verbindung mit uns ergibt, wird viel dazu beitragen, die chaotischen Zustände, die zur Zeit auf dem Planeten herrschen, aufzulösen."*

Der Tempel der Deva-Stärke und Ausgeglichenheit

Ort: Mount Kosciusco, Australien
Hierarch: Der Große Lemuel
Flammenfarbe: Rosa, Gold und Blau
Eigenschaften: Stärke und Ausgeglichenheit
Erkennungsmelodie: Klavierkonzert Nr. 1 b-moll, Tschaikowsky

Der Hierarch dieses Brennpunkts der mächtigen Natur-Devas ist der Große Engel Lemuel. Die Schüler lernen hier viel über Natur und Tätigkeit der Elementarwesen und -kräfte, und zwar in den Elementarbereichen Feuer, Wasser, Erde und Luft.

Der Große Lemuel spricht: *„Horche nach innen, und es wird dir mehr über deinen Lebensplan offenbart werden, so dass du die nächste Wegstrecke erkennen kannst. Sei aber wachsam, denn oft genug versucht der eigene Wille, die Führung zu übernehmen und wird dann fälschlich als Göttliche Inspiration angenommen. Übe also deine Unterscheidungskraft, denn alles, was das äußere Selbst verherrlicht oder aufwertet, ist nicht im Sinne des Göttlichen Planes. Das Einfache, Gerade und Klare, das Wahre, Liebe und Schönheit, Harmonie und Reinheit, das alles ist erstrebenswert und liegt auf deinem Wege, damit du es aufnimmst und in dein Leben einbeziehst. Ich segne den Brennpunkt in dir und habe den innigen Wunsch, noch mehr mit den Schülern überall zusammenarbeiten zu können."*

Der Tempel der Weisheit und des Erleuchteten Friedens

Ort: Ätherreich im Himalaya
Hierarch: Der Große Himalaya
Flammenfarbe: Gold
Eigenschaften: Frieden, Weisheit und Liebe
Erkennungsmelodien: Love's Old Sweet Song, Malloy;
Carmen-Suite Nr. 1, Bizet

Der Große Deva Himalaya ist der Herr dieser gewaltigen Bergregion, und Sein Tempel des Blauen Lotos ist das Ziel all jener Schüler, die den tiefen, von Weisheit und Liebe getragenen Frieden verspüren, verinnerlichen und ausströmen wollen.

Der Große Himalaya spricht: *„Eine echte und wahre Freundschaft, so wie wir, eure älteren Brüder und Schwestern, sie euch bieten, gibt es kaum unter den Erdenkindern. Wenn ihr euch zurückziehen* *wollt, so lassen wir eure Hand los, aber stets sind wir bereit, sie wieder zu ergreifen, wenn ihr auf unseren gemeinsamen Weg zurückgefunden habt. Wollt ihr in bezug auf eure irdischen Freundschaften nicht ebenso handeln? Macht Frieden mit allen, die euch einmal weh taten, und wenn es auch nur in Gedanken ist. Arbeitet an der Auflösung aller Missklänge, die noch einen Teil eures Lebens verdunkeln.“*

Der Tempel des Siegreichen Vollbringens

Ort: im Ätherreich über Großbritannien
Hierarch: Meister Victory
Flammenfarbe: Weiß mit Goldener Strahlung
Eigenschaft: Siegreiches Vollbringen
Erkennungsmelodie: Praise God, überliefert

Im runden Zentrum dieses Tempels lodert die Weiß-Goldene Flamme, und kleeblattförmig um dieses Zentrum angeordnet liegen drei weitere Anlagen, die Kraft, Liebe und Weisheit oder auch Vater, Sohn und Heiligen Geist repräsentieren und in leuchtendem Rosa, Gold und Blau ausgeführt sind. Diese Lichtstätte ist über starke Kraftlinien mit dem Tempel der Freiheit in Südfrankreich (Lady Rowena) sowie mit dem Tempel des Aufstiegs in Luxor (Meister Serapis Bey) verbunden.

Ebenso wie der Tempel in Luxor ist dieser Brennpunkt Ort harter Prüfungen und Einweihungen, denn die hier lernenden Schüler haben das Ziel des Aufstiegs noch in dieser Verkörperung.

Meister Victory spricht: „*Wie oft seid ihr so vertieft in eine Tätigkeit, dass ihr nicht wahrnehmt, was um euch vorgeht. Übertragt dies auf alle täglichen Verrichtungen, bleibt gelassen in eurer eigenen Schwingung, denn ihr wisst das Licht um euch. Ihr müsst das Tagesgeschehen wohl wahrnehmen, aber es soll nicht euer Inneres berühren.*“

„Nährt die Flamme der Hoffnung, des Göttlichen Wunsches und der Beständigkeit und schreitet voran, um den Sieg am Ende dieses Erdenlebens zu vollbringen!"

Der Tempel der Präzipitation

Ort: Royal Teton, Rocky Mountains, USA
Hierarch: Meister Konfuzius, Chohan des Zweiten Strahls
Flammenfarbe: Chinesischgrün mit Goldener Strahlung
Eigenschaften: Ehrfurcht, Schöpferkraft und Liebe
Erkennungsmelodie: O du mein holder Abendstern, Wagner

Präzipitation heißt Erschaffung aus dem Urstoff, und die gewaltige unterirdische Anlage, im Massiv des Königlichen Teton in Wyoming gelegen, beherbergt in ihrem Herzen die Flamme der Erschaffung und der Schöpferkraft. Dieses Lichtzentrum gehört zu den ältesten Brennpunkten Göttlichen Lichtes auf Erden. Meister Konfuzius hat dieses bedeutende Zentrum der Spirituellen Hierarchie von Meister Lanto übernommen. Zweimal im Jahr wird die Heilige Flamme aktiviert, während die Mitglieder des Karmischen Rates hier tagen und Beschlüsse für die weitere Entwicklung auf Erden fassen. Die hier eintreffenden Schüler müssen sich zuvor gründlich mit Hilfe der Violetten Flamme reinigen, denn die enorme Kraft der Flamme der Erschaffung und der Schöpferkraft stärkt sowohl positive wie negative Kräfte. Dieses Zentrum im Königlichen Teton wird übrigens recht ausführlich in Godfré Ray King, „Enthüllte Geheimnisse", beschrieben.

Meister Konfuzius spricht: *„Ihr Freunde, der Schülerkreis wird sich wieder in der Strahlung der grünen Flamme der Präzipitation versammeln, der schöpferischen, antreibenden Kraft, die den Impuls für das nächste Halbjahr gibt. Wir heißen euch willkommen und möchten euch den Weg weisen, der euch bewusst in die inneren Reiche führt. Kommt und lernt alles, was dafür erforderlich ist: Reinheit des Beweggrundes, Klarheit in der Vorstellung und Ausschaltung* *der Gedanken, die immer wieder die Konzentration auf eure Übungen stören. Wir sind in Erwartung der Schüler, die uns Freunde geworden sind und denen wir gern unsere Hilfe zuteil werden lassen möchten.“*

Der Tempel der Wahrheit

Ort: im Ätherreich über der Insel Kreta
Hierarch: Meister Hilarion, Chohan auf dem Fünften Strahl
Flammenfarbe: Grün
Eigenschaften: Wahrheit und Heilung
Erkennungsmelodien: Pilgerchor aus Tannhäuser, Wagner;
Onward Christian Soldiers, Sullivan

Meister Hilarion, der auf Kreta Seinen Aufstieg erlebte, amtiert hier als Hierarch des Tempels der Wahrheit. Diese Lichtstätte, die bereits lange Zeit existierte, bevor Meister Hilarion ihre Leitung übernahm, war einst Vorbild für den Parthenon, den Tempel der Pallas Athene – erbaut von Phidias, einer einstigen Verkörperung von Meister Hilarion. Die Grüne Flamme der Wahrheit aktiviert auch die Kräfte der Heilung und der Konzentration. Der Meister lehrt Seine Schüler, die Ewige Wahrheit hinter allen Dogmen, Religionen und Konfessionen zu erkennen und ermuntert sie, die Flamme der Wahrheit jenen zu senden, die allzu leichtgläubig mal diesem, mal jenem Guru folgen.

Meister Hilarion spricht: *„Es wäre unvereinbar mit dem Gesetz der Liebe, wenn ihr das geistige Streben eines anderen nicht anerkennen würdet. Für jede Entwicklungsstufe sind andere Lehren und Übungen nötig, die wohl oftmals durch menschliche Eingriffe entstellt werden, die aber zum Reifen der Erkenntnis ihrer Anhänger dienen und dadurch einen Sinn erhalten.“*

Der Tempel der Weihung

Ort: im Ätherreich über der Insel Kreta
Hierarch: Erzengel Raphael
Flammenfarbe: Grün mit Goldener Strahlung
Erkennungsmelodie: Whispering Hope, Hawthorne

Dieser Lichtbrennpunkt des Erzengels Raphael existiert offenbar erst seit wenigen Jahren. Dieser Große Gottesbote spricht in einer Botschaft vom 25. Dezember 2000 über die Aufgaben Seines Tempels: *„Ihr nennt mich den ‚Erzengel der Weihung'. Ich sehe oft die große Frage in den Herzen der Schüler, was mit Weihung wirklich gemeint ist. Gewiss kennt ihr den Begriff Weihung für einen bestimmten Dienst, für eine besondere Aufgabe, der Weihung eures Lebensstromes für eure Lichtarbeit, für dieses Erdenleben überhaupt. Es ist aber nicht nur dies damit gemeint, sondern seid euch klar darüber, dass die Weihung für eine besondere Aufgabe viel weiter reicht, als ihr es bisher erkannt habt. Ihr lebt in einer Zeit der Umwälzungen auf dem Erdenplaneten. Die ganze Zeit der Umwandlung ist dem großen Ziel der Vervollkommnung geweiht. Euer Erdenplanet hat diese Weihung empfangen, damit er auch von der materiellen Seite aus die starken Lichtkräfte aufnehmen kann, die notwendig sind, um den Übergang von einem Zeitalter zum anderen – und im Besonderen hier auf Erden von den dunklen Zeiten in die lichte Welt – zu vollziehen.*

So nehmt mich an als Lenker des Brennpunktes der Weihung und strahlt sie, wenn diese Kraft aktiviert wird, in die Welt zum Segen allen Lebens. Alles, was da lebt auf der Erde, muss für den großen Übergang die besondere Weihung empfangen, damit alle Wesen fähig sind, die starken Kräfte aufzunehmen und sie weiterzugeben, jeweils auch in die persönliche Welt. Diese Weihung ist ein besonderer Vorgang, den das Leben empfängt, wenn die Zeit gekommen ist, in eine andere Dimension aufzusteigen. Auch ihr Schüler braucht diese Kraft und den Segen, der damit verbunden ist, um die nächsten Stufen eures Schülerweges nehmen zu können."

Der Tempel des Friedens

Ort: nahe Suva, Fidshi-Archipel
Hierarch: Meister Surya
Flammenfarbe: Gold, Rosa und Blau
Eigenschaften: Kosmischer Frieden und Liebe
Erkennungsmelodie: Aloha, hawaiianisches Lied

Die Fidshis gehören, wie auch andere Pazifik-Inseln, zu den Überresten des alten lemurischen Reiches. Der Tempel des Friedens liegt auf Suva, der größten Fidshi-Insel, und er gehört zu der Minderzahl der Lichtstätten, die sich auf der physischen Ebene befinden. Der Tempel, auch „Kristall-Palast“ genannt, liegt im Innern eines Berges. Das für diese Lichtstätte kennzeichnende Symbol ist das Kreuz mit darüber liegendem Kreis – der Sieg des Geistes über die Materie.

Der hünenhafte Meister Surya (ca. 2.10 m Körpergröße) spricht: *„Das Licht im Innern ist für jeden Menschen der Brennpunkt, durch den das Göttliche Selbst sich ausdrücken möchte. So trägt er den Keim seiner Vollkommenheit in sich, das Abbild des Göttlichen Menschen, zu dem er einmal heranwachsen wird. Das wird eure Tätigkeit sein, wenn ihr in unserem Lichttempel des Friedens mitarbeitet und wahrnehmt, wie die Friedensstrahlung, die ihr in Gang setzt, sich ausbreitet und sich in die Welt ergießt. Mögen noch viele Menschen erkennen, dass jeder einzelne diese Arbeit unterstützen kann, indem er selbst in Frieden bleibt und in seiner Umgebung dafür wirkt.“*

Der Tempel der Umwandlung und Weisheit

Ort: über dem Fudshijama, Japan
Hierarch: Meister Kamakura
Flammenfarbe: Violett und Gold
Eigenschaften: Umwandlung und Weisheit
Erkennungsmelodie: Morgenstimmung aus:
Peer Gynt-Suite, Grieg

Schon lange Zeiten hindurch hütet Meister Kamakura diesen Tempel der Weisheit. Doch das rückflutende Karma der Menschheit machte es erforderlich, dass diesem Brennpunkt die Violette Flamme des Meisters St. Germain mit ihrer reinigenden und umwandelnden Kraft hinzugefügt wurde. Der riesige, im Ätherreich liegende Tempel ist in sieben Stockwerken erbaut, und von Etage zu Etage steigt die Intensität der Flammenschwingung an.

Meister Kamakura spricht: „*Euer göttliches ICH BIN lenkt alle Kräfte in eure Welt, die für euren weiteren Weg erforderlich sind. Auch der göttliche Plan für euer Leben wird von ihm bestimmt, und ihr habt ihm zu folgen, ganz gleich, wieviele Nebenwege und Umwege ihr geht, irgendwann zieht es euch auf den rechten Weg zurück.*

Die Führung beginnt unmerklich und wird immer eindringlicher, je weiter ihr voranschreitet. Euer göttliches Ich lenkt Kräfte in eure Welt, die eure Körper veredeln, euren Geist beflügeln und euer ganzes Sein in ihrer Strahlung baden. Was ihr dabei zu tun habt, heißt, euch zu reinigen und offen zu sein für diese starken Kräfte, die um so besser fließen können, je weiter und reiner der Kanal für sie ist. Das ist eure Aufgabe. Wir, eure Lehrer, können die Energien lenken, doch ihr müsst den Weg für sie bereiten. Die innige Verbindung mit eurem göttlichen Ich wird um so stärker, je mehr ihr euch ihm zuwendet.“

Der Tempel der Gnade und Barmherzigkeit

Ort: im Ätherreich über Peking, China
Hierarch: Lady Kwan Yin
Flammenfarbe: Purpur-Violett
Eigenschaften: Umwandlung und Weisheit
Erkennungsmelodie: In einem Klostergarten, Ketelby

Auch die zentrale Flamme dieser Lichtstätte, in der Obhut der Aufgestiegenen Meisterin Kwan Yin, enthält Anteile der reinigenden und umwandelnden Kraft des Violetten Strahls, dessen Chohan Meister St. Germain ist. Das Hauptbauwerk ist umgeben von zwölf kleineren Tempeln, deren jeder einer bestimmten Tugend gewidmet ist. Die hier ein- und ausgehenden Schüler werden von außergewöhnlicher Stille berührt, deren reine Schwingung in ihnen den Wunsch nach Vergebung weckt. Lady Kwan Yin gilt insbesondere als geistige Helferin für Neugeborene, für Dahinscheidende sowie für alleinstehende Mütter.

Lady Kwan Yin spricht: *„Ihr Schüler, die ihr von den großen Zusammenhängen wisst, lasst euch nicht niederdrücken von den Ereignissen, denn es kann niemand ein solches Schicksal erleiden, der nicht auf irgendeine Weise die Ursachen dazu gelegt hat. In dem großen Reinigungsprozess, der jetzt abläuft, werden die Seelen geläutert, und oft können sie durch diese harte Schule für ihre Weiterentwicklung bereitgemacht werden. Auf inneren Ebenen geht der Fortschritt rascher vorwärts, als wenn sie ihren physischen Körper behalten. Deshalb, ihr Lieben, seht es ebenfalls als Gnade an, wenn solche Seelen hinweggenommen werden. Wo das Regime des Schreckens herrscht, sieht die göttliche Barmherzigkeit diesen Weg vor, und es ist die größte Gnade für viele, dass sie auf solche Weise vor noch schlimmeren karmischen Rückwirkungen bewahrt bleiben. Göttliche Gnade löscht sie aus, und damit beginnt der Rückweg ins Licht."*

Der Tempel des Violetten Feuers der Freiheit

Ort: im Ätherreich über den Karpaten, Transsilvanien, Rumänien
Hierarch: Meister St. Germain, Chohan des Siebenten Strahls
Flammenfarbe: Königspurpur
Eigenschaften: Freiheit und Umwandlung
Erkennungsmelodie: Geschichten aus dem Wienerwald, J. Strauß

Auch Meister St. Germain hat Seinen Lichttempel wieder für Schüler und Suchende geöffnet. Die im leuchtenden Königspurpur lodernde Flamme, die Er hütet, erfüllt das gesamte Ätherreich über den Karpaten. Seit vielen Jahrhunderten leitet diese Flamme den Geist der Freiheit, der Reinigung und der Umwandlung in die Welt, und dieses Licht half dem Meister besonders in Europa, die Fundamente zu legen für eine Entwicklung, die in unserer Zeit ihre Früchte trägt.

Meister St. Germain spricht: „*Viele Wünsche nach Freiheit steigen zu uns auf. Sie sind so vielfältig wie die Anzahl der Menschen. Jeder wünscht sich seine ganz persönliche Freiheit und stellt sich etwas anderes darunter vor. Die wichtigste Definition der Freiheit ist der göttliche Wille, der dem Leben eines jeden Menschen zugrunde liegt, und das, was auf seinem Weg zur Erfüllung drängt, ist die wahre Freiheit. Alles das, was auch auf eurem Weg, ihr Schüler, liegt, gehört in diesen Begriff ‚Freiheit', auch wenn es euch nicht so dünkt. Der göttliche Wille sieht letzten Endes die Freiheit für jeden Menschen vor. Der Weg dorthin wird euch durch diese Kraft gezeigt. Ihr werdet so gelenkt, dass ihr einmal dorthin kommt, wo die wahre Freiheit liegt. Wahre Freiheit werdet ihr erreichen, wenn eure niederen Körper in den hohen reinen Schwingungen eures göttlichen Ich aufgegangen sind, erhoben worden sind in euer ICH BIN. Dort liegt die Freiheit von den irdischen Verkörperungen, von all den Belastungen der Jahrhunderte, die Freiheit als das große, leuchtende Ziel. Doch auch da ist noch kein Ende des Lernens, denn niemand von all den Schülern wird ausruhen wollen, wenn er diese Entwicklungsstufe erreicht hat. Es geht weiter, und immer leuchtet euch das Wort ‚Freiheit' in der Ferne.*"

Der Tempel der Umwandlung

Ort: im Ätherreich über der Insel Kuba
Hierarchen: Erzengel Zadkiel und Lady Amethyst
Flammenfarbe: Königspurpur-Violett
Eigenschaften: Umwandlung und Anrufung
Erkennungsmelodie: An der schönen blauen Donau, J. Strauß

Der Tempel der Umwandlung lag zu Zeiten des Reiches von Atlantis, zu dessen ehemaligem Gebiet die Insel Kuba gehört, noch auf der physischen Ebene und wurde schon in diesen versunkenen Zeiten von Erzengel Zadkiel gehütet. Einer Seiner Hohepriester war einst der heutige Meister St. Germain. Das Zentrum der Lichtstätte bildet ein riesiger Rundbau, um den sieben kleinere Rundbauten gruppiert sind – alle aus Amethyst aufgeführt. In allen acht Bauten lodert je eine Violette Flamme empor, und die goldene Kuppel des Zentralbaus ist von der Gestalt der Heiligen Amethyst gekrönt.

Erzengel Zadkiel spricht: *„Eine flammende Säule, ein Brennpunkt des Violetten Feuers, ist jeder gesegnete Schüler, der sich bereit gemacht hat, die umwandelnden Kräfte zu benutzen. Einen solchen Brennpunkt verstärken wir gern und lassen unsere Energien hineinfließen zum Segen des Lebens oder irgendeiner besonderen Tätigkeit, die ihr auf diese Weise ausüben wollt. Fühlt die belebende Kraft in euch, wie sie nach außen drängt und sich weit hinaus ergießt. Auf dem Atem der Schüler und der Wissenden in aller Welt wird diese Kraft um die Erde gesandt und tut ihr reinigendes Werk, unterstützt von vielen unsichtbaren Helfern. Schüler des Lichts, es ist ein gesegneter Dienst, dem ihr euch verschworen habt! Ihr seid die Hoffnung der Hierarchie des Lichts!“*

Der Tempel des Violetten Feuers

Ort: im Ätherreich über Berlin
Hierarch: Elohim Arcturus
Flammenfarbe: Violett
Eigenschaften: sanfte Umwandlung
Erkennungsmelodie: Golden Spaces-Legend, Howell

Elohim Arcturus spricht: *„Die große Übereinstimmung der violetten Strahlenkräfte mit ihren verschiedenen Aspekten zu vervollständigen, war das Ziel unseres Bemühens. Damit auch die Schüler des*

Lichtes sich hier anschließen können, haben wir uns entschlossen, die Kräfte, die ich seit Ewigkeiten hüte, bewusst in die Arbeit der Schüler einzufügen. Wir geben ihnen damit die Möglichkeit, sich in einem bestimmten Brennpunkt, den wir geschaffen haben, diese Kräfte zu eigen zu machen und sie gemeinsam mit uns in die Erdenwelt zu lenken.

Das Zentrum, in dem diese zusätzlichen Kräfte gehütet werden, liegt über Deutschland mit dem Brennpunkt über Berlin. Wir sehen in dieser Stadt den zukünftigen Mittelpunkt Europas, nicht als politisches Zentrum, sondern als das geistige ausstrahlende Zentrum, das dem Ziel weiterer Durchlichtung des ganzen Kontinentes dienen soll. Um von hier aus die besonderen Reinigungskräfte in Bewegung zu setzen, haben wir seit langem die violetten Energien konzentriert und eine Schulungsstätte errichtet, wo die Schüler und Lichtsucher dieses Kontinentes sich der Arbeit widmen können und darin geschult werden, ihre eigene Reinigung zu intensivieren und als Leiter der violetten Strahlung zu dienen. Die kosmischen Geschehnisse, die dem Fall der Mauer, die durch eure Stadt und euer Land ging, vorausgegangen sind, wurden wesentlich von hier aus gesteuert. Es ist eine sanfte, nicht aufrührerische Kraft, die wir hüten, und so möchten wir auch euch, ihr Schüler, diese violette Strahlung als liebevolle, sanfte Energie ins Herz legen, jedoch auch immer mit der gezielten rhythmischen Lenkung, die wir von euch erbitten."

Die sieben Strahlen, ihre Regenten und ihre Entsprechungen

In diesem abschließenden Abschnitt gebe ich einen weiteren Überblick über die Sieben Strahlen. Neben der Strahlenfarbe und dem Strahlenregenten finden sich die entsprechenden Elohim und Erzengel, die bei der Arbeit mit den Strahlen ebenfalls angerufen werden können. Die angegebenen Eigenschaften helfen dem Suchenden, gezielt an seinen Schwachpunkten zu arbeiten.

Die Angabe der jeweiligen Chakren und Wochentage helfen, Schwerpunkte zu setzen. Wer zum Beispiel seine innere Stärke entwickeln will, der imaginiere Königsblau mit weißer Strahlung und atme diese Farbqualität durch das Halschakra ein. Jeweils am Sonntag wird die Wirkung am nachhaltigsten sein.

Erster Strahl

Strahlenfarbe: Königsblau mit weißer Strahlung
Chohan: Meister Morya
Elohim: Herkules und Amazone
Erzengel: Michael und Faith
Eigenschaften: Wille Gottes, Schutz, Macht, Stärke
Wochentag: Sonntag
Chakra: Halschakra

Zweiter Strahl

Strahlenfarbe: Goldgelb
Chohan: Meister Konfuzius
Elohim: Cassiopeia und Minerva
Erzengel: Jophiel und Constance
Eigenschaften: Weisheit, Erleuchtung, Erkenntnis des Göttlichen Plans
Wochentag: Montag
Chakra: Scheitelchakra

Dritter Strahl

Strahlenfarbe: Rosa
Chohan: Lady Rowena
Elohim: Orion und Angelika
Erzengel: Chamuel und Charity
Eigenschaften: Göttliche Liebe, Freiheit, Toleranz, Barmherzigkeit
Wochentag: Dienstag
Chakra: Herzchakra

Vierter Strahl

Strahlenfarbe: Kristallweiß
Chohan: Meister Serapis Bey
Elohim: Claire und Astrea
Erzengel: Gabriel und Hope
Eigenschaften: Reinheit, Disziplin, Harmonie, Aufstieg
Wochentag: Mittwoch
Chakra: Wurzelchakra

Fünfter Strahl

Strahlenfarbe: Grün
Chohan: Meister Hilarion
Elohim: Vista und Kristall
Erzengel: Raphael und Mutter Maria
Eigenschaften: Wahrheit, Konzentration, Heilung, Weihung
Wochentag: Donnerstag
Chakra: Drittes Auge

Sechster Strahl

Strahlenfarbe: Rubinrot mit Gold
Chohan: Lady Nada
Elohim: Tranquilitas und Pacifica
Erzengel: Uriel und Donna Gracia
Eigenschaften: Hingabe, Dienst, Friede, Gnade
Wochentag: Freitag
Chakra: Solarplexus

Siebenter Strahl

Strahlenfarbe: Purpur-Violett
Chohan: Meister St. Germain
Elohim: Arkturus und Diana
Erzengel: Zadkiel und Amethyst
Eigenschaften: Transformation, Reinigung, Freiheit, Mitgefühl

Wochentag: Samstag
Chakra: Milzchakra

Ein Überblick über den Lichtkörperprozess

Dieser Überblick folgt im wesentlichen den Darstellungen von Reindjen Anselmi („Der Lichtkörper – Ein Überblick über den globalen Transmutationsprozess") sowie Tashira Tachi-ren („Der Lichtkörperprozess – 12 Stufen vom dichten zum lichten Körper"). Reindjen Anselmi stellt eigene Erfahrungen dar, die sie durch Aussagen großer kosmischer Lehrer wie Vywamus und Kryon ergänzt. Diese hohen Lichtwesen wurden in den USA durch Janet McClure (Vywamus) und Lee Carroll (Kryon) gechannelt. Tashira Tachi-ren bringt gechanneltes Material von Erzengel Ariel. Beide Schriften gelten als „Klassiker" der Literatur über den Lichtkörper-Prozess.

Der Prozess der Lichtkörperbildung wird von Erzengel Ariel in zwölf Stufen dargestellt. Jede dieser Stufen besitzt ihre eigenen Merkmale in bezug auf die energetischen Vorgänge wie auch auf die körperlichen Symptome. Seit März 1988 sind bislang die ersten acht bzw. bei den Lichtarbeitern die ersten zehn Stufen aktiviert worden. Diese Stufen werden nicht nacheinander durchlaufen, sondern auf allen Stufen läuft die Integrationsarbeit gleichzeitig. Auf welcher Breite, in welcher Intensität und in welchem Tempo dieser Umwandlungsprozess verläuft, hängt gänzlich von der individuellen Gesamtdisposition eines Wesens ab.

Jede Seele stellt eine einzigartige Licht- und Tonkomposition dar, jeder Mensch hat andere Erfahrungen, die sich nach Menge und Intensität unterscheiden, und jeder Mensch hat sein eigenes Tempo und seine eigene Art, seine Erfahrungen zu verarbeiten. So ist der Überblick über die zwölf Lichtkörperstufen eher als schematisches Modell zu verstehen, kann aber dem Leser erkennen helfen, „wo" er steht und vor allem, dass nicht nur er zeitweise unter Gliederschmerzen, Verdauungsstörungen und anderen lästigen Übeln zu leiden hat, sondern dass alle Menschen in unterschiedlichem Maße mit Beschwerden kämpfen müssen, die auf dem Wege von der „Raupe“ zum „Schmetterling“ ausgehalten werden müssen.

Lichtkörperstufe 1

Als die ersten Initialzündungen für die Entfaltung des Lichtkörperprozesses Ende der achtziger Jahre des vergangenen Jahrhunderts stattfanden, da lenkten die himmlischen Instanzen bestimmte Signale, bestehend aus Licht- und Tonsequenzen, auf die Erde. Damit wurden „schlummernde“ DNS-Codierungen in unseren genetischen Datenbanken aktiviert, deren hauptsächlicher Zweck darin bestand, die Zellen unserer Körper schrittweise auf die Aufnahme von Licht umzustellen.

Hierdurch wurde der Zellstoffwechsel dramatisch geöffnet und beschleunigt, und angestaute Körpergifte wie auch Traumata sowie festgehaltene Blockademuster aus Gefühlen und Gedanken wurden freigesetzt. Die Hirnchemie änderte sich, und neue Synapsen (Nervenzellverbindungen) wurden gebildet. In diesen ersten Jahren reagierten die menschlichen Körper oft mit massiven Grippe-Symptomen.

Die fortschreitende „Entdichtung“ des physischen Körpers setzte sich bei vielen Menschen krisenhaft durch und äußerte sich u.a. in Muskel- und Gelenkschmerzen, Müdigkeit, Kopfschmerzen, Übelkeit und Erbrechen, Durchfall, Akne, Ausschlägen, Hautjucken, feurigem Brennen an einzelnen Körperteilen oder am ganzen Körper, unerklärlichem Fieber, dem Gefühl, unter Strom zu stehen, nadelstichartigen Schmerzen, Verdauungsstörungen und Gewichtsveränderungen.

Lichtkörperstufe 2

In dieser zweiten Integrationsphase werden enorme Lichtmengen in die sechste Dichte-Ebene des Ätherkörpers gelenkt. Dadurch werden all jene Strukturen auf der viertdimensionalen ätherischen Dichte-Ebene gelöst und umgewandelt, die uns in karmischen Bindungen festhalten. Dies bewirkt eine Frequenzbeschleunigung der geometrischen Strukturen im Gefühls-, Denk- und Spirituellen Körper. Auf dieser Stufe stellt sich der Mensch erstmals Fragen über sich, sein Leben und sein Lebensziel. Er fühlt sich oft desorientiert, spürt Mattigkeit und leidet unter grippeartigen Erscheinungen.

Das System der sogenannten axionalen Linien – identisch mit den Akupunktur-Meridianen – wird als System der Lichtleitung reaktiviert. Als Relaisstationen dienen Kleinwirbel oder Drehpunkte, die ihrerseits mit den Akupunktur-Punkten identisch sind.

Lichtkörperstufe 3

Der physische Körper kommt seiner Rolle als Lichtumwandler immer besser nach. Er arbeitet nach „oben“ wie auch nach „unten“: Er transformiert niedrig schwingende Energie hoch und sendet sie in die spirituellen Ebenen, ebenso wie er höher schwingende Lichtenergie in seinem Stoffwechsel umsetzt. Das von den Kleinwirbeln (Drehpunkten) auf der Hautoberfläche aufgenommene Licht gelangt jetzt zu entsprechenden Wirbeln in den Zellen im Körperinnern. Die Mitochondrien, die Zellkraftwerke, nehmen das Licht nun als Nahrung an und erzeugen zunehmend Adenosintriphosphat (ATP).

Die physischen Sinne werden feinfühliger, das heißt, sie nehmen mehr und mehr höherfrequente Eindrücke wahr. Das Auge wird lichtempfindlicher, und die sexuelle Stimulierbarkeit nimmt zu. Zugleich wird der Mensch empfindlicher gegen sehr starke Sinneseindrücke – besonders gegen technischen Lärm. Die „Schmerzgrenze“ gegen allzu laute Geräusche sinkt. Zunge und Mundschleimhaut können starke Reize wie Säure, Salz, Zucker oder Bitteres weniger vertragen.

Auf dieser dritten Lichtkörperstufe findet der erste sogenannte „spirituelle Abstieg“ statt: Aus den höheren Ebenen steigt ein bedeutender Seelenaspekt „herab“ und verbindet sich mit dem niederen menschlichen Seelenapparat. Vor allem dieser höhere Seelenaspekt ist es, der die menschlichen Wahrnehmungen und auch das Ausdrucksvermögen verfeinert.

Lichtkörperstufe 4

Auf dieser Stufe setzen die Mutationen im Bereich der Schnittstelle zwischen Mentalkörper und physischem Körper ein – im Gehirn. Die elektrochemischen und elektromagnetischen Prozesse und Zustände wandeln sich. Zugleich werden Implantate wie etwa Regulationskristalle im Ätherkörper aufgelöst und entfernt, Nervenverbindungen im Gehirn umstrukturiert, die u.a. den Seh- und den Hörsinn betreffen, sowie neue Hirnfunktionen aktiviert, wozu auch die Synchronisierung beider Gehirnhälften gehört.

Typisch für diese Stufe sind häufige starke Kopfschmerzen, verschwommenes Sehen, Ohrklingeln, Hörstürze oder vorübergehende Taubheit. Andererseits können, für viele sehr ungewohnt, Erfahrungen im multidimensionalen Denken auftauchen, mit denen der Verstand zunächst nicht das geringste anfangen kann. Das sind die ersten Signale, die die bisherige Vorherrschaft des Verstandes beim „mentalen Typ“ in Frage stellen.

Lichtkörperstufe 5

Auf dieser Stufe häufen sich telepathische Kontakte zu vertrauten Menschen, es können aber auch Botschaften aus höheren Ebenen durchkommen. Ebenso beginnen sich Erscheinungen nicht-linearen Denkens häufiger einzustellen, und es können luzide Träume auftreten – astrale Erlebnisse, die der Träumer bewusst steuert. Der Mentalkörper, Träger des Verstandes, wird immer weiter in die Defensive gedrängt, und er beginnt mit den ersten Änderungen seiner bisherigen Glaubenssätze, die auf seinen Erfahrungen der Dreidimensionalität beruhen. Der Verstand beginnt zu begreifen, dass ihm die Führung entgleitet und dass es Instanzen „über" ihm gibt, die offenbar mehr Überblick besitzen als er selbst.

Und so beginnen in dieser Phase verstärkte Überprüfungen des eigenen „Selbst": Wer bin ich? Woher komme ich? Wohin führt das alles? Bin ich wirklich „mehr" als mein physischer Körper? Alle bisher erprobten Rollenmuster kommen auf den Prüfstand und werden verworfen, wenn sie der erahnten neuen Identität zuwiderlaufen. Des Nachts ist der Schlaf oft gestört, doch die Träume gewinnen an Intensität, und häufiger als einst kann der Mensch sich an sie erinnern.

Lichtkörperstufe 6

Das, was man die inneren Bilder der Wirklichkeit nennen kann, werden auf dieser Stufe immer radikaler in Frage gestellt. Denn der Mensch wächst jetzt zunehmend in das Gewahrsein seines multidimensionalen Seins hinein, und die hergebrachten Glaubenssätze erweisen sich als Sackgassen oder Gefängnisse. Man zieht jetzt zunehmend andere Menschen mit ähnlichen Erfahrungen in sein Leben, und Literatur, die genau jene Fragen beantwortet, mit denen man sich gerade beschäftigt, purzelt immer häufiger vor die Füße des Suchenden.

Auf der anderen Seite driften Menschen, die bisher zum gewohnten Freundes- oder Bekanntenkreis gehörten, rasch aus der Lebenswelt, wenn sie in ihrer Schwingungssignatur allzu weit zurück bleiben. Auch der vertraute Arbeitsplatz kann jetzt zu einer Umgebung werden, die sich zunehmend fremd anfühlt. Auf dieser sechsten Stufe wird die Fähigkeit eines Menschen, mit Veränderungen in seinem Leben zurecht zu kommen, auf eine harte Probe gestellt.

Diejenigen, die diese sechste Stufe bewältigen, können damit rechnen, dass sich ihre alte Identität weitgehend auflöst und sie zu einer reiferen Persönlichkeit finden. Wie in der dritten Stufe gibt es jetzt den „Abstieg" weiterer höherer Seelenanteile und deren allmähliche Integration. Dieser Prozess gehört zweifellos zu den schwierigsten, die der Mensch zu durchlaufen hat. Und nicht wenige, die hier ihre Belastungsgrenze erreicht haben, entschließen sich, ihren Körper zu verlassen und ihren Lichtkörperprozess in einem späteren Leben zu vollenden.

Lichtkörperstufe 7

Diese Stufe ist gekennzeichnet durch umwälzende emotionale Prozesse, denn emotionale Blockaden werden jetzt nacheinander aufgelöst – vor allem solche Muster, die mit Vorstellungen von Wertlosigkeit, Inkompetenz, Scham und Schuld zusammen hängen. Dies geht nicht selten mit starken Stimmungsschwankungen einher, und es kann vorkommen, dass tränenreiche Ausbrüche der Freude von Trauerphasen und Wutanfällen abgelöst werden.

Zudem öffnet sich das Herzchakra in bisher nicht gekannter Intensität: Die alte Versiegelung löst sich auf, und unser zentrales Chakra beginnt sich wieder zum „Dimensionentor" umzubilden. Seine bisherige Form des Wirbeltrichters bildet sich um in die höhere Kugelform. Diese Herzöffnung bewirkt eine Vertiefung des Liebesgefühls zu ALLEM-WAS-IST – zu allem Leben, das uns umgibt, und zu Mutter Erde, die uns Gastrecht gewährt. Auch der Mentalkörper beginnt zu reifen und sich zunehmend auf das „Jetzt“ zu konzentrieren.

Hat man die Phase emotionaler Unruhe hinter sich, so tritt eine neue Ruhe und Gelassenheit ein. Zwanghafte Angstreaktionen verschwinden und alte, meist karmisch bedingte, emotionale Bindungen zu anderen Menschen lösen sich auf. Neue Beziehungen werden nur noch akzeptiert, wenn sie der eigenen Entwicklung förderlich sind und werden zunehmend von der eigenen Seelenführung in die Wege geleitet. Hat ein Mensch diese Phase erreicht, so mag er auf andere Menschen recht „kühl“ wirken, denn diesen gelingt es nicht mehr, emotionale Wechselwirkungen aufzubauen – vor allem, wenn sie, noch befangen in alten Mustern, über die „miesen Zustände“, über die „Verbrecher in der Politik“ und überhaupt über die „bösen Menschen“ lamentieren.

Das in Umbildung begriffene Herzchakra wie auch die wachsende Thymusdrüse können in Brust und Rücken starke Schmerzen verursachen. Zudem beginnen auch Zirbeldrüse und Hirnanhangdrüse zu wachsen, und so können Druckgefühle hinter der Stirn und im Hinterkopf sowie stechende Schmerzen im Scheitelbereich auftreten. Beide Drüsen dehnen sich von Erbsen- zu Walnussgröße. Neben dem Dritten Auge (Zirbeldrüse) entwickelt sich auch das sogenannte Vierte Auge im Scheitelbereich bei der Fontanelle – das Sinnesorgan für die multidimensionale Sicht.

Im Verlaufe dieser Prozesse im Kopf kommt es immer wieder zu chirurgischen Eingriffen, die von Spezialistenteams aus dem galaktischen Zentrum vorgenommen werden, um die Verbindungen zwischen physischen und feinstofflichen Organen zu entwickeln. Hierbei können brennende und stechende Schmerzen auftreten, und Reindjen Anselmi rät, um Linderung zu bitten, wenn die Schmerzen die Schwelle der Erträglichkeit erreichen. In jedem Falle sind Vertrauen, Gelassenheit und ein entspanntes Gemüt die besseren Begleiter als Angst oder gar Panik.

Denn Durchhalten lohnt sich. Ist die Zirbeldrüse zu voller Größe angewachsen, so beginnt sie bestimmungsgerecht zu arbeiten und das gesamte innere Drüsensystem umzustellen. Die Folge: Im Verlauf der siebten Stufe dreht sich der Alterungsprozess um, und der gesamte Organismus verjüngt sich. Der Gesichtsausdruck verändert sich, und Falten verschwinden. Es kann auf dieser Stufe vorkommen, dass man plötzlich eine „Querverbindung" zu anderen Seelenaspekten des eigenen Göttlichen Selbst erhält und durch deren Augen in ihre Wirklichkeit blickt.

Kurioserweise durchläuft der Mensch auf dieser Stufe auch Phasen übersteigerter spiritueller Selbsteinschätzung. Denn im physischen Körper sind immer noch alte Muster gespeichert, die mit Angst, Schuld, Scham und Minderwertigkeitskomplexen beladen sind. Das Ego des persönlichen Selbst versucht, diese Negativmuster auszugleichen, übertreibt dabei und ergeht sich deshalb in teilweise extremer Selbstüberhebung. Erzengel Ariel fasst solche Fantasien so zusammen: „Ich werde nicht nur morgen aufsteigen, sondern ich werde auch noch den Planeten und auch euch kleine Dummköpfe da draußen heilen. Und ich mache das mit links! Ich werde euch alle ins Licht schleppen und vor euch selbst, vor eurem Karma und vor allen dunklen Mächten schützen." Anwandlungen dieser Art können noch bis zur neunten Stufe auftreten, teilweise kombiniert mit geradezu fanatischen Verteidigungsritualen gegen die dunkle Seite oder mit übermäßig strikten Ernährungs- und Verhaltensregeln.

Aufs Ganze gesehen aber setzt sich mehr und mehr die Anerkennung der eigenen geistigen Führung durch, und je mehr positive Ergebnisse diese Zusammenarbeit erbringt, umso mehr Vertrauen entwickelt sich, und das persönliche Rest-Selbst erkennt mehr und mehr, dass sein Eigenwille, seine gewohnte Domäne, nicht nur überflüssig geworden ist, sondern empfindlich stört, falls er sich gelegentlich doch noch einmal in den Vordergrund schiebt.

Die Beschwerden im Kopf nehmen zu, denn Zirbel- und Hirnanhangdrüse wachsen weiter, und auch das Hirn und der gesamte Schädel können Wachstumsschübe erleben. Auch jetzt sind laut gesprochene Bitten an unsere unsichtbaren medizinischen Helfer um Schmerzlinderung und Ausschüttung von Endorphinen sehr nützlich. Mit diesen Beschwerden hat es allerdings noch nicht sein Bewenden. Denn auch vorübergehendes Nachlassen der Sehschärfe, der Konzentrationsfähigkeit und des Gedächtnisses sind typisch für diese Stufe. Obendrein kann man mit Schlafstörungen, Desorientiertheit und Schwindelanfällen rechnen. Empfohlen sei die Affirmation „Ich trage diesen Vorgang mit Fassung!" – mindestens zehnmal am Tag laut sprechen!

Und um schließlich das Maß an Beschwerden voll zu machen: Es können auch Herzrhythmusstörungen und Herzrasen auftreten. Denn die alten Impulse des Zentralnervensystems konkurrieren zeitweilig mit den neuen Impulsen des lichtgesteuerten Axialen Zirkulationssystems im Ätherkörper. Nach der Umstellungsphase übernimmt das Axiale System die Pulssteuerung komplett, die Beschwerden verschwinden, und das Herz schlägt wieder wie gewohnt.

Zu den dramatischen Änderungen auf der achten Stufe gehört die Aktivierung der drei sogenannten ätherischen Saatkristalle. Zwei dieser Kristalle liegen über den Augenbrauen und bilden mit dem dritten Kristall in der Mitte der Stirn, direkt unter dem Haaransatz, ein Dreieck. Dieses kristalline Dreieck bildet das Empfangsorgan für die höherdimensionale Lichtsprache. Gemeinsam mit dem Vierten Auge, gebildet aus Zirbel- und Hirnanhangdrüse, können wir dann die Lichtsprache nicht nur empfangen, sondern auch entschlüsseln und verstehen.

Anfänglich freilich nimmt man nur Eindrücke wie „Flammenschriften" wahr, die an Hieroglyphen oder mathematische Reihen erinnern. Diese in „Universalschrift" herunter kommenden

Mitteilungen muten zunächst wie „Probeläufe“ oder „Testübermittlungen“ an, die vom Empfänger kaum zu entschlüsseln sind. Erzengel Ariel empfiehlt hier die Invokation des Vereinten Chakras, verbunden mit der Bitte um Übersetzungshilfe. Später stellt sich das Verständnis dieser Übermittlungen ohne weiteres Zutun ein, und die höheren Informationen sind umstandslos als Wissen verfügbar und können in Worte gekleidet werden.

Neben dem komplexen Empfangsorgan für die Lichtsprache wird auf dieser Stufe auch ein ätherischer Empfängerkristall für die „Aufnahmezelle“ aktiviert. Dieser Kristall liegt etwa einen Fingerbreit über dem rechten Ohr, und wenn er seine Arbeit aufnimmt, spürt der Mensch in diesem Bereich ein Brennen. Die Aufnahmezelle ist ein Organ der Überseele, und in ihr werden interdimensionale Inkarnationserfahrungen gespeichert, die über den aktivierten Kristall zunächst spontan empfangen werden, später aber planmäßig abgerufen werden können.

Auf der achten Stufe wird der Mensch weitgehend von der Überseele gelenkt, und sein Verhalten gegenüber anderen Menschen ist weitgehend von seiner spirituellen Sicht geprägt. Er kennt keine „Sympathie“ oder „Antipathie“ typisch menschlicher Art mehr. Er sieht in anderen Menschen vor allem das göttliche Wesen, und persönliche Beziehungen spielen keine Rolle mehr. Das Verhalten gegenüber anderen Menschen wird weitgehend neutral.

Damit ändert sich auch die Qualität der Partnerschaft. Die Sehnsucht nach einem Partner mit einem harmonischen Schwingungsverhalten klingt nicht ab, doch wird der Mensch entschieden wählerischer. Ungleiche Partnerschaften werden aufgelöst. Und auch das sexuelle Bedürfnis der „herkömmlichen Art“ geht deutlich zurück. Während die gewohnte Sexualität eher unterleibsorientiert genannt werden kann, werden jetzt „Verschmelzungsakte“ vorgezogen, die den gesamten Körper bzw. das gesamte Lichtfeld einbeziehen. Solche zu „kosmischen Orgasmen“ führenden Vereinigungen sind nur zwischen Partnern möglich, deren Schwingungssignatur sehr ähnlich ist.

Wie die dritte und sechste Stufe ist auch die neunte Stufe gekennzeichnet durch „Abstiege“ höherer Seelenanteile, und zwar zu Beginn und am Ende dieser Stufe. Das multidimensionale Selbst wird zur täglichen Realität, und es geht jetzt darum, sein volles Potential auf der physischen Ebene zu manifestieren. Das Rest-Ego des einstigen persönlichen Selbst löst sich nun mehr oder weniger freiwillig ganz auf – spätestens dann, wenn es restlos versteht, dass der gesamte multidimensionale „Apparat“ des Selbst ein göttliches Instrument darstellt, das im Einklang mit dem göttlichen Willen schwingt.

Zugleich integrieren wir weitere Teilselbste, doch diesmal solche, die in den Fernen der Galaxis ihre Erfahrungen sammeln und nicht notwendig auf der gleichen Ebene vibrieren wie wir. Diesen verwandten Selbsten, die wir zunächst loswerden wollen wie jemand, der sich „besessen“ fühlt, müssen wir helfen, diesen Integrationsvorgang mit dem geringst möglichen Aufwand zu durchlaufen. Und wir selbst brauchen viel Gelassenheit dabei – schon allein deshalb, weil wir in diesem Ensemble das fortgeschrittenste Teilselbst darstellen, das eine gewisse Lehrer- und Führerrolle innehat.

Die auftretenden Beschwerden sind weitaus weniger aufdringlich wie etwa auf der achten Stufe. Dennoch können schmerzhafte Störungen auftreten, vor allem im unteren Rücken und in der Hüfte, und im Unterleib kann Druckschmerz auftreten. Der gesamte physische Körper kann jetzt einen Wachstumsschub erleben, und es kann zu Gewichtsveränderungen kommen. Der Monatszyklus wird phasenweise für Frauen beschwerlicher, und es können Erscheinungen wie Erschöpfung und Depression auftreten.

Doch diese Beschwerden verblassen angesichts der gelebten Erfahrung, dass wir immer häufiger hohe göttliche Qualitäten zum Ausdruck bringen – göttlichen Willen und göttliche Macht, göttliches Licht, göttliche Liebe und göttliche Wahrheit. Denn wir besitzen jetzt eine direkte Verbindung zum Christus-Selbst oder zur Christus-Überseele. So kommt es, dass ein Lichtarbeiter auf dieser Stufe der Entwicklung beginnt, ein starkes Licht auszustrahlen – Schwingungen, die „normale“ Menschen oft noch nicht ertragen können und die Nähe zur „Strahlungsquelle“ meiden.

Lichtkörperstufe 10

Die Stufen zehn bis zwölf werden als die „spirituellen Stufen“ bezeichnet. Die niederen vier Körper sind zu einem Energiefeld verschmolzen, und die höheren Chakren sind vollkommen mit der Christus-Überseele verbunden. Zudem haben sich Kanäle zur Göttlichen ICH BIN-Gegenwart gebildet – unserem höchsten Gottesgeist, der direkt mit der Schöpferquelle verbunden ist. Unser Lichtkörper ist jetzt so hoch entwickelt, dass sich in ihm die sogenannte Merkabah („Fahrzeug“) herauszubilden beginnt. Mit der Merkabah, einer extrem schnell rotierenden ätherisch-kristallinen Lichtstruktur, können wir Raum, Zeit und Dimensionen durchqueren, wie es uns beliebt.

Wir entsprechen jetzt weitgehend dem voll entwickelten Galaktischen Menschen, und wir verfügen über Fähigkeiten, die zu unserem angestammten Erbe gehören: Teleportation (aus der Zukunft holen), Apportation (in die Vergangenheit zurück bringen), Materialisierung (durch Gedankenkraft erzeugen), Dematerialisierung (durch Gedankenkraft löschen), Hellsichtigkeit (ohne Worte wissen, wahrnehmen, ohne hinsehen zu müssen). Dies sind einige der Fähigkeiten, die wir jetzt integrieren und anwenden.

Lichtkörperstufe 11

Es gibt nur sehr wenige Menschen, die gegenwärtig an der elften Stufe arbeiten. Jetzt ist der Lichtkörper fast vollendet, und auch die Merkabah ist so gut wie perfekt. Für diese Lichtarbeiter steht die Entscheidung an, gänzlich aufzusteigen und ins Heimatsystem oder als Meister auf den Erdenplan zurück zu kehren und anderen Menschen beim Aufstieg zu helfen. Sie können nun dazu beitragen, den „Himmel auf die Erde zu bringen". Denn mit ihren Fähigkeiten werden sie in der Lage sein, den Göttlichen Plan gemäß ihrer individuellen Ausstattung mit den irdischen Bedingungen zu verbinden und neue Impulse für die Gestaltung einer spirituell ausgerichteten galaktischen Kultur zu geben.

Haben in der Zukunft die meisten Menschen die elfte Lichtkörperstufe erreicht, so wird ein Massenpotential erreicht sein, dessen hohe Schwingungsfrequenz die bisherige Raum-Zeit-Struktur transzendiert. Wir werden in dem Bewusstsein des „Großen Jetzt" leben und erfahren, dass alle Teilinkarnationen aus einer höheren Sicht „gleichzeitig" erfolgen.

Lichtkörperstufe 12

Auf dieser Stufe strebt ein Menschenwesen seiner Vollendung als wahrer Galaktischer Mensch zu. Alle Fähigkeiten und Eigenschaften erblühen nun vollständig, und jene Lichtarbeiter, die den Erdendienst gewählt haben, sind nun im vollen Einsatz für die Neugestaltung aller menschlichen und irdischen Angelegenheiten. Ihr Wissen um die Göttlichen Gesetze ist hoch entwickelt, und ihr Einblick in den Göttlichen Plan erlaubt ihnen, in voller Verantwortlichkeit zu handeln. Sie helfen der Menschheit, ebenfalls die zwölfte Stufe zu vollenden, und damit wird der Göttliche Plan in ganzem Umfang aktiviert.

Alle Menschen richten sich in der nun erreichten fünften Dimension ein und entwickeln eine völlig neue Bewusstseinsbeziehung zu Mutter Erde. Eine neue Menschheit ist erblüht, die als Galaktische Hüterzivilisation sowohl ihrer Verantwortung gegenüber Mutter Erde wie auch gegenüber der Galaktischen Föderation des Lichts nachkommt. Die Menschheit nimmt das lemurische Erbe wieder auf. Denn sie verbindet nun den Himmel mit der Erde und ist dem Schöpfer so nahe wie niemals zuvor in ihrer Geschichte. Jetzt ist die Menschheit erwachsen.

Dies ist im Jahre 2012 zu erwarten, und im folgenden Jahr, im Jahre 2013, wird die Erde mit dem gesamten Sonnensystem in das Sirius-Sternsystem versetzt. Hier, im Schwingungsfeld der Großen Blauen Loge der Schöpfung, wird die Erdenmenschheit gemeinsam mit Lady Virgo, unserer Mutter Erde, ein Dasein im Licht führen, das anderen Zivilisationen einstmals zum Vorbild gereichen soll.

Quellenverzeichnis

Anrufungen und Lieder, Die Brücke zur Freiheit, Berlin

Ansprachen von Mutter Maria und Jesus, Die Brücke zur Freiheit, Berlin 2001

José Arguelles, Die Arkturus-Probe, Verlag Andreas & Johann Kössner, Heidenreichstein 1998

Claire Avalon, Wesen und Wirken der Weißen Bruderschaft, Smaragd Verlag, Neuwied 2000

Alice Bailey, Eine Abhandlung über kosmisches Feuer, Lucis Verlag, Genf, 3. Auflage, 1992

Alice Bailey, Initiation – Menschliche und solare Einweihung, Lucis Verlag, Genf , 4. Auflage 1988

Alice Bailey, Eine Abhandlung über die sieben Strahlen, Lucis Verlag, Genf, 4. Auflage 1993

Bhagavad Gita, zitiert nach http://home.t-online.de/home/hanumans/gita.htm

Das Tagebuch von Admiral Richard E. Byrd, zitiert nach www.earthwind-netz.de

Benjamin Creme, Maitreya – Christus und die Meister der Weisheit, Edition Tetraeder, München 1986

Nevill Drury, Agarthi, in: Lexikon des esoterischen Wissens, Knaur, München 1988

Die Elemente, Die Brücke zur Freiheit, Berlin 1994

Willis George Emerson (Hsg.), Der in eine Feuerwolke gehüllte Gott oder Eine Reise zur inneren Welt, zitiert nach: www.hohle-erde.de

Leopold Engel, Luzifers Bekenntnis, zitiert nach www.newaeon.de

Virginia Essene/Sheldon Nidle, Der Photonenring – Nachricht vom Sirius, Ch. Falk-Verlag, Seeon 1996

Michael George, Die Himmlischen und ihre Kinder – Die Geschichte der Götter und Menschen auf Erden, Argo Verlag, Marktoberdorf 2000

Meister Saint Germain, Die umwandelnde Kraft der violetten Strahlung, Die Brücke zur Freiheit, Berlin 1993

Meister Saint Germain, Schulung für die Lichtarbeiter (Teil 1 und 2), Die Brücke zur Freiheit, Berlin 1997

Grundlegende Instruktionen – Über die Lehren der Meister der Weisheit, Die Brücke zur Freiheit, Berlin 1988

Die Heilige Schrift des Alten und Neuen Testamentes, Gütersloh 1983

Jasmuheen, Die Botschaft der Aufgestiegenen Meister, Koha Verlag, Burgrain 1999

Godfré Ray King, Reden über ICH BIN, Long Beach 1935, unveröffentlichtes Privatmanuskript

Godfré Ray King, Magische Gegenwart, St. Germain-Starczewski-Verlag, Höhr-Grenzhausen, 2. Auflage 1991

Godfré Ray King, Enthüllte Geheimnisse, St. Germain-Starczewski-Verlag, Höhr-Grenzhausen, 2. Auflage 1991

Eric Klein, Die Sananda-Connection, Assunta AG, Santa Maria Calanca 1997

L.A. Langeveld, Der Graf von St. Germain, St. Germain-Starczewski Verlag, Höhr-Grenzhausen, 2. Auflage 1993

Gottfried Wilhelm Leibniz, Die Hauptwerke, Stuttgart 1949

Lichtarbeit – Unser Dienst für die Welt, Die Brücke zur Freiheit, Berlin 1993

Lichtstätten der Großen Weißen Bruderschaft, Die Brücke zur Freiheit, Berlin 1995

Henry Makow, Illuminati-Aussteiger: Details über durchdringende Verschwörung, zitiert nach www.i.am/jah/illum.htm

N. Marna/W. Paarmann, Ahastar - Botschaften vom Rand der Galaxie, Verlag Peter Erd, München, 2. Auflage 1997

Anne und Daniel Meurois-Givaudan, Vom Geist der Sonne – Die Friedensbotschaft der Lichtgestalt aus Damaskus, Wilhelm Heyne Verlag, München 1996

Fridtjof Nansen, In Nacht und Eis – Die Norwegische Polarexpedition 1893-1896. F. A. Brockhaus Verlag, Leipzig 1897

Norwood Revue, London, 10.5.1884

Cathy O'Brian, Trance Formation of America, zitiert nach www.stormleader.com

Ferdinand Ossendowski, Tiere, Menschen und Götter, Societas-Druckerei, Frankfurt/M. 1923

Wayne S. Peterson, Hinter den Kulissen wird die Welt verändert, Neue Aspekte Verlag, München, 2. Auflage 2001

Franz Prein, Der Segen der Lichtdienste, Verlag Heinz-Egon Altemeier, Fellbach

Robert v. Ranke-Graves und Raphael Patai, Hebräische Mythologie, Rowohlt Verlag, Reinbek 1986

Internet-Quellen

www.alien.de (Polexpeditionen)
www.bujack.de (Polexpeditionen)
www.bruecke-zur-freiheit.de (Spirituelle Hierarchie)
www.centrexnews.com (Illuminaten)
www.cnr.ch (Außerirdische, Ufos)
www.eckernförde.de (Meister St. Germain)
www.fourwinds10.com (NESARA: Dove of Oneness, Taube der Einheit)
www.j-lorber.de (Jakob Lorber)
www.paoweb.org (Sirius-Botschaften durch Sheldan Nidle, deutsche Übersetzungen von Martin Gadow)
www.sabon.org (Reptoiden)
www. shareinternational-de.org (Meister Maitreya)
www.stormleader.com (Reptoiden)
www.suite101.com (Illuminaten)
www.violette-flamme.de (ICH BIN-Reden von Meister St. Germain)
www.zetatalk.com (Foto-Dokumentation über Nibiru-Sichtungen)